저항의 축제
해방의 불꽃

시위

저항의 축제 해방의 불꽃, 시위

농민항쟁에서 촛불집회까지, 파리코뮌에서 68혁명까지

역사서당 02

초판 1쇄 발행 2023년 9월 15일

지은이 송찬섭 김양식 김정인 오제연
남영호 김종원 황동하 이원근 정대성
펴낸이 이영선
책임편집 김종훈

편집 이일규 김선정 김문정 김종훈 이민재 김영아 이현정
디자인 김회량 위수연
독자본부 김일신 정혜영 김연수 김민수 박정래 손미경 김동욱

펴낸곳 서해문집 | 출판등록 1989년 3월 16일(제406-2005-000047호)
주소 경기도 파주시 광인사길 217(파주출판도시)
전화 (031)955-7470 | 팩스 (031)955-7469
홈페이지 www.booksea.co.kr | 이메일 shmj21@hanmail.net

ISBN 979-11-92988-30-6 03900

역사 서당 02

농민항쟁에서 촛불집회까지
파리코뮌에서 68혁명까지

저항의 축제 해방의 불꽃 시위

송찬섭 김양식 김정인 오제연 남영호
김종원 황동하 이원근 정대성

서해문집

머리말

기이한 정치형태와 권력 남용, 이를 바로 잡으려는 절박한 심정에서 터져 나온 민중의 분노. 참으로 심각한 상황에서 2016~2017년 겨울 촛불집회와 시위가 일어났다. 이때의 집회와 시위는 세상의 모든 아이디어가 동원된 것처럼 다양했고, 마치 축제처럼 치러졌다. 절박함 속에서도 흥분과 즐거움이 있었다. 상황이 절박하였기에 많은 사람이 적극 참여했고 그만큼 시위문화의 수준도 높아졌던 것이리라.

시위문화란 "시위대가 상징적 행위, 곧 깃발을 들고 구호를 외치거나 노래를 부르는 것, '적'의 상징을 불태우거나 부수는 것, 자신의 요구를 적은 신문과 팸플릿 등을 배포하는 것 등으로 집단적인 의사를 표현하고 실천하며 그 과정에서 시위의 '대의'를 경험해 나가는 것"이다. 그렇기는 해도 나라마다, 시기마다 시위문화는 달랐다. 이 책은 바로 그 내용을 다룬다. 또한 이 책은 19세기부터 20세기에 걸쳐 한국에서 일어난 1862년 농민항쟁, 1894년 동학농민전쟁, 1919년 3·1운동, 1960년 4월혁명, 2008년 촛불집회, 그리고 유럽에서 일어났던 1871년 파리코뮌, 1905년과 1917년의 러시아혁명, 1936년 스페인내전, 1968년 68혁명 등을 살핀다. 그러나 이 책은 '운동사 연구' 또는 '혁명사 연구'라기보다는 '격정의 역사'에 대한 문화사적 접근을 시도한다. 이제 그 윤곽을 살펴보자.

우리나라의 1862년 농민항쟁은 시기적으로는 근대로 나아가기 직전에 일어났다. 하지만 이 농민항쟁을 살펴보는 것은 전근대와 근대의 시위문화를 비교하는 데 도움이 될 수 있다. 또 시위문화의 큰 틀은 전근대사회에서 이미 만들어지지 않았을까 하고 생각하게 된다. 그 뒤 변화하는 주변 여건과 사회발전에 따라 시위문화는 더욱 풍부해졌다. 1894년 동학농민전쟁은 정부군과 일본군을 상대로 했지만 그 속에서도 시위문화를 찾아볼 수 있다. 동학이라는 사상체계가 시위문화에 영향을 주었다. 3·1운동은 전통적인 시위문화를 이으면서 학생과 청년들을 비롯한 여러 계층에서 새롭고 다양한 시위문화를 창출했다. 4월혁명에서 젊은이들은 저항을 이끌면서 자신들의 문화를 녹여 냈다. 4월혁명은 학생이 주도했다는 점에서 이전 시위와는 달랐다. 2008년 촛불집회는 쇠고기라는 일상생활의 문제라도 대중과 소통을 무시하면 정치의 중심 과제 못지않게 폭발력 있는 주제로 떠오를 수 있다는 사례가 되었다. 촛불집회가 확산하는 메커니즘도 특별했다.

유럽 역사에서는 1871년 파리코뮌, 1905년과 1917년의 러시아 혁명, 1936년 스페인 국민진영과 공화진영 사이의 내전, 1968년 프랑스 드골정권과 사회 모순에 맞서 대학생 중심으로 일어난 68혁명 등 여러 나라의 중요한 사건 속 시위문화의 모습이 담겼다. 68혁명 외의 모든 사건은 전쟁이라는 극한 상황 속에서 일어났다. 시위문화는 시위의 동력이자 중요한 무기였다. 시위 전개와 관련하여 행진, 시위, 집회 등의 각종 행동 방식과 말과 글, 이미지, 예술을 비롯한 모든 수단이 시위문화를 이루었다.

이제 시위문화를 이루는 요소들을 살펴보자. 먼저 거리다. 시위는 집단적 참여, 행진, 연좌, 농성, 진입 등의 모든 과정에서 길거리를 기반으로 하고 있다. 인파가 시위에 자유롭게 참여할 수 있지만 무리를 모으면서 시위 장소로 행진하여 나아가기도 한다. 시위 장소에서는 토론, 연좌, 농성 등의 방식으로 행동이 이루어지며, 특정한 목표 장소를 향한 진입과 점거도 하게 된다. 널리 알려진 파리코뮌의 바리케이드도 전쟁 수행만이 아니라 새로운 공간을 창출하는 길이었다. 1862년 농민항쟁 때 길을 차단하고 검문한 사례가 있듯이 시대나 지역을 막론하고 길거리를 비롯한 장소를 장악하는 것이 시위대의 의지를 드러내는 기본적 방법일 것이다.

시위문화에서 집회는 큰 비중을 차지한다. 본격적 시위가 일어나기 전에 대체로 이루어지는 모의 또는 논의를 위한 모임도 물론 중요하다. 1862년에도 주막이나 사랑방 등 폐쇄적이거나 한정된 공간을 이용했다. 1871년 파리코뮌 때도 사상, 결사, 말의 자유를 얻을 수 있었던 클럽과 같은 모임을 활용하였다. 요즘 같으면 온라인 커뮤니티, SNS가 상당 부분 이를 대신하지 않을까 한다. 시위에 참여한 다수가 시위 과정에서 의지를 모으고 목표를 분명하게 하려고 특정한 장소에서 집회를 연다. 1862년 농민항쟁도 시위 과정에서 여러 차례 읍회가 열렸고, 시위 뒤에도 여러 차례 집회가 열렸다. 3·1운동에서 집회는 대부분 곧바로 시위로 연결되었으니 시위를 위한 집회인 셈이다.

비슷한 생각을 지닌 사람과 사람이 직접 소통하고 함께함을 확인한다는 점에서 집회가 중요하다. 모임 자체가 축제이며 이런 축제를 경험함으로써 자발적 참여를 확대해 나갔다.

시위문화에서 저항의 장소는 매우 중요하다. 어떤 사건이든지 '지리적 장소'에서 발생하기 때문이다. 장시, 광장, 중심 시가지 등 공개된 공간부터 주막, 카페, 교회 등 닫힌 공간도 있다. 아직 전근대적 운영이 남아 있던 장시는 우리나라에서 3·1운동까지도 중요한 시위 공간으로 활용되었다. 읍치나 시가 중심지는 통치 중심지인 만큼 시위대가 궁극적으로 활용한 공간이었다. 전체적으로 본다면 농촌에서 도시로 시위 공간이 확대되었다. 전근대 시기 읍치는 시위 주체가 생활하는 공간이 아니고, 이들의 삶을 옥죄는 통치자의 통치 공간이었다. 그곳에 침투하여 자신의 주장을 펼치고 행동해 나갈 때, 읍치는 시위 공간으로서 또 다른 의미를 지녔다. 1894년은 근대사회로 접어들기 시작했다고는 하지만, 근대를 이념적으로 조금 받아들인 수준으로, 실제로 도시가 변화하지는 않았다. 이때까지도 읍치는 점령과 저항의 공간으로 활용되는 정도에 머물렀다.

근대 도시가 형성되고 발전하는 상황에서 도시는 통치자의 공간에서 시민과 학생 등이 일상을 영위하는 생활공간으로 변화해 나갔다. 1919년 3·1운동에서 도시는 이제 중요한 시위 공간으로 등장했다. 거리는 개방되었기에 권력의 공격을 받을 위험도 있지만, 공개된 영역이었기에 자유롭게 행동할 수 있다. 68혁명의 "정치는 거리에 있다"라는 구호는 매우 상징적이다.

시위 주체와 시위 방식도 새로워지고 다양해졌다. 학생, 노동자,

상인 등의 계층과 여성이 대거 참여하였다. 혁명에는 배경이 더욱 다양한 사람들이 참여하였다. 시위대가 얼마나 오랫동안 공간을 점유하고 활동할 수 있었는지는 사건마다 차이가 있다. 하지만 공간이 투쟁의 현장이 되었을 때, 그곳은 통치자가 엄격하게 관리하던 곳에서 대중이 함께 즐기며 민중의 저항문화가 샘솟는 축제의 현장으로 바뀌었다. 춤과 노래만이 아니라 민중의 언어를 마음껏 분출하는 것도 축제의 요소가 되었다. 4월혁명 때 가장행렬, 가상재판 등도 정치풍자를 담은 축제 가운데 하나였다. 기존 통제에 얽매이지 않은 모든 행위가 여기에 포함된다.

시위문화를 통해 활동 전망을 구체화하고 시위 주체도 확대되었다. 우리나라 전근대 시기 주요 구성원은 농민이었다. 동학농민전쟁 때도 이러한 구성에서 크게 변화가 없었다. 1919년 3·1운동에 이르러서는 종교인, 노동자, 학생층만 아니라 여학생과 여성도 참여했다. 파리코뮌, 스페인내전, 러시아혁명 등에서도 여성이 적극 참여한 모습을 볼 수 있다. 이들은 총을 함께 들기도 하고 일상부터 모든 권위와 위계에 적극 반기를 들기도 하였다.

선언문, 격문, 신문, 잡지, 그리고 깃발이나 포스터에 적은 표어 등 글의 힘도 매우 컸다. 1862년 농민항쟁 때 지도부가 면·리마다 보낸 통문도 일종의 선언문, 또는 격문이었다. 1894년 동학농민전쟁에서 국면마다 작성했던 격문, 또는 포고문에 농민군의 주장과 방향이 담겨 있다. 3·1운동 때는 민족대표들이 작성한 독립선언문과 지역마다 각종 유인물, 격문 선언문, 신문, 전단 등이 있었다. 손으로 만들기도 했지만 인쇄매체를 활용하면서 글의 종류와 규모는 더욱 확대되었다. 4월혁명 과정에서도 학생들의 선언문이 큰 역할을 하였다.

글 못지않게 대중을 끌어들인 것은 깃발과 포스터였다. 깃발은 조직과 대오를 형성하기 위해서도 필요하지만, 멀리서도 눈에 띄고 강렬한 이미지를 담고 있어 더 많은 대중을 모으는 데 큰 역할을 하였다. 우리나라 농촌에는 두레 깃발이 있어서 이를 활용했던 것으로 보인다. 동학농민전쟁 때 포접별 깃발이 대중을 모으는 역할을 했다면, '의', '보국안민' 등의 깃발은 농민군이 국가의 정치적 주체로까지 나아감을 표방하였다. 3·1운동에서는 태극기가 시위에 활용돼 독립운동이라는 목표를 한껏 끌어올릴 수 있었다. 깃발의 색깔만으로도 대의를 나타낼 수 있었다. 서구의 파리코뮌, 러시아혁명, 스페인내전 등에서 혁명군은 붉은 깃발을 많이 사용하였다. 이처럼 깃발이 중요한 역할을 했으므로 동학농민전쟁 때 일본군이 농민군의 무기와 함께 깃발을 거두어들이는 데 힘을 기울였음을 볼 수 있다. 포스터는 한층 발전한 홍보 도구였다. 스페인내전처럼 두 진영이 펼치는 치열한 선전전에서는 신문, 문학, 영화, 라디오, 회화, 포스터 등 온갖 매체를 동원했다. 그 가운데서도 포스터가 압권이었다. 포스터는 글자를 모르는 대중에게도 쉽게 다가갈 수 있다. 또한, 포스터는 복사와 변형이 가능하며 장소에 구애받지 않고 유포할 수 있었다. 포스터에는 정부나 정당의 강령, 모병, 위생, 문화와 교육, 영웅과 희생자, 적에 대한 비난 등 모든 주제가 담겼다.

구호는 현장에서 시위대가 힘을 모으는 데 매우 중요한 역할을 했다. 1862년 농민항쟁에서도 짧지만 가장 시급한 요구를 담은 구호를 외쳤다. 어느 시기나 숨결이 담긴 목소리가 가장 기본적인 시위 수단이었음을 알려 준다. 3·1운동에서는 만세운동이라는 새로운 형태의 시위문화가 창조되었다. 통치자를 위한 축수祝壽로서 쓰였던 '만세'가 이제 국가를 위한 축수가 되어 '대한 독립 만세'가 가장 중요한 구호가 되었다. 4월혁명 때 이미 "대한민국은 민주공화국이다"라는 구호가 나왔다는 점은 시사하는 바가 매우 크다. 이 구호가 촛불시위 때 갑자기 등장한 것이 아니었다. 러시아혁명에서는 "차르 타도", "전쟁 반대", "부르주아지에게 죽음을!", "부르주아 착취자 타도!"를 내세웠다. 68혁명이나 촛불시위에서 잘 나타나듯이 때로는 익살스러운 구호로써 축제 분위기를 고조하기도 했다.

시위 현장의 노래는 사기를 드높이고 단결하게 하는 힘이 있다. 전근대사회에서 풍물패 등은 흥을 돋우려고 노래를 이끌거나 사회문제나 요구조건을 간결하게 담아 운율을 넣어 외쳤을 것으로 보인다. 1862년 농민항쟁에서도 짧지만 강렬한 노래를 불렀다. 동학농민전쟁에는 노래와 함께 놀이와 춤도 중요하게 활용됐다. 여기에는 공동체 문화와 함께 동학사상을 담은 검가劍歌 등 특징적인 노래와 춤도 있었다. 근대사회에서는 전문가들이 만든 노래가 더욱 다양하고 체계적으로 활용됐을 것이다. 3·1운동 때 시위대는 〈조국가〉, 〈광복가〉, 〈애국가〉를 불렀다. 시위에서 불렀던 노래가 전국으로 퍼져 나갔다. 노래는 시위를 그야말로 축제처럼 만드는 데도 큰 역할을 하였을 것이다.

파괴와 응징의 수단도 시위문화의 일부다. 시위대 자체가 물리력을 가졌지만, 이들은 돌멩이, 몽둥이, 죽창, 낫, 횃불 등으로 무장하고 목표를 이루기 위해 이런 수단을 활용하였다. 전근대사회에서도 수령을 끌어내고 이서를 사상하게 하며, 관아에 뛰어들고 감옥을 부수고 서류를 불태웠다. 3·1운동은 비폭력으로 시작했지만, 시위대는 일본군의 폭력에 맞서 헌병대, 경찰관서, 면사무소를 파괴하였다. 이는 그동안 묵혀 둔 분노를 표출하는 것이었으며 힘으로도 상대에게 맞설 수 있음을 보여 주는 것이기도 했다. 그러나 폭력을 위한 폭력은 아니었기에 폭력을 쓰지 않고도 주장을 펼칠 수 있을 때는 그 길을 택하였다. 촛불시위 때는 참여 인원과 규모가 매우 컸지만 파괴 행위가 없었다. 권력의 반격과 국가 폭력에 빌미를 주지 않으려는 뜻이 있었던 듯하다. 새로운 시위문화로서 주목할 만하다.

시위는 폭력, 파괴 여부와 관계없이 집단의 호소, 요구를 담아 권력에 저항하는 수단이었다. 시위의 목적을 이루기 위해서는 공감하는 다수와 연대하고 자신들의 요구가 받아들여질 수 있도록 소통하고 타협하거나 여러 압박 수단을 쓴다. 시위는 직접적인 성과를 이루기도 하지만 때로는 긴 역사에서 서서히 성과가 나타나기도 한다.

한 시기의 시위문화는 다음 시기로 계승되고 발전한다. 1894년 농민들에게는 1862년과 그 뒤 산발적으로 일어나던 농민봉기의 경험이 새겨졌을 것이다. 이는 1919년, 나아가 해방을 거쳐 1960년대까지도 맥을 이어 갔다. 농민 가운데서도 1894년에 총을 들고 세상을 바꾸려 했던 경험은 쉽게 잊히기 어려웠을 것이다. 전 민중이 참여했던 3·1운동은 시위문화에서 하나의 전환점을 이루었을 뿐만 아니라 민족해방운동을 발전시키는 엄청난 자양분을 제공했다. 서구사회에서도 1871년 파리코뮌, 1905년과 1917년의 러시아혁명, 1936년 스페인내전, 1968년 68혁명을 비롯한 여러 사건은 민중의 엄청난 에너지를 보여 준다.

이 책에 담긴 내용을 간단히 짚어 봤지만 여기 실린 여러 글은 통일된 체제를 갖추지 않았다. 다루는 지역과 시기가 섞여 있으며 시각과 관점에도 차이가 있다. 이러한 다양성이 오히려 이 책의 장점이 될 수도 있다.

이 책은 '역사학연구소와 함께하는 역사서당' 강좌 가운데 일부를 글로 다듬어 펴낸 것이다. 이 강좌는 촛불시위가 끝난 뒤인 2017년 5월부터 7월까지 진행하였다. 민중의 저항과 혁명의 역사를 '시위문화'라는 관점으로 조망했던 이 강좌는 꽤 반응이 좋았다. 그 열기가 식기 전에 곧바로 국내 편, 해외 편 각각 한 권씩 내려고 했으나 뜻대로 되지 않았다. 언제나 그렇듯이 강좌를 마치더라도 책을 간행하는 일은 또 다른 문제였다. 그러다 보니 무려 6년이라는 시간이 흘렀고, 게다가 주제도 강좌의 절반밖에 담지 못했다. 그래도 일부 작업을 완성했다는 점에서 위안을 얻는다.

우리나라와 세계 각국의 중요 시위를 포괄하려는 기획이었던 만큼 더 많은 내용을 담은 책을 기대했지만 좀 아쉽다. 그동안 중동의 여러 나라를 비롯하여 미얀마, 홍콩 등 세계 수많은 곳에서 심각한 시위가 일어났고, 우리나라에서도 시위가 이어진다. 모순이 있는 곳에 저항이 있기 때문이다. 러시아-우크라이나전쟁이 두 나라 사이의 전쟁만이 아닌 것처럼 어느 나라의 시위도 작든 크든 '지구시민사회'에 영향을 미친다. 모든 시위를 주의 깊게 살펴야 할 듯하다. 앞으로 시위의 의미뿐만 아니라 시위문화의 모습도 함께 탐색하는 작업이 이어지길 바란다. 만약 이 책이 시위문화에 대한 관심을 키우는 데 작은 계기라도 마련한다면 참으로 기쁜 일이다.

끝으로 강좌를 기획한 역사서당의 최규진 선생, 그리고 늘 강좌의 진행을 챙겨 준 최보민 간사의 노고에 깊이 감사드린다. 강의가 끝난 뒤 원고를 모으기란 축제가 끝난 뒤 뒷정리만큼이나 힘든 일이다. 이를 묵묵히 맡아 주신 황동하 선생께도 진심으로 감사드린다.

2023년 8월 필자들을 대신하여

송찬섭

차례

1862년 농민항쟁과 시위문화

송찬섭

민중운동과 시위문화

2016~2017년 겨울을 뜨겁게 달군 촛불시위를 계기로 역사 속의 시위문화에 대한 관심이 높아졌다. 우리 역사 속의 시위문화를 이야기할 때 대체로 근대사의 사례에서 다룬다. 일단 전근대사회에 시위문화가 있었을지 의문이 있고, 시위와 관련한 사건인 1892~1893년 동학교단의 집회라든가 1894년 농민전쟁, 1898년 만민공동회, 1919년 3·1운동이 모두 근대 이후에 일어났기 때문이다. 그런데 근대사회로 접어들기 직전인 1862년 삼남 70여 개 고을에서 일어난 농민항쟁에서 일부 지역의 시위 양상이 비교적 상세히 드러난다.[1] 1862년 농민항쟁은 전근대에 일어났지만 '시위문화'라는 측면에서 사건을 좀 더 다양하게 살펴볼 수 있을뿐더러 오늘날 시위문화 분석에도 큰 도움이 된다. 여기서는 1862년의 시위 양상이 현대의 시위문화와 어떤 연관성이 있는지를 염두에 두고 다루어 보겠다.

여기서 시위문화를 다룰 때는 직접적인 시위뿐 아니라 이와 관련한 다양한 행동도 포함하고자 한다. 오늘날 현행법에서 "'시위'란 여러 사람이 공동의 목적을 가지고 도로·광장·공원 등 일반인이 자유로이 통행할 수 있는 장소를 행진하거나 위력 또는 기세를 보여, 불특정한 여러 사람의 의견에 영향을 주거나 제압을 가하는 행위"를 뜻한다.[2] 시위 자체는 이렇게 동적인 행동을 말한다. 그러나 시위가 일어나기까지 준비하는 과정도 폭넓게는 '시위'라는 의미에 포괄할 수 있다. 처음부터 집회만을 목적으로 하는 집단행동도 있지만, 시위과정에서 일어나는 집회가 있다. 또 집회를 개최한 다음에 그 집회가 시위와 결합하기도 한다. 이 글에서 필자는 장소 이동성을 갖는 시위뿐 아니라 특정 장소에서 개최되고 해산하는 집회도 포괄해 다루려고 한다. 열린 공간을 바탕으로 하는 사회참여는 현실의 문제에 대해 비슷한 의견을 공유하는 사람들이 결합해 복잡한 절차를 거쳐 조직을 형성하고, 이러한 조직의 위계관계에 따라 의사전달 체제를 형성한다. 이런 과정의 모든 활동을 시위문화라고 일컬을 수 있다.

흔히 사람들은 시위에서 비합리적이고 감정적으로 행동하며, 군중의 지배적인 분위기에 휩싸여 공격적이고 파괴적인 행동을 하기 쉽다고 여겼다. 대부분의 시위가 이러한 방향으로 진행되었다고 판단하는 경우가 많았다. 그러나 현대에는 비제도적인 행위 과정에서 지도자나 참여자가 조정해 인위적 합의, 즉 비자연적인 합의가 조성되어 점차 공통된 규범이 발전되고, 성공의 가능성, 시의적절성 등을 고려한 전술과 전략이 구체화되어 나간다고 보는 사회운동연구자가 많다. 이러한 측면은 근대사회의 산물일까? 그렇지 않다면 어디까지 거슬러 올라가야 이러한 점을 발견할 수 있을까? 이 글에서 필자는 전근대사회 말기였던 1862년 농민항쟁기의 시위문화에서도 이러한 측면을 찾아볼 수 있는지 살펴보려고 한다.

1862년의 시위는 수많은 곳에서 일어났지만, 그중 진주 시위의 양상이 압도적으로 자세히 알려졌다. 그밖에 몇 개 지역의 시위는 양상이 부분적으로 드러난다. 진주는 시위의 양상이 심각했고 규모가 컸기 때문에 정부도 매우 주목했다. 이 때문에 중앙에서 파견된 안핵사, 선무사 등이 비교적 자세히 작성한 자료가 남아 있다. 현재 대부분의 개설서와 교과서에 1862년의 시위는 진주 중심으로 서술되어 있다. 여기서도 진주를 중심으로 하고, 다른 사례를 보완하는 형태로 논의하려고 한다. 진주의 사례를 통해 항쟁이 일어난 계기부터 모의, 집회, 시위, 공격, 농성 등 항쟁의 모든 과정을 살펴볼 수 있기 때문이다. 이 과정에서 드러나는 시위문화의 실태도 관심의 대상으로 삼을 것이다.

저항의 단초

전근대 민중운동은 자연히 우발적으로 일어났다고 생각하기 쉽다. 그러나 그 운동에는 대체로 직접적 계기가 있었고 이에 대한 요구도 담겨 있다. 1862년 한 해 동안 수십 곳에서 항쟁이 일어났다. 항쟁의 원인은 고을마다 약간씩 차이가 있었다. 당시 국가 재정이 확대되면서 지방에서 걷힌 부세가 중앙으로 많이 상납되었다. 지방 고을은 재정이 부족해지자 환곡을 활용하거나 별도의 명목을 만들어 거두었다. 농민들에겐 부담이 커질 뿐 아니라 정당하지 않은 수취가 이어지면서 언제든지 불만이 터져 나올 수 있는 상황이었다. 게다가 당시 부세가 총액제로 운영되면서 미리 정해진 총액을 도-군현-면-리 단위로 공동부담하였다. 농민들은 면리面里의 자치기구, 곧 면회, 이회를 통해 그 부담에 대해 논의하였고, 그 의견이 향회를 통해 가끔 반영되기도 하였다. 그러나 재정을 확보해야 하는 수령과 이서들은 향회에 참여하는 자들을 힘으로 몰아붙이거나 회유하여 뜻대로 통과시키는 일이 많았다. 고을민들은 점차 향회에서 벗어나 별도로 모임을 결성하여 저항하기도 했다.

이렇듯 논의의 기회가 자주 있었기에 뒷날 항쟁이 준비되었을 때 주도층은 그간 논의되었던 요구조건을 정리하여 수령에게 전달했다. 진주는 도결, 통환처럼 가장 중요한 한두 가지 문제를 중심으로 시정을 요구했지만, 그 뒤에 항쟁이 일어난 고을은 그간의 문제를 모두 정리해 요구조건을 마련하기도 했다. 대표적으로 함평의 10개 조항, 공주의 11개 조항, 인동의 12개 조항 등이 남아 있다.[3]

경상도 인동의 요구조건은 12개 조항 가운데 4개 조항만이 남아 있다. 그 요구조건은 매우 명확했다. 첫째 이서의 포흠逋欠을 농민에게 징수하지 마라. 둘째 결가結價는 결당 7냥 5전씩으로 하라. 셋째 그간 도망했거나 죽은 군정 1000여 명은 장부에서 제외하라. 넷째 신분의 상하를 막론하고 군보軍保[4]는 1인당 2냥씩으로 하라. 이렇듯 중요한 사안을 매우 구체적으로 제시했다.

전라도 함평의 주모자 정한순은 안핵사 행차 때 십조앙진十條仰陳이라는 이름으로 10개 조항을 제시했는데, 그 내용을 살펴보면 결세,

환곡, 군역세, 저채, 잡세 등 부세 문제가 담겨 있다. 또한 각 조항은 별개의 문제가 아니라 상호 밀접히 관련되어 있었다.

충청도 공주에서 초군 수백 명이 모이자 관이 요청하여 다음 날 대표들이 소지所志를 바쳤다. 하루 동안 그들의 의사를 집약했는데 모두 11개 조항의 요구사항으로, 그 내용은 매우 명확했다. 전정·군정·환곡 등 삼정에 관계된 것과 이들 조세를 구체적으로 수납하는 과정에서 발생하는 지방관이나 서리층의 중간 농간이나 경비지출에 관계된 것, 양반층이 산지를 무단으로 광점하는 문제에 대한 내용이었다. 그간 읍폐에 대해 지속해서 논의하였기 때문에 이처럼 종합적으로 정리할 수 있었다. 이러한 여러 가지 문제가 있지만 직접적 계기는 주로 환곡 부담이나 결가 상승으로 나타났다.

진주에서 이 같은 부세 실태가 항쟁으로 이어지기까지의 진행 상황을 살펴보자. 진주는 그 가운데서도 환곡 운영에 따른 재정결손이 심각하였는데 1855년부터는 환곡 결손을 채우려고 토지에 세를 매겼다.

그 당시에 '억울한 일이 있으면 관에 정소하고 법에 따른 판결을 받는다'고 하여, 민이 합법적으로 관에 호소하는 방법이 있었다. 이는 고을 차원에만 한정되지 않고 감영, 비변사 등 상위 관청에도 정소할 수 있었다. 비변사도 '관에 정소를 올렸는데 관이 들어주지 않으면 감영에 정소하고, 그래도 들어주지 않으면 비변사에 정소하고, 그래도 들어주지 않으면 왕에게 호소하는 것이 모두 가능하다'라고 하였다. 읍-감영-비변사-왕이라는 소청체계가 법적으로 존재하였다. 진주민들은 이러한 절차를 밟아 나갔다. 처음에는 읍에 등소하고 감영에 의송을 보냈으나 받아들여지지 않았다. 이에 진주민들은 1859년에 마침내 천릿길을 걸어 집단 상경해 최고 권력기관인 비변사에 글을 올려 호소한 적도 있었다.

수령과 진주민 사이의 갈등과 환곡을 둘러싼 마찰은 오랫동안 계속되었다. 농민들의 끊임없는 반발로 환곡의 수봉은 부실하였다. 이 때문에 수령이 자주 교체되었던 것 같다. 환곡 포흠이 발생한 때부터 약 15년 동안 진주목사가 16번이나 바뀌었다. 이렇게 환곡을 둘러싸고 10여 년간 수령과 진주민 사이에 충돌은 계속되었다.

그러다가 문제가 확대된 것은 1862년 시위가 일어나기 직전인 1861년 겨울이었다. 홍병원이라는 인물이 신임 목사로 부임하면서 다시 환곡 결손을 토지에 부과하려고 계획하였다. 그는 향회를 소집해 매우 높은 결당 6냥 5전을 부담하게 했다. 아마도 진주 지역에서 결손을 본 환곡 총액을 모두 거두어들이려는 의도로 보인다. 진주에 위치한 우병영도 이 기회를 틈타 병영의 환곡 포흠을 해결하고자 하였다. 경상우병사는 1862년 1월에 들어 향회를 열어 회유하고, 협박을 가해 환곡 포흠분 약 6만 냥을 통환으로 충납하게 했다.

이 때문에 농민 사이에서 이대로 있을 수 없다는 여론이 들끓었다. 그간 진주민들은 지속적으로 저항했음에도 진주목과 우병영이 한꺼번에 이 문제를 터뜨리자 농민의 분노가 매우 커졌다. 1862년 농민항쟁은 여기에서 폭발했다.

집회: 논의와 의결

모의 단계의 집회

사건은 중심 세력의 모의에서 비롯되었다. 모의가 동리에서 시작될 경우에 개인의 집이 이용되었다. 더욱 넓은 범위일 때는 장시의 주막이 이용되었다. 진주에서 항쟁이 일어나기까지 여러 과정의 논의가 있었다. 초기 논의는 지도 인물이 거주하던 동리에서 몇 차례 회합으로 진전되었다. 이것을 마을회의, 이회里會라고 부를 수 있다. 본래 면리에는 공론을 모으기 위해 면회, 이회가 있었지만, 여기서는 항쟁을 논의하기 위해 주도층이 결성되는 과정이었다. 회의에서 항쟁이 결정되자 대중을 모으기 위한 통문 작성과 같은 구체적인 작업을 진행했다.

항쟁의 발화선이 된 진주 축곡면에서는 사노 검동과 평민 출신 박수익의 집에서 모였다. 먼저 1862년 1월 30일 산기촌에 있는 사노 검동의 집에서 모임이 있었다. 사노 검동의 집을 택한 것은 그만큼 신분 간의 거리감이 줄어들었기 때문일 수도 있다. 이때 이명윤과 같은 중앙관리 출신의 인물도 참여하였다. 그는 수령의 부세정책에 반대하고 수령이 주도하는 향회에는 참석조차 하지 않았다. 이 때문에 이명윤은 초기 항쟁 논의 과정에 참가하였고 읍회 개최를 적극적으로 지지하였다. 그의 지위나 명망은 준비 활동에 어느 정도 도움이 되었다. 실질적으로 항쟁을 이끈 인물은 유계춘이었다. 그는 본래 진주 원당면 원당촌 출신이었는데 뒤늦게 외가 쪽인 축곡리 내평촌으로 옮겼다. 유계춘은 토지와 같은 경제적 기반이 없었기 때문에 몰락 양반으로 볼 수 있다.

이명윤은 유계춘에게 통문을 만들어 발송할 것을 권했다. 유계춘이 관의 처벌을 염려하자 이명윤은 자신이 처리해 주겠다고 단언하였다. 통문은 유계춘이 작성하고 이명윤이 이를 지원한 셈이다. 목표는 전 고을이 참여하는 읍회이자 시위를 조직하는 것이었다. 통문은 전 면리로 보냈는데 호응하는 곳도 많았다. 이명윤은 인접한 가이곡에도 가서 그곳 사족들과 만나 읍회에 대해 논의하였다.

며칠 뒤 진주 축곡면에서 더 적극적으로 모임을 열었다. 2월 2일 박수익의 집에서 열렸다. 이 집에서는 모임이 여러 차례 이루어졌다. 이 모임에서 이루어진 항쟁 준비 과정에 대해서는 더 구체적인 사실을 알 수 있다. 박수익은 1850년에 환곡 문제 때문에 격쟁에 나선 인물이었는데 이때도 모의장소를 제공하면서 열심히 활동하였다.

이처럼 농민항쟁의 주도층 구성을 보면 공론 형성의 실상을 엿볼 수 있다. 곧 유력 사족 중심의 향청 회의에서 공론을 만들어 나가는 것이 아니라 면리를 기반으로 신분을 뛰어넘어 주도층을 결집하여 고을 문제를 논의하였다. 위로는 조관 출신부터 몰락 양반, 평범한 농민까지 자신을 대변하는 주장을 함께 만들어 갔다.

열린 공간의 대중집회

여기서는 시위의 동력과 관련하여 대중집회를 살펴보고자 한다. 읍치로 진입하거나 공격하려면 어느 정도 동력이 필요하다. 읍치에는 상당한 병력이 주둔하고 있기 때문이다. 더구나 진주, 울산에는 우병영, 좌병영이 있었다. 농민항쟁이 일어나려면 대중의 역량이

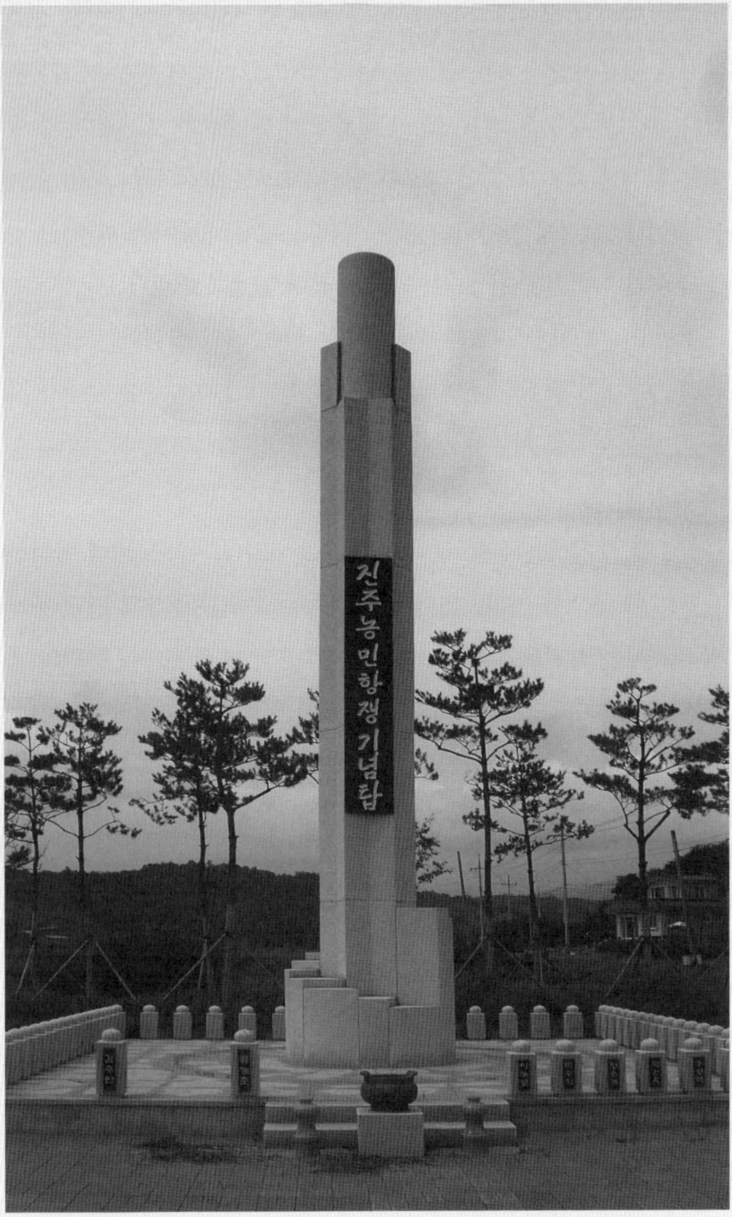

진주농민항쟁기념탑, 경상남도 진주시 수곡면 소재, ©김준형

바탕이 되어야 하였다. 이를 위하여 농민 대중을 모을 수 있는 대중 집회가 필요하였다. 대중집회를 널리 알리기 위해서 통문을 활용하였다. 여기서 통문은 전통사회의 시위에 매우 중요한 도구였다. 잘 알 수는 없지만 아마도 모임 장소와 일시, 그리고 목적 등이 쓰여 있었을 것이다. 시위에 참가하지 않는 동리나 집에 대해서는 먼저 그 집을 부수거나 벌전을 걷겠다는 내용도 들어 있었다고 한다.

2월 6일에 모인 진주의 수곡도회는 관 중심의 향회와는 달리 고을민들이 대거 참여하는 민회의 성격이 짙었다. 곧 대중을 모아 읍사를 함께 논의하고 의견을 모아 항쟁의 방식을 결정하고자 하였다. 당시 읍과 감영에 소장을 올리자는 통문과 그 뒤 새롭게 만들어진 '철시撤市'를 주장하는 통문 두 종류가 발송되었다. 수곡도회에 참석한 자들은 이 문제를 논의하였다. 참가자들은 모두 진주읍의 당면 문제에 대해서는 의견을 같이하였다. 곧 진주읍의 환곡 폐단이 농민의 생존권을 위협하며, 특히 그해와 같이 도결과 통환을 병행하여 수취한다면 농민이 더는 지탱하기가 어렵다고 입을 모았다. 여기서 일부는 처음 발송된 통문의 견해와 같이 먼저 감영에 의송을 내고, 그 외에도 감사에게 직접 의사를 표현하는 방법으로 감사가 행차할 때 길을 막고 호소하자는 주장을 하였다. 읍민의 반대를 무릅쓰고 군현이 수취를 결정하였으니 그 상위기관인 감영에 직접 호소하자는 것이다. 이는 온건한 방법이었다. 주로 사족이나 부민이 제기한 것 같다. 한편에서는 한층 강경한 대응이 필요하다고 여겨 읍내에서 집단시위를 벌일 것을 주장하였다.[5]

논의가 꽤 치열했다. 처음에는 감영에 직접 호소하자는 의견이 채

택되어, 수곡도회 참가자들은 장진기, 조학오 등을 대표로 뽑아 감영으로 파견하였다. 그런데 이에 반대하는 세력이 별도로 논의를 더 진행해서 '철시', 훼가毁家가 참석자들에게서 상당한 호응을 얻어 '주론主論'으로서 확산하였다. 항쟁의 방향이 결정된 논의의 장이었다.

동원과 행진

동원

시위는 다중의 힘을 모으는 것이므로 인원 동원이 매우 중요하였다. 진주에서 수곡도회가 열리고 상당한 시일이 지난 뒤 수곡장시와 가까운 곳에서 수청가회의가 열렸다. 수청가회의는 시위동력을 확산하기 위한 집회였다. '회의'라는 이름이 붙은 데서 알 수 있듯이, 논의를 모으는 과정에 힘을 기울였다는 뜻으로 보인다. 수청가회의의 개최날짜는 나타나지 않지만, 아마도 2월 14일 새벽이나 아침에 〈초군취회회문〉이 유포되고 나서 초군들이 모여 바로 덕산장시를 공격한 것으로 보인다. 수곡도회가 대중과 함께 진주의 현실을 인식하고 투쟁의 방향과 방법을 합의하는 집회였다면, 수청가회의는 항쟁에 참여할 대중을 규합하고 조직적으로 동원하기 위한 모임이었다.

이때 초군은 개인적이기보다 조직적으로 투쟁 대열에 참여하였다. 초군 자체는 본래 항쟁을 위해 만들어진 조직이 아니기 때문에 이들을 동원하는 데 어느 정도 조직적 강제가 필요하였다. 일반적으로 항쟁을 일으킬 때, 지도부는 각 면리에 통문을 돌리면서 동리마다 일정한 인원을 배정하였다. 지도부는 이를 따르지 않으면 벌전을 매기거나 집을 부수겠다고 위협하여 참여를 강제하였다. 항쟁을 벌여 나가는 것은 그만큼 위험이 따르므로 함께하자는 강권이었다.

수청가회의는 이처럼 농민을 조직적·집단적으로 동원하는 장이 되었다. 동리별로 세를 과시하는 상징으로 깃발을 들고 꽹과리를 두드리며 모여들었을 것이다. 초군들의 모습이 당시 시위문화에서 가장 두드러진 듯하다. '초군작변'이라는 표현이라든가, 심지어 여기에 영향을 준 이명윤을 초군 괴수라고 부르고 이와 관련한 옥사를 초옥樵獄이라고 부른 것에서도 알 수 있다.

초군이라는 표현은 이들의 복장에서 유추한 것으로 보이지만, 일반 농민과 특별히 구분되지 않았다. 이들은 '산에 오르면 나무꾼이요 들에 나가면 농부'라고 하듯이 일반 농민을 가리킨다. 농한기에 사건을 일으켜 감옥에 가둔 초군을 5월 농번기라고 풀어 준 예에서도 이런 상황이 잘 드러난다. 초군은 무엇보다도 자신들의 생계와 경제적 이익을 위하여 활동하였다. 이들이 공동소유지뿐만 아니라 개인소유의 산지나 벌채가 금지된 지역에서 벌목해 문제가 생기기도 하였다. 진주에서 초군의 동향도 주로 벌목사건과 관련하여 찾아볼 수 있다. 이들은 수십에서 수백 명씩 무리를 지어 다니면서 마을의 공유지나 사유지의 나무를 베어 내었다. 초군들은 이처럼 조직적으로 활동하였다. 이들을 막기 어려워 관에 호소하는 사태가 빈번하였다.

초군이 집단성을 띰에 따라 구성원 사이에 일정한 조직이 형성되었다. 진주에서 읍저초군, 읍오리초군, 가서초군 등으로 칭해진 것으로 볼 때 각 면리별로 조직이 있었던 것 같다. 그 우두머리는 '좌상'으

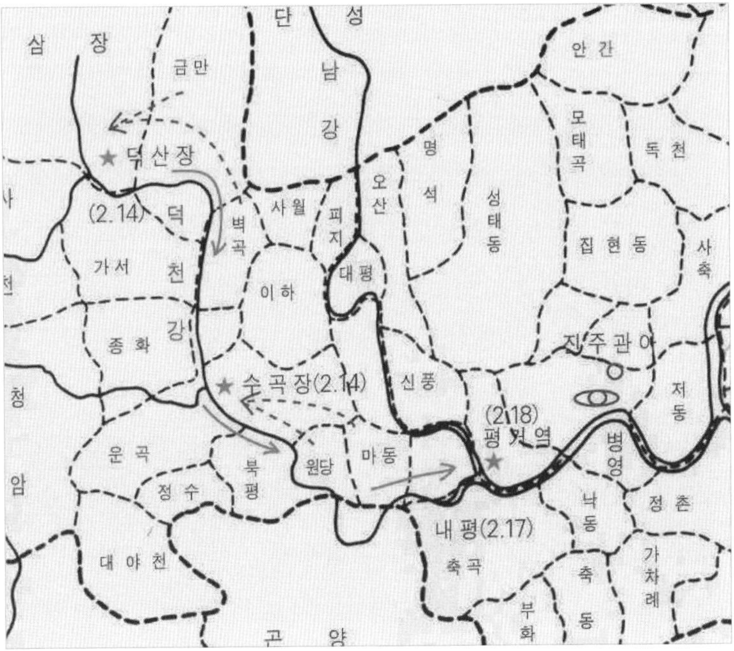

진주농민항쟁 관련 중요 집결처와 행진 방향(점선 화살표는 집결 방향, 실선 화살표는 행진 방향)

로 불렸다. 이들은 여러 형태의 문서를 작성하여 위에서 내려온 지시와 연락에 이용하였고 때로는 집회를 가지는 등 일정한 틀에서 활동하였다. 회덕·연산·진잠·청주·회인·문의·능주·동복 등 여러 고을에서 초군이 활동하였다. 공주에서는 '각면초군'이라고 표기되었는데, 이는 면별 초군 조직이 있었음을 암시한다. 이렇게 볼 때 초군이 전면에 나섰는지와 관계없이 삼남 대부분의 고을에서 초군 집단이 있었다고 판단할 수 있다.

이들이 항쟁에 참여한 계기는 무엇일까? 먼저 이들은 본래 농민이고 특히 빈농계층이어서 읍폐의 피해를 가장 크게 입는 자들이었다. 이러한 초군의 처지와 관련해 진주의 초군좌상 이계열은 초기부터 모의에 깊이 관여하였다. 이계열은 초군과 유계춘 사이에서 초군이 농민항쟁의 주체로서 참여하는 데 앞장섰다. 유계춘은 이계열의 요청에 따라 초군들이 쉽게 부를 수 있게 한글로 노랫가락을 지어 돌리기도 하였다. 초군은 농민 대중의 중요한 세력이었다. 이들이 항쟁 대열에 집단적으로 참여함에 따라 항쟁은 구체적이 되었다. 실제 읍내에서 공격 목표가 된 이서들을 체포하고, 읍내와 외촌에서 집을 부수고 재물을 빼앗은 것은 주로 초군이었다. 충청도 회덕·공주 등지의 초군들의 활동도 잘 드러난다. 다만 이들의 활동에 조직적으로 참여한 고을이 얼마나 많은지는 알 수 없다.

동원이라는 표현을 썼지만, 강제적이기보다 꽤 자발적인 측면이 있었다. 우병사는 '손오 용병이라도 이처럼 호응할 수 있을까?' 하고 놀라움을 나타내었다. 이는 원한이 심했기 때문이라는 점을 강조하기 위해서였지만 호응이 대단했음을 말한다.

행진

시위의 최종목적지는 읍내이므로 고을 사람은 당연히 행진으로 진출할 수밖에 없다. 공주의 각 면 초군들이 5월 10일 금강 나루터까지 '무리를 이루며 와서 모였다'고 하듯이, 중간에 군중을 모으려고 의도적으로 행진하기도 했다.

행진은 대열을 갖추고 시위를 겸하기도 했다. 진주는 잘 갖추어진 모습을 보여 준다. 특히 진주에서 중요한 것은 대열을 지은 행진이 아닐까 한다. 진주민들은 수청가에 모여 곧바로 면리별로 시위와 조직 활동을 시작하였다. 이들의 일차 목표는 예정대로 장시였다. 먼저 마동과 원당면의 농민은 1차 집회가 열린 수곡장시를 장악하였다. 백곡과 금만면의 농민은 서쪽 변경 지역인 삼장·시천 등지를 옮겨 다니면서 세력을 규합하여 근처 덕산장시로 가서 다시 집회를 열었다. 이들은 읍치와 반대 방향인 서쪽 변경으로 나아가면서 농민 대중을 투쟁 대열로 묶어 역량을 강화하는 전술을 썼다. 곧 시위 농민들은 여러 면리를 휩쓸면서 부분적으로 관과 결탁한 세력이나 토호를 공격하기도 했다. 이는 대체로 힘을 모으는 과정이었다. 이 과정에서 많은 농민이 자발적으로 가담하였다. 시위를 주도한 농민들은 시위에 반대하는 마을이나 인물에 벌전을 매기거나 집을 부수겠다는 위협을 가했다. 머리에는 흰 수건을 쓰고 손에는 목봉을 들었다고 하는데 농사꾼의 일상 모습과 큰 차이가 없더라도 수많은 대열은 위협적이었을 듯하다. 소박하나마 깃발을 갖추었을 수도 있다.

덕산장시에서 집회를 열고 그곳 상인들에게 장시를 철수하기를 독려하였고 일부 가게를 부수면서 공격하였다. 이 때문에 박규수는 덕산장시는 '난이 시작된 곳'이라고 이름 붙였다. 많은 농민이 왕래하는 곳이어서 항쟁을 일으키는 데 가장 적합했다. 이 집회에서 철시에 함께 참여할 것을 독려한 것으로 보인다. 일부 대상인은 수령, 이서와 결탁하여 향촌의 상권을 장악해 이득을 취했기 때문에 공격당했다고 판단된다. 부세를 거두는 일에 참여한 자들의 집에도 찾아가 집을 부수었다.

이러한 과정을 거친 뒤 농민은 기세를 올리며 읍치로 향하였다.

진주농민항쟁 140주년 기념 포스터(2002, 부분),
진주농민항쟁 기념사업회 소장
농민들이 행진하는 모습을 잘 담았는데 크고 화려한
깃발은 지나친 과장인 듯하다.

시위대 가운데 일부는 무기로서 몽둥이·지겟작대기·낫 등을 주로 이용했을 것이다. 심지어 함평에서 시위대는 죽창을 지녔다고 하는데 사실이라면 전투를 각오하고 훨씬 효율적인 무기를 제작한 것이라고 하겠다. 사실 읍내를 공격할 때는 이서·군관 등이 있었기에 무기가 필요하였다. 실제로 이서를 공격하여 처단하고 감옥을 부수기도 했으니 무기를 사용하였으리라 보인다. 다만 이들은 호신용, 이서 공격용 등으로 사용하였으며, 관군과 전투하기 위해 소지한 것은 아니었다. 더 나아가 중앙권력에 항거하려는 것은 아니었다고 볼 수 있다.

시위행진이 단순히 읍내로 들어가는 과정만은 아니었다. 외곽에서 행진이 이루어지는 과정에서 힘을 결집하고 인근 지배층을 공격하였다. 진주민은 덕천강 변을 따라 여러 면리를 거치면서 그곳 부호를 공격하는 한편 농민을 규합하였다. 이처럼 농민의 세력이 커지자 항쟁에 반대하거나 소극적인 태도를 보이던 사족 또는 토호도 그 위세에 완전히 눌렸다. 이런 상황 때문이었는지 진주민이 읍치에 도착하기 직전인 17일에 감영은 진주목과 병영의 수취 결정을 혁파하는 공문을 내렸다. 시위를 막으려는 조치로 보인다. 그러나 감영의 결정에도 농민은 바로 해산하지 않았다. 이미 쏜 화살이기도 하고 당사자인 진주목과 우병영에서 직접 답변을 듣기를 원했기 때문일 듯하다.

이렇게 읍으로 향하는 행진은 지역에 따라 차이가 있었다. 진주처럼 외곽에서 시작된 곳은 나흘 동안 이루어졌다. 수청가에서 진주 읍내까지 거리는 거의 30킬로미터여서 꽤 멀었지만, 나흘이 걸릴 거리는 아니었다. 앞서 보았듯이 아마도 천천히 행진하면서 여러 면리에 들러 홍보하고 사람을 모았을 것이다. 나흘간 저녁마다 많은 농민이 마을에 머물면서 음식을 제공받고 하룻밤을 지냈을 텐데, 그곳은 어디였을까 하는 점도 흥미롭다. 처음 모의가 있었던 축곡에서 하루 머문 것은 잘 드러난다. 300~400명이 들어와서 하룻밤을 묵었는데 빈부를 막론하고 솥을 내걸고 음식을 제공하였다. 농민항쟁이 집중적으로 일어난 3~5월은 봄에서 초여름에 이르는 시기여서 춥지 않은 밤을 보내고, 자연스럽게 다음 날 행진을 이어 갔다.

결집과 공격

시위 농민의 목표는 당연히 고을 통치자의 거점인 읍치로 진입하는 것이었다. 이곳에서 시위대는 통치자에게 항의하고 쌓인 원한이 폭발해 책임자를 공격하였다. 나아가 그들은 잘못된 제도를 바로잡고자 하였다.

고을 사람은 읍치 근처나 외곽의 넓은 공간인 장시, 천변 모래사장에 모였다. 성주는 읍치 근처 천변 모래사장에서, 개령은 작은 고을이라 읍내 장시 외에는 유일한 장시로 읍내에서 10리 정도 떨어져 있는 이수천장시에서 모였다. 전라도의 경우 익산은 읍내에서 도회를 열었고, 함평은 적촌리장시에서 모였다.

진주 농민은 2월 18일 오전 진주성 서쪽에서 5리 떨어진 오죽전 부근에서 집회하였다. 이곳은 서면 쪽에서 진주읍으로 들어오는 길목이었다. 여러 방면에서 참여한 농민이 이곳에 집결하여 전열을 가

다듬었다. 또 그들은 읍에 어떻게 들어갈 것인지 구체적인 활동을 확정했을 것이다. 이때 이미 동부·남부·서부 지역의 농민도 항쟁에 참여하고 있었다. 진주보다 조금 늦게 항쟁을 일으킨 성주는 3월 26일 읍내 모래사장에서 읍회가 열려 사족들은 의송을 주장하여 대표를 뽑아 보냈다. 그러나 농민은 읍내로 쳐들어가서 부당한 세금을 결정한 이서들을 공격하고 집을 부수었다. 감영에서 읍폐를 해결하겠다는 공문이 도착하자 성주의 항쟁 세력은 일단 해산하였다. 성주의 경우 이때가 읍내에 대한 공격을 마친 다음이어서 진주와 조금 차이가 있다. 농민들은 해산한 뒤에도 상황을 주시하면서 다시 항쟁을 벌이기도 하였다. 개령에서 농민들은 장시에 모인 뒤 주모자를 관가에 밀고하였던 박경주라는 인물을 죽였다. 전라도 함평에서도 동헌에 진입하기 전 읍전시 주변에 포진하여 전열을 정비하였다고 한다.

집결한 농민은 곧바로 공격하기도 하였지만, 관리에게 그들의 요구조건을 제시하기도 하였다. 다중이 행동했지만, 공격보다 시위와 협상을 우선하였고, 읍내로도 시위대열이 진입하였다. 진주의 사례에서 보듯이, 이들은 이미 나흘을 행진하여 그들의 활동을 알린 데다가 진주목을 처음부터 직접 공격하지 않고 관청 부근에서 시위를 벌이면서 요구조건을 제시하였다.

다중의 힘은 무서웠다. 수령은 대부분 겁을 먹고 두려워하였다. 선무사로 내려온 이삼현조차 거창에서 고을 사람들이 다시 읍내에서 재회한다는 이야기를 듣고는 '공포가 없을 수 없었다'고 고백하였다. 진주목사는 두려움에 질려 직접 협상에 나서지 못하고 영향력 있는 사족인 이명윤을 초치하여 농민과 접촉할 수 있게 부탁하였다. 농민들은 이명윤에게 도결 철폐를 보장하는 완문完文을 요청하였는데 그는 목사에게서 완문을 얻어내어 농민에게 전달하였다.

> 완문을 성급成給하는 일이다. 본 읍의 이른바 도결은 민원에 따라 지금 혁파하니 이에 따라 영구히 준행함이 마땅하다.
>
> 임술 2월
>
> 목사(인)
>
> 이방 김윤두(인)
>
> 좌수 양아무개(인)[6]

진주민들은 수령과 그간 읍폐를 일으킨 자들을 징계하여 다스렸다. 읍내로 들어가 이방과 호방의 집을 부수고, 그 밖에 서리들과 서울에서 내려와서 수세차 머물던 자들과 매매차 머물고 있던 개성 상인들의 거처를 부수었다.

여기서 가옥이 징치懲治의 대상이 된 까닭은 사람이 도망가고 재산이 보관된 집만 남았기 때문이다. 부수기도 하고 때로는 불을 지르기도 하였다. 분노를 넘어서 이들이 가진 재물이 모두 소멸되게 하겠다는 의지였다. 심지어 신녕에서 농민들은 짚단을 지고 관아에 들어가기도 했는데, 실제 불을 지르기 위한 것인지 위협용인지 알 수 없다.

진주 읍내에 들어선 뒤 2월 19일 아침 농민군은 읍내 대안리에 있는 객사 앞 장터에서 집회했다. 이곳에는 넓은 공간이 있어서 많은 농민이 집결할 수 있었다. 이때 진주성을 지키는 경상우병사 백

낙신은 농민의 힘을 간과하고 객사 군막(농민군이 둔취한 곳으로 추정)까지 나왔다. 그러나 농민들의 거센 기세에 눌린 우병사는 중영의 포흠 서리 김희순을 즉석에서 처형하여 이들의 불만을 해소하려고 하였다. 그렇게 한다고 해서 농민의 기세가 누그러들 리 없었다. 농민들은 본래 목표대로 통환의 철폐를 강력히 요구하여 끝내 공문을 받아 내었다.

관리와 서리에 대한 공격은 이때부터 표면화되었다. 우병사는 자신의 권위를 믿고 농민이 모인 곳으로 들어갔다가 오히려 농민들에게 굴복했다. 농민들은 우병사를 둘러싸고 하룻밤 감금하였으며, 병영 이방 권준범과 그의 아들 만두를 처단하고 동생 종범도 구타하였다. 그러나 그와 함께 있었던 영장營將은 통환과 직접 관계가 없다고 하여 길을 열어 준 데서 알 수 있듯이, 농민들은 부세 수탈이 특정 관리를 중심으로 구조적으로 일어났음을 인식하고 있었다. 이 지역 최대 권력자 가운데 한 사람인 우병사에게 다중의 힘으로 윽박지르고 굴복을 받아 낸 일은 농민에게 엄청난 경험이었다. 이 일은 좌병영이 있는 울산에도 영향을 미친 듯하다. 4월 1일 울산농민항쟁에서 시위대는 진주처럼 먼저 본부로 가서 요구조건을 해결하고 다시 좌병영이 있던 울산성으로 향했지만, 관군이 성문을 굳게 걸어 잠그고 방어하였다. 결국 병사들이 진입하려는 농민들을 공격하여 사망자가 여러 명 발생하기도 하였다. 농민들이 이전처럼 병사兵使의 권위에 눌리지 않고 요구조건을 내세웠기 때문에 무력 충돌이 일어났다.

이런 충돌 뒤 행정수장인 목사에 대한 공격이 곧바로 일어났다. 본래 목사에게서 도결 철폐 완문을 얻은 뒤 물러났으나, 병사로 격화

진주 읍내장터, 〈진주성도〉(부분), 서울대학교 규장각한국학연구원 소장
농민들이 농성하고 우병사를 포위한 곳이다. 가운데 장기場基라고 쓰인
곳이 읍내 장시가 있던 곳이고 위로 객사, 아래로 촉석성 신북문이 보인다.

된 농민들은 이튿날 다시 목사의 동헌으로 향하였다. 원래 농민의 공격 목표는 본부 이방이었다. 이를 눈치챈 이방이 도망가자 농민들은 대신 목사를 공격하였다. 이들은 목사를 동헌에서 끌어내어 위협을 가하고 강제로 가마에 태워 그때까지 감금되어 있던 우병사에게 끌고 갔다. 그러나 농민들은 초군 지휘자의 명령에 따라 우병사와 목사를 풀어 주었다. 농민지도부가 처음부터 이들을 직접 공격할 의도는 없었던 것 같다. 우병사를 감금하고 목사를 강제로 옮기는 데서 보이듯 관리의 권위는 이미 크게 떨어졌다. 잇달아 우병사, 목사를 굴복시켰기에 농민들은 자신감을 얻었다. 이 과정에서 농민들은 읍내에서 농성하면서 집회를 열고 힘을 과시하였을 것이다.

이서에 대한 공격은 그보다 더 심하였다. 직접 공격하기도 하고, 집을 부수거나 약탈, 방화를 하였다. 고을을 공격한 후 농민들은 무기고에서 무기도 손에 넣었을 수 있다. 농민들은 2월 18일 목사에게서 완문을 받은 직후 본부 이방, 호방과 여러 이서의 집을 부수고 재물을 빼앗았다. 그 밖에도 수세와 관련이 있던 경저리나 대상인 등을 공격하여 이들이 머물던 가옥을 부수고 재물을 빼앗았다.

읍내에서 벌인 농민의 활동이 일률적이지는 않았다. 활동 목표는 함께하면서도 구체적인 활동 양상은 면리별 조직 단위로 움직였다. 특히 초군들이 그러하였다. 농민의 조직 활동을 가장 잘 보여 주는 예는 본부 이방에 대한 공격과정이다. 농민들이 진주목에 몰려갔을 때 이방이 이미 도망쳐 버리고 없자 이귀재를 지휘자로 하는 용봉리 초군들이 체포에 나섰다.

이 과정에서 다중의 힘이 조직을 통해 강화되는 모습도 찾아볼 수 있다. 이 지역 최고의 권력자인 목사, 우병사를 간단히 제압할 수 있는 것도 다중의 힘이었다. 함평항쟁에서도 조직력이 두드러졌다. 지도자 정한순은 읍권을 장악하고 장군이라는 칭호를 사용하였다. 김기용은 재정을 담당하였고, 각 면의 훈장은 장정을 뽑고 거느렸다. 정한순은 안핵사와 만날 때도 깃발과 창을 든 농민 수천 명을 거느리고 나타났다고 한다. 이를 통해 농민의 힘으로 한 지역을 충분히 장악할 수 있었음을 알 수 있다.

공주의 항쟁은 처음에 각 면의 초군 수백 명이 공주부 관아에서 5리쯤 떨어진 금강 나루터에 모이는 것으로 시작되었다. 이에 공주부가 위기를 느끼고 대표를 수십 명 뽑아서 관아로 보내 이야기하고, 나머지 사람에게 돌아가라고 회유했지만, 이들은 받아들이지 않았다. 이튿날에는 초군의 수가 더 늘어 금강 나루터에 6000여 명이 모였다. 이미 관은 이들을 통제할 수 없었다.

시위의 규모는 고을별로 수백에서 수천, 수만에 이르렀다. 시위의 규모와 강도는 고을별로 각각 달랐다. 다만 고을 규모보다는 고을마다 부세 문제가 심각한 정도라든가, 주도세력들의 지도력과 면리기구의 조직과 동원력 등 여러 가지 요인에 따르는 듯하다.

시위의 확장과 농성

외촌에 대한 공격

농민들의 공격은 직접 통치 세력인 수령과 이서에게만 행해지지 않았다. 이들과 결탁하여 평소 수탈에 앞장섰던 토호들도 원성의 대상이었다. 이들 가운데 일부는 읍내에 살기도 하였지만 대부분 외촌에 흩어져 있었다.

진주에서 시위대는 읍내 공격을 끝내고 다시 외촌으로 항쟁을 확대했다. 시작 단계에도 외촌을 공격했지만, 그것은 일부 특정 지역, 특히 항쟁이 처음 발발한 서부 지역에서 주로 나타났다. 그러나 읍내에서 활동을 성공적으로 수행한 뒤, 농민들은 진주의 전 지역으로 공격을 확대했다. 농민들은 앞으로의 활동에 관해 토론을 벌이고 대오를 다시 정비하였다. 지역에 따라 농민들을 나누어 외촌으로 나섰다. 외곽의 토호들도 공격 대상이 되었다. 농민들은 2월 20~23일까지 약 22개 면을 지나면서 56채의 집을 부수고 40채의 집에서 재물을 압수하였다. 다른 고을도 외촌에서 토호의 집을 부순 사례가 많듯이 이러한 일들은 상당히 일반화되었던 듯하다.

이때 농민군의 활동 양상은 전체적으로 알 수 없다. 다만 동남쪽으로 진출한 부대의 활동만을 찾아볼 수 있다. 이들은 소촌, 대여촌, 개천리 등을 거치면서 소촌역, 옥천사 그리고 평소 악명 높던 토호의 집을 공격하였다.

소촌역은 읍치에서 동남으로 24리 정도 거리에 있는 교통의 요지였다. 찰방이라는 관리가 이곳을 관할하였다. 농민들은 목과 병영과 마찬가지로 관에 그들의 의지를 보일 필요가 있었다. 2월 20일 밤 농민들은 대열을 지어 이곳에 들이닥쳤다. 다만 큰 공격은 없었고 몇 가지 시정을 요구하는 정도였다.

이쪽 지역에서 철저히 공격당한 자는 평소 농민들을 괴롭힌 양반 권세가였다. 대여촌 남성동의 양반 성석주와 개천면 청강의 생원 최운이 대표적인 인물이었다. 이들은 양반이자 부호로서 권세와 부를 이용하여 농민을 괴롭혀서 평소에 원성이 높았다. 농민들로서는 이들이 최우선 공격 대상이었다.

이 일대 사찰, 곧 옥천사가 농민의 공격 대상이 되었다는 점도 흥미롭다. 옥천사는 개천리 부근에 있는 큰 절로서 승려가 수백 명에 달했다. 이 절은 산지의 채초를 금지하여 농민들의 원성을 샀고, 절에 속한 토지의 환곡 분급을 면제받아 이 지역 농민의 부담을 늘렸다. 또 절 토지를 얻어 부치는 농민들과 마찰도 심했을 것으로 짐작된다. 절 쪽은 농민들이 공격할 낌새를 알아채고 미리 사람을 보내어 농민들에게 절에서 유숙하게 요청하였고, 쌀, 짚신, 남초(담배) 등을 바쳐 공격을 모면하였다. 이것들은 시위대가 활동하는 데 요긴한 물품이었다.

항쟁 지도부는 행동에 불참한 면리에 대해 벌전을 거두겠다고 공언했다. 벌전의 징수는 이때 이루어졌다. 농민군은 개천면에서 200냥을 징수하였다. 이는 상당히 중한 징벌이었다. 이때 개천면에서만 불참에 대한 벌전이 징수된 것을 보면, 벌전 규약이 농민의 참여도를 크게 높였다고 인정할 수 있다.

농성과 해산

농민항쟁은 읍치를 공격하거나 외촌을 공격하는 것으로 끝나기도 하지만 때로는 다시 읍내로 들어와 농성을 벌이기도 하였다. 농성도 항쟁의 한 부분이며 마지막으로 농민들의 목소리를 낼 수 있는 무기였다. 농민항쟁이 반드시 외촌으로 이어지지는 않았지만, 그 경우에도 항쟁을 마치고 나서 일단 다시 읍치로 돌아왔다. 농민항쟁을 마무리하는 과정이 필요하기 때문이다. 농성이 지역에 따라서는 1~2개월씩 걸리기도 하였다. 이는 그간 쌓인 원한이 완전히 풀리지 않았기 때문일 수도 있지만 요구사항이 어떻게 진행되는지 알아보고, 요구를 관철하려고 압력을 넣는 방편이기도 하였다.

진주의 농민군은 외촌으로 나가기 전에 뒷날 다시 날짜를 정하여 성내에 들어오겠다고 공언하였다. 외촌을 공격한 직후 해산한 것을 보면, 이는 상황에 따라 대처하려던 의도로 여겨진다. 이들이 해산한 뒤에 어떤 활동을 하였는지는 알 수 없다. 그러나 다음 달인 3월에도 수만 명이 다시 성 아래에 진을 쳤고, 박규수가 안핵사로 내려갔을 때도 약 70개 지역에서 둔취하면서 안핵사에게 부세 문제를 건의하였다고 한다. 당시 진주가 70여 개 면으로 이루어졌으므로 면 단위로 집결하였던 듯하다.

이처럼 2월 23일 해산 이후에도 농민의 열기는 가라앉지 않았다. 특히 안핵사와 같은 중앙관리가 파견되자 그들은 요구를 재확인하려고 다시 모였다고 여겨진다. 심지어 체포, 구금된 자가 몰래 각 면에 통문을 보내어 다시 집회를 열어 자기를 구해 달라고 촉구하기도 하였다. 이미 신임 목사와 병사가 파견된 뒤에도 항쟁 분위기는 여전하

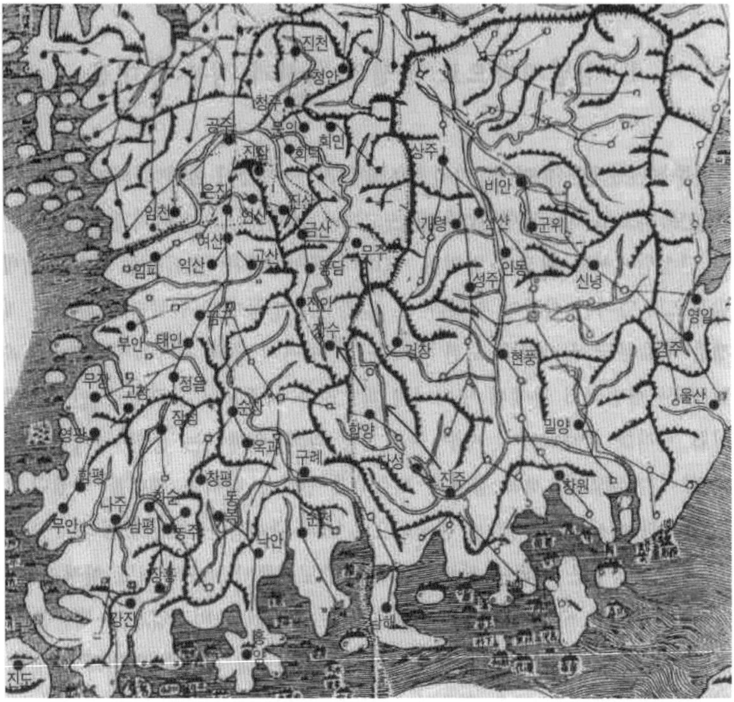

삼남 일대의 농민항쟁(〈대동여지전도〉에 항쟁 지역을 표기함)

였다. 농성할 때는 아마도 축제처럼 놀이패를 앞세우고 함성을 지르며 춤과 노래로서 밤늦게까지 놀았을 것이다. 읍폐를 하나하나 외치면서 그들의 목표를 되새기는 일도 빠트리지 않았을 듯하다. 이러한 활동을 통해 길게는 한두 달간의 농성을 이어 나갈 수 있었다.

이처럼 시위 항쟁 후 고을을 장악하고 농성하는 모습은 여러 지점에서 나타난다. 함평의 사례는 이를 상징적으로 잘 보여 준다. 농민들은 수령의 상징인 인신과 병부를 빼앗고, 수령을 강제로 끌고 가 고을 경계를 넘어서 내팽개침으로써 읍의 행정을 장악하였다. 농민은 향교와 서원 등에 진을 치고 이곳에서 도회를 열었다. 이러한 일은 농민시위가 여러 고을에서 잇따라 일어나 감영 차원에서 예하 고을의 치안을 자신할 수 없었기 때문에 가능하였을 것이다. 특히 3~4월 개령·상주·성주·선산·인동 등 여러 고을에서 농민시위가 일어난 경상우도에서 이런 모습이 확연히 드러난다. 선산에서 농민들은 큰길을 막고 지나가는 사람을 검문하였으며, 상주에서 농민들은 감영으로 가던 비장을 잡아서 감영 옥에 갇혀 있던 항쟁 동료와 교환하기도 하였다. 거창에서 농민들은 암행어사의 명령에 따라 죄수(농민군 지도자)를 대구로 옮기는 이들을 공격하여 농민군 지도자를 풀어 주었으며, 그 즉시 어사는 병영과 진영의 포교들을 보내었으나 오히려 한두 명이 농민들에게 잡혀서 향소의 옥에 갇혔다가 4~5일 만에 애걸하여 풀려나올 정도였다. 농민들은 도로에 수상한 흔적이 보이면 꽹과리를 쳐서 서로에게 알려 포교들이 읍 근처에는 발을 들여놓지도 못할 정도였다.

농민들은 해산할 때도 뒷일을 마무리하기 위해 노력하였다. 남해에서 농민들은 읍과 외촌을 공격한 뒤 읍내 폐단의 개혁을 요구하는 등장을 작성하여 현령에게 올린 다음 항쟁을 모두 마치고 해산하였다. 이때 등장의 내용은 다음과 같다.

> 저희는 나무 베고 소 먹이는 무리로서 평소 원한과 분함을 이기지 못하고 있었는데, 약속도 하지 않고 우연히 모인 자 수천 명이 맹호를 잡으려고 갑자기 불을 놓은 것이 사또를 크게 놀라게 했으니, 그 죄 만 번 죽

어도 애석함이 없습니다. 그러나 이향이라는 것은 일을 만들고 계책을 도모하는 자로 한 현의 영웅이요, 온 읍에서 세력이 강한 자입니다. 그런데 저희는 낫 들고 지게를 지는 자로, 산에 오르면 나무꾼이며 들에 나가면 농부이니 어찌 일의 대세와 의리를 알겠습니까? 다만 주부군현이 부세를 마련할 때 모든 공금을 다른 현과 같게 한 것으로 알고 있는데, 이무移貿를 더 내는 것은 서리에게는 형극이며 농민들에게는 상설霜雪입니다. 엎드려 빌건대 사또께서는 호랑이를 잡으려고 불을 놓은 죄는 깊이 통찰하시어 살리고 죽이는 것을 스스로 처분하시되 이 나무 베는 무식한 무리가 다시금 안심할 수 있게 처분해 주십시오.[7]

여기에서 맹호에 대한 언급이 있는데, 이는 뒤에 나올 깃발의 내용과 서로 연결된다. 자신들의 행동을 합리적으로 설명하고 이후 처벌에 대해 선처를 바라고 있다.

심지어 항쟁이 끝나고 관이 수습하는 단계에서도 농민들은 집단적인 움직임을 포기하지 않았다. 함평의 정한순은 안핵사가 들어오고 나서 며칠 뒤 깃발과 창을 든 수천 명의 농민을 거느리고 관청에 나타났다고 한다. 과장이 있을 수 있지만 그 뒤로도 농민들을 결집할 만큼 조직력이 탄탄했다는 뜻일 것이다.

또한 주모자들이 체포된 뒤에도 시위는 끝나지 않았다. 예를 들어, 진주민들은 안핵사 등 중앙관리가 파견되고 주모자들이 체포되자 움츠러들기도 했지만 다른 고을에서도 시위가 잇달아 일어나자 자신들의 행위가 정당하다고 인식하였다. 나아가 주모자들에 대한 재판이 열리는 날에 집회를 열어 시위함으로써 압력을 가하려고 하

함흥 만세교, 〈함흥전도〉(부분), 서울대학교 규장각한국학연구원 소장
항쟁의 중심인물은 대체로 사람이 많이 다니는 장시, 성문 밖, 큰길 등에 효수되었다. 함흥에서는 만세교에 머리가 걸렸다.

였다.

한편 고을의 시위를 계획하거나 적극 끌고 나간 주모자들에 대한 처벌은 참혹했다. 시위가 거세게 일어난 고을에서는 여러 명이 효수당하거나 멀리 섬이나 험지로 유배를 당하였다. 이들은 개인이 아니라 공동체의 이익을 위해 앞장서고 저항했지만 국가의 통치체제를 허물어뜨렸다는 죄명이었다. 다만 이들은 저항하는 과정에서도 끊임없이 수령이나 중앙에서 파견된 관리에게 자신들의 바람을 받아들이기를 요구하였다. 실제 그뒤 근본적이지는 않더라도 고을에서 대책이 마련되고 정부에서 지속적인 개혁이 이루어졌다. 이런 점에서 주모자들은 공동체를 위해 앞장선 희생자였다.

노래와 깃발

시위대는 또 다른 무기로서 노래도 활용하였다. 노래는 다중의 집단적 일체감을 만드는 큰 힘이 되기 때문이다. 민요가 많이 이용되었겠지만, 항쟁의 이유나 목적을 담은 노래도 있었을 것이다. 노래는 누군가 선창하여 자연적으로 만들어지기도 하였다. 진주에서 유계춘은 초군 좌상의 요구에 따라 가사체로 된 한글 노래를 만들었다. 이는 내용이 상당히 풍부하고 짜임새를 갖춘 노래로 보인다. 그밖에 자연히 생겨난 노래도 있었다.

단성현의 노랫말은 "단성丹城이 곡성哭聲이 되었네"라든가 "임난任亂이 호란胡亂보다 심하네"[8]였고, 비안현에서 시위대는 '탐관貪官

이 거관居官하니 비안比安이 불안不安이라'와 같이 운율을 맞춰 노래하였다. 고을 이름을 빗대어서 만든 것이다. 고을 이름을 활용하여 자신들의 의도를 잘 담은 노래는 별로 남아 있지 않다. 현존하는 것으로는 수원의 사례 정도이다. 정조 때 화성 축조는 조선 후기 최대 규모의 공사였다. 공사 과정에서 터져 나온 민중의 불만을 담은, "수원은 원수怨讐, 화성은 성화成火, 조심태는 태심太甚"[9]과 같은 노래가 있었다. 고을 이름을 뒤집어서 자신들의 바람을 담고 있었다. 반면 수원부 설치 이후 부민들에게 혜택이 많이 주어져 "수원에 가서 태어나지 못하여 한스럽네"라는 노래도 있었다. 상반된 두 노래가 수원 화성을 대하는 당시 민심을 이중적으로 보여 준다.

한편 1811년 홍경래의 난 때 불렀다는 '철산치오 가산치오 정주치오'라는 노래는 홍경래군軍이 세력을 넓혀 가는 상황을 고을 명으로 표현한 것으로 위의 사례와 차이가 있다. 어떤 경우든 고을 이름을 활용한 것은 문제의 심각성을 알리는 효과적인 방법이자, 문제가 고을 단위로 형성되었다는 점을 확실히 알리는 보편적인 방법으로 보인다. 단성현의 노래에는 단성과 곡성만이 소개되어 자세한 내용을 정확히 알 수 없지만, 비안현의 노래에서 보이듯이 탐관과 거관, 비안과 불안 등처럼 복합적으로 운율을 살리는 방법을 주로 선호하였을 것으로 보인다.

1840년경 거창의 상황을 담은 〈거창가〉에서 "거창居昌이 폐창廢昌되니 재가在稼가 망가亡家하리"[10]도 같은 방식이다. 〈거창가〉에 따르면 거창에서는 정자육이 중심이 되어 의송 시도도 했지만, 항쟁으로 이어지지는 않았다. 〈거창가〉는 당시 민간에 나돌던 노래를 포함해서 지은 것 같다. '거창과 폐창'을 비교하면서 글자는 약간 다르지만, 당시 수령 이재가李在稼의 이름을 망가와 연결하여 운율을 맞추었다.

단성과 비안의 사례는 아주 귀중한 사례이다. 그 노래는 읍 단위에서 일어난 '민란'의 특징을 잘 표현했다. 다른 지역에서도 이러한 노래가 만들어졌을 것이다. 다만 현재 남아 있는 노래의 길이가 매우 짧아서 구호 수준의 노래가 아니었을까 추정한다. 여러 지역에서 노래를 지었어도 전해지지 않은 이유도 이 때문일 것이다.

나아가 항쟁이 삼남 수십 곳으로 확대되면서 더욱 포괄적으로 사회 현실을 반영하는 노래가 있었는지 궁금하다. 이를테면 1894년 사발통문에 '났네 났어 난리가 났어'라든가, 그 뒤 농민전쟁이 전개되면서 '가보세 가보세 을미적 을미적 병신되면 못가리'라는 노래는 간결하지만, 운율에 맞춰 농민군을 선동하였다. 이 같은 노래를 통해 1862년 항쟁 이후 농민운동의 전개 과정을 추측하는 단서가 될 수 있다.

또한 지역마다 읍폐를 10개 조항 정도로 미리 작성하였으므로 그 내용을 구호처럼 하나하나 외쳤을 수도 있다. 또한 깃발과 구호가 주목된다. 깃발은 면리 단위의 소속을 알렸다. 깃발에 구호를 적기도 했을 것이다. 한 해가 기울어져 가던 12월에 봉기한 남해의 경우 깃발에 다음과 같은 제법 긴 글귀가 적혀 있었다.

하늘이 불을 내려 벌 떼같이 일어나
섬의 백성들이 맹호를 잡는다.

하늘의 도는 크고 밝아 대낮에도 환한데
어사는 어찌 뭇사람의 뇌물을 받아먹고
백성들을 구하지 아니하며 성 아래에서 소진케 한다.
어찌 늦나, 어찌 늦나. 기다리기 어찌 늦나.
안으로 좋은 수령이 없어 난리를 겪는구나.
주·부·군·현이 마련한 것 외에
이무를 보태어 어찌하여 소란케 하느냐.[11]

앞서 일어난 여러 고을의 사례를 봤기에 준비가 더 철저했을 수 있다. 여기서 맹호는 '가혹한 정치가 호랑이보다 무섭다'라는 고사가 있듯이, 환곡 포탈과 관련한 이서, 경저리 등을 가리킨다고 보인다. 이무는 환곡을 다른 지역에서 옮기는 것을 말하니 환곡 포탈 후 이서들이 취한 방안이었을 것이다. 한 해 동안 여러 지역의 봉기를 경험하였기에 이런 글귀도 마련하였을 것이다. 글 말미에 "민의 원한이 쌓인 여러 마디를 모두 이 글 속에 싣지 못한다"고 하였듯이 그간 부세 문제로 원한이 깊이 쌓였음을 말해 준다.

민중 시위에 대한 평가

1862년 농민항쟁은 전국 수십 고을에서 일어난 시위 항쟁이었고 그 조직과 활동은 상당한 수준이었음을 알려 준다. 따라서 전근대사회 농민항쟁의 종합판이면서 우리나라 농민운동의 수준을 한 단계 높였다고 할 수 있다.

첫째 이 시기 농민항쟁은 단순히 몇 년간의 문제로 갑자기 일어난 사건이 아니었다. 19세기에 환곡을 비롯한 읍폐가 지속되었다. 이 때문에 지역에 따라 여러 차례에 걸쳐 다양한 저항이 일어났다. 이러한 경험을 토대로 농민들은 1862년 조직력을 강화해 적극적인 항쟁으로 나아갔다. 다만 이 시기 수탈이 절대적으로 늘어났다기보다 명목없는 수취가 지속되고, 고을민들이 이러한 정보를 공유하면서 저항의식이 커져 나갔다.

둘째 항쟁이 발발하기까지 과정을 살펴보면, 먼저 이 시기 농촌에서 비판의식을 지닌 지식인층이 늘어나면서 이들 중심으로 지도부가 형성되었으며 이들을 중심으로 모의가 이루어지는 과정과 공개집회를 통하여 대중을 끌어들이는 과정이 있었다. 참여 규모도 마을 단계에서 고을 전체 단계로 확대되어 나갔다. 지도부는 자신들의 활동이 위민, 나아가 보국위민이라고 할 정도로 정당하다고 생각하였으며, 조선왕조가 내세운 민본에 입각해 민원을 잘 받아들인다면 민이 국가의 안위를 함께 지켜나갈 수 있다고 주장하였다.

셋째 시위에는 무엇보다도 조직과 동원력이 중요하였다. 여러 고을에서는 초군이라는 집단을 조직적으로 활용하였다. 이들의 대규모 참여는 항쟁의 양적 확대만이 아니라. 조직 활동을 강화하는 기반이 되었다. 면리 단위의 초군 조직은 항쟁의 전개 과정에서 효과적으로 활용되었다. 이 때문에 농민군은 시위과정에서 동리별로 적절히 대열을 갖추었다. 특히 동리 초군들은 함께 지도자를 앞세워 대오를 형성하여 나아갔을 것이다.

넷째 항쟁은 짧게는 며칠, 길게는 두세 달 정도 유지되다가 마무리되었다. 그 과정에서 농민들의 요구가 어느 정도 관철되기는 하였지만, 근본적인 해결에는 미치지 못하였다. 그러나 농민항쟁은 반란이 아니라 저항을 통해 권력층과 소통을 꾀하여 좀더 나은 처지를 갈망한 것이었다. 게다가 농민들은 관이나 국가의 탄압과 처벌을 이겨내기 어려웠다. 농민들의 속성상 농사철을 버릴 수 없으므로 일부 지역에서 비교적 오랜 기간 읍권을 장악하거나 둔취한 정도도 대단한 성과라고 할 수 있다.

항쟁 소식이 전파되면서 변란의 차원에서 농민항쟁을 끌어들이려는 시도도 있었다. 항쟁 다음 해인 1863년 서울에서 장기형이라는 사람이 유언비어를 퍼뜨린 죄로 우포도청에 체포되어 심문받았다. 고발자인 서울 서부 양동에 사는 김귤은 "장기형이 1862년 5월 23일 의업醫業을 하는 자신의 집에서 여러 사람이 있는 자리에서 호남 정한순이 민요를 일으켰다는 밀계가 올라왔다고 하면서 필경 난리가 서울까지 쳐들어올 것"이라고 주장하였다고 했다.[12] 김귤은 이 사건이 이서와 고을 사람 사이의 시비일 뿐 난리가 아니라고 하였으나, 장기형은 사실을 모르는 소리라고 일축하면서 난리임에 틀림없다고 주장하였다는 점이 흥미롭다.

약 10년 뒤 여러 곳에서 변란을 일으킨 이필제가 진주 거사를 계획할 때 함께 모의한 성하담은 진주항쟁에 대하여 "내가 임술년 (진주) 초변 때 그 읍의 물정을 살펴본즉, 그 당시 쉽게 모이고 쉽게 흩어져서 이미 굳은 의지가 없어 당연히 대패하였다"고 하였다.[13] 그의 처지에서 농민들이 읍권을 장악하고 변란의 단계까지 나아갔으면 하고 바랐던 것 같다. 다만 이는 항쟁 당사자들과 관련이 없다.

1862년 농민항쟁은 조선 후기 여러 방면의 사회 발전을 시위문화에서 활용하였다. 모의, 통문, 집회 등을 거치면서 고을 폐단에 대한 대책을 제안하고 논의·논쟁·합의하는 과정이 있었으며, 향촌 지식인은 고을민과 소통하기 위한 통문, 그리고 관가에 호소하거나 제시할 등장, 요구조건 등의 글을 작성하였다. 저항의 도구로서 농기구를 무기로 사용했고, 꽹과리·북 등은 농민들의 힘을 모으고, 질서를 끌어내며, 때로는 관군을 경계하기 위한 도구로 활용했다. 시위의 당위성을 널리 알리기 위해서 노래·구호, 때로는 깃발도 활용하였으며, 특히 깃발은 대열을 구분하는 데에도 유용하였다. 저항의 단계로서 시위·항의, 폭력을 통한 응징, 그리고 농성이 이어지면서 때로는 관과 이서에 맞서고 때로는 이들과 타협하여 요구사항을 관철하고자 하였다. 수십여 개 고을에서 각자의 여건에 맞춰 온갖 시위문화가 적극 활용되었으며, 그 영향이 다른 고을로 전파되기도 하였다. 저항이 단순한 파괴가 아니라 새로운 질서를 만들어 내려는 과정이듯이 시위문화 또한 혼란이 아니라 농민들의 생동하는 삶의 문화가 재현되기도 하고 새로 창조되기도 하였다. 이러한 시위문화는 이때까지 관과 일부 유력 사족들을 중심으로 만들어 나간 군현 운영을 비판하고 새로운 질서를 형성해 나갔으며, 근대사회의 상황에 맞춰 근대 민중운동이 전개되는 데 큰 역할을 하였을 것이다.

농민항쟁의 시위문화가 그동안 잘 알려지지 않은 것은 자료가 부족하기 때문이다. 진주농민항쟁의 경우 안핵사 박규수가 조사를 가장 세밀히 하였다. 그는 보고서에 시위 측이 작성한 회문과 통문, 특히 한글로 쓴 초군방목까지 수집하여 비변사에 올렸다. 고을마다 이런 자료들이 작성되었겠지만 현재 직접 남아 있는 자료들은 찾을 수 없다.

1862년 농민항쟁은 자연발생이 아니라 매우 조직된 시위였고, 고을민들이 부당한 경제적 침탈을 막아내기 위해 공동체 역량을 최대로 끌어내었기에 목표와 방법이 근현대 노동 농민운동에서 선도적 역할을 했다고 볼 수 있다. 다만 이 과정에서 수령과 이서, 토호를 직접 공격하며 읍권에 저항하였고, 중앙 정부가 부세 정책도 개정하게 할 만큼 정치적 파급력이 컸다는 측면에서 1862년 농민항쟁은 1894년 동학농민전쟁, 일제강점기 3·1운동, 4월혁명, 1980년 광주항쟁과 1987년 6월민주화운동, 그리고 2016~2017년 촛불시위와 연결할 수 있다. 실제 이런 징검다리를 이어 나가면서 우리나라 근대 이후 시위문화가 이 땅의 대중에게 체화되어 갔을 것으로 여겨진다. 앞으로 다른 사건을 통해서도 시위문화의 발전 양상을 발굴하고, 나아가 이러한 현상이 근대로 들어가는 과정에서 보편성을 띠는 것이었는지 다른 나라의 사례와도 비교할 필요가 있다.

동학농민군의 저항문화 1

김양식

19세기 후반 조선 사회는 내재적인 발전의 선상에서 볼 때 중세 사회가 해체되는 마지막 단계에 있었다. 이는 곧 새로운 사회로의 이행을 준비하는 것으로, 이 과정에서 가속화하는 농민층분해와 자본주의적 여러 관계의 발전은 조선왕조 체제를 해체하는 동시에 새로운 근대사회로의 발전 가능성을 크게 만들었다.

그렇지만 이와 같은 내적 발전은 1876년 개항을 계기로 세계자본주의 체제에 편입되어 새로운 위기를 맞는다. 그럼에도 국가권력층과 양반 지주층은 중세적인 통치체제를 매개로 농민을 억압하고 수탈하고, 중세사회의 해체와 비례하여 가중되는 자신들의 정치적·경제적 위기를 권력을 이용해 벗어나려 한다. 기존 지배층은 급변하는 사회변동 속에서 새로운 사회에 대한 전망과 실천 없이 조선 후기 이래 성장한 생산력의 몫을 챙기기 급급하고, 이를 위해 농민 수탈을 서슴지 않는다. 이들은 사회발전을 가로막고, 오히려 사회모순만 증폭할 뿐이었다.

그러자 이에 저항하고 새로운 사회를 지향하는 세력으로 등장한 것이 농민층이다. 이들은 사회변화를 체험하고 조선왕조 체제의 억압성을 의식하면서 차츰 정부에 저항하는 투쟁을 전개한다. 19세기 후반은 농민봉기의 시대라 할 만큼 크고 작은 농민항쟁이 전국에서 잇달았다. 그 절정을 이룬 것이 동학농민혁명이다.

전국적으로 일어난 동학농민군들은 목숨을 건 싸움에서 깃발을 들고, 노래를 부르고, 춤을 추었다. 동학농민군들이 내건 깃발의 의미는 무엇인지, 그들이 부른 노래는 어떠한 의미를 지니는지, 지금까지 우리는 크게 귀 기울이지 않았다. 이제 그들의 저항문화를 통해 상징과 이미지를 이어가야 한다. 그것은 이념적인 수사적 표현보다 시대의 질곡을 해체하는 더 큰 저항에너지를 담아낼 것이다.

의로운 깃발을 들다

19세기 말 고종의 시대는 '민란의 시대'로 불릴 만큼 농민대중의 체제 저항이 일상화된 시대이다. 특히 1888년부터 증폭한 농민봉기는 1893년에 들어와 절정을 이루어 최소한 65여 개 지역에서 발발하였다. 1893년에 들어와 폭발하는 '농민의 분노'는 걷잡을 수 없는 지경에 이르렀다.

1880년대에 들어와 강력한 사회세력으로 부상한 화적 집단도 지배 세력에 대한 무차별적인 약탈로써 체제에 반항하였다. 화적은 계급적인 처지에서 농민층과 동질적이고 무법자였기 때문에, 체제 저항운동에 언제라도 참여할 수 있는 현실적인 농민 동맹 세력으로 존재하였다.

그러나 농민봉기는 여전히 군·현 단위의 경계를 넘지 못하였다. 화적 집단은 대부분 오합지졸이었다. 전국적인 체제 저항이 이루어지기 위해서는 고을 경계를 뛰어넘을 수 있는 전국적인 조직망과 농민대중의 가슴에 혁명의 불씨를 댕길 그 무엇이 필요하던 상황에서, 1892~1893년에 대대적으로 전개된 동학 교조신원운동은 새로운 가능성을 보여 주었다.

농민 대중의 저항 움직임은 일정한 계기가 주어지면 전국적인 농민항쟁으로 폭발할 상황이었다. 드디어 1894년 1월 10일 발생한 고부농민봉기가 불씨가 되었다. 전봉준이 이끄는 고부 농민은 약 2개월에 걸쳐 지속해서 투쟁함으로써 고부 관내의 적폐를 바로잡고자 하였으나, 국가권력의 폭력 앞에 해산하지 않을 수 없었다.

그러나 고부농민봉기는 동학농민혁명이 타오르는 중요한 불씨를 남겼다. 전봉준은 고부에서의 경험을 통해, 적폐의 근본까지 해결하기 위해서는 특정 지역에서 벗어나 동학을 매개로 '전국' 차원의 지속적인 반정부투쟁을 전개해야 한다는 확신을 가졌다. 그래서 전봉준은 고부농민봉기의 패색이 짙어지는 2월 말부터 그동안 기맥이 통하던 동지를 규합하고 농민군을 모아 새로운 차원의 전면적인 무력투쟁을 실천에 옮기었다. 그를 위해 동학 농민을 모으고 총기를 수집해 3월 중순쯤 무장茂長으로 갔다. 그곳은 전라도에서 가장 큰 동학 조직을 움직일 수 있는 손화중이 대접주로 활동하고 있는 데다, 고부로부터 일정한 거리에 있어 거사를 도모하기에 적합하였다.

1894년 3월 20일 무장에서 봉기한 동학농민군들을 그린 역사기록화,
전라북도 고창군 소장

드디어 전봉준은 손화중의 협력을 얻어 낸 뒤 3월 20일에 총봉기하기로 결의하고, 이를 알리는 통문을 각지에 보냈다. 통문을 받은 농민들은 3월 16일부터 무장 동음치면 당산으로 모여들었다. 18일부터는 인근 지역 대나무밭에서 죽창을 만들고 마을 곳곳에서 총포를 수집하는 등 만반의 준비를 하였다. 드디어 3월 20일 호남창의소湖南倡義所 명의로 정부를 상대로 하는 총봉기를 알리는 포고문을 발표하였다.

> 세상에서 사람을 가장 귀하다고 하는 것은 인륜이 있기 때문이다. … 그러나 오늘날 신하 된 자는 보국報國을 생각지 아니하고 … 학정虐政은 날로 더해 가고 원성은 그치지 아니한다. … 지방관이 탐학하니 백성이

어찌 곤궁하지 않겠는가. 백성은 국가의 근본이라, 근본이 쇠잔하면 나라는 반드시 망하는 것이다. … 우리가 비록 초야에 묻힌 백성이나 … 어찌 나라의 위기를 앉아서만 볼 수 있겠는가. … 이에 조선 팔도가 마음을 합하고 수많은 인민이 뜻을 모아 의로운 깃발(義旗)을 들어 보국안민할 것이다. 이를 죽음으로써 맹세하는 바이다.

-《수록》

이와 같은 포고문의 내용은 농민군의 투쟁목표가 보국안민이라는 이념 아래 학정을 일삼는 수령과 정부 대신들을 제거하는 데 있으며, 농민군 구성과 투쟁대상·지역이 한 고을에 국한되지 않고 국가 전체에 걸쳐 있음을 보여 준다. 그래서 무장에서 시작된 동학농민혁명은 19세기 후반 빈발하던 농민봉기와 질적으로 차원이 다른 전국 단위의 농민항쟁이 될 수 있었다.

특히 이 포고문에서 농민군은 의기, 즉 '의로운 깃발'을 들어 정부를 상대로 무력투쟁을 하겠다는 정치적 의사를 표현했다. 실제 전봉준과 손화중이 이끄는 농민군 5000~6000명은 무장봉기를 선언하면서 '보국안민창의輔國安民倡義'라고 쓴 깃발을 높이 세웠다.

여기서 두 가지 사실에 주목할 수 있다. 하나는 '의로움(義)'에서 농민군이 자신의 행위에 대한 정당성과 이념을 제시한 점이고, 또 하나는 깃발의 상징성이다.

농민군이 말한 의로움은 사람이 마땅히 지키고 행해야 할 도덕적 의리로서, 사유의 근원은 유학에서 사람이 마땅히 갖추어야 할 네 가지 성품인 인의예지의 하나이다. 유학의 관점에서 의는 옳지 못한 것을 부끄러워하고 착하지 않은 것을 미워하는 수오지심羞惡之心으로, 문제는 불의와 의를 판단하고 정의의 이름으로 불의에 대항하는 실천 주체이다.

농민군은 무기를 들어 정부에 대항하는 정당성을 처음부터 끝까지 '의'에서 찾았다. 그래서 농민군은 그들이 집결하는 곳을 창의소라 하였다. 전봉준이 있는 투쟁본부가 사용한 인장에도 '제중의소濟衆義所', 즉 민중을 구제하는 정의로운 곳이란 뜻의 글자가 새겨져 있었다. 4월 17일 창의소 명의로 전주에 보낸 통문에서, 농민군은 '이번 우리의 의는 감히 다른 뜻이 있는 것이 아니라 … 위로는 종사를 보전하고 아래로는 서민을 편안케 하여 부자의 천륜과 군신의 대의大義를 완전히 밝히는 데 있다'고 천명하였다. 6월 22일경 전남 장흥에 도소都所[2]를 설치한 농민군도 "우리가 의기를 들어 떨쳐 일어난 것은 탐관오리를 징계하려는 데 있다"[3] 하였다. 9월에 다시 군사를 일으킨 농민군도 정의의 이름으로 들고일어난 의병으로 자신들을 생각하였다.

이처럼 농민군은 정의의 이름으로 떨쳐 일어난 '의병'이었다. 그 궁극적인 목적은 조선왕조의 적폐를 개혁하여 보국안민을 이룩하는 것이다. 그것은 곧 백성으로서 마땅히 해야 할 정의로운 행동이었다. 실제 3월 20일 무장에서 무력봉기한 농민군은 '의로운 깃발을 들어 보국안민을 위해 목숨을 바칠 것을 맹세한다'고 하였다. 6월 15일 전북 금구 원평 도소에 모인 농민군도 '우리가 이곳에 모인 까닭은 본디 보국안민을 위해서이다'라고 하였다.

이렇듯 농민군의 봉기 목적은 적폐 청산을 통한 보국안민의 실현에 있었고, 그 정당성을 '정의'에서 찾았다. 그래서 농민군은 자신을 의리의 전사이자 위기에 처한 나라를 구하는 의병으로 여기고 있었다. 이러한 농민군의 이념형은 유교적인 의리론과 민본주의에 뿌리를 둔 것으로, 보수 유생의 위정척사론과는 본질에서 차원이 달랐다.

양자는 모두 성리학에 바탕을 둠으로써 근왕주의적이고 도학적인 분위기이나, 그들의 계급관과 현실 인식에는 뚜렷한 차이가 있었다. 보수 유생은 사회 주체를 양반지배층에 국한하여 본 반면, 농민군은 모든 인민으로 설정하였다. 이는 고부 백산 격문에서 '양반과 부호 앞에 고통을 받는 민중과 방백과 수령의 밑에 굴욕을 받는 말단 관리들은 우리와 같이 원한이 깊은 자라' 한 것이라든가, 4월 4일 영광 법성포에서 보낸 통문에 '무릇 우리 사·농·공·상 민은 같이 협력하여 위로는 국가를 보전하고 아래로는 빈사 상태에 빠진 인민을 편안케 하자' 한 데서 알 수 있다. 따라서 불의에 맞서 큰 의로움을 밝히는 주체를 보수 유생들은 양반지배층으로 국한하였으나, 농민군은 민중으로 설정하였다.

또 농민군은 보국안민을 위해 먼저 척결해야 할 세력으로 부패와 탐학을 일삼는, 그래서 민중을 도탄에 빠뜨려 국가의 근본인 백성을 못살게 구는 적폐 세력을 먼저 타도의 대상으로 삼았다. 이는 〈무장포고문〉에 잘 나타나 있다. 〈전주화약〉 이후에도 전봉준은 여러 차례 '이번 거사는 오로지 민을 위해 폐해를 제거하려는 데 있다'고 천명하였다. 전봉준은 6월 6일 순창에서 기병한 이유를 묻는 일본인에게도 '널리 민중을 구제하려는 데 있다. 의를 보고 행하지 않는 것은 용기가 아니다' 하였다. 농민군은 도탄에 빠진 민중을 널리 구제하고자의를 들어 무장봉기한 것이다. 그래서 농민군 자신은 물론 그들의 활동을 지켜보던 일반인들도 인민을 구하는 의군義軍으로 농민군을 여기고 내심 찬미하였다.

이러한 농민군의 이념형은 동학농민혁명기에만 나타나지 않았다. 19세기 말 빈발하던 농민봉기와 전국적으로 횡행하던 화적들도 탐학한 수령을 축출하거나 부호들을 약탈하고 외국인을 습격하는 데 '의義'라는 정당성에서 투쟁 논리를 찾았다. 1893년 3월 16일 동학 통문에서도 '오늘날 국세는 매우 위급한 상황임에도 그 해결책을 알지 못하니 어찌 나라를 위하는 사람이 있다고 할 수 있겠는가. … 원컨대 여러분은 본연의 정의로운 기운을 떨쳐 국가에 큰 공을 세우기 바란다' 하였다.

이것으로 볼 때 농민군이 내세운 정의는 바로 나라의 근본인 백성이 편안히 살아가는 것, 나라와 백성을 위태롭게 하는 자들을 척결하여 공동선을 실천에 옮기는 것, 그래서 나라를 보필하고 인민을 편안히 하는 것이었다. 그것은 궁극적으로 인민이 주체가 된 정의사회를 지향한 것으로, 부패한 적폐 세력과 외세에 대한 민중의 보편적인 저항 이데올로기로 발전하였다. 그것은 근대민주주의 원형을 담은 것으로, 농민군이 도소를 광범위하게 설치할 수 있었던 이념적 바탕이 되었다.

그렇다면 왜 농민군은 깃발을 드는 것으로 자신의 정의로운 행동을 표현하였을까? 깃발은 고대부터 다양한 형태로 표현되었다. 그 기능과 역할도 여러 가지였다. 그 기원은 신석기시대까지 거슬러 올라가겠지만, 일정한 함의를 가진 깃발은 의례용·군사용·종교용 등 다양한 목적과 쓰임새로 사용되었고, 조선 시대에 들어와 더욱 일상화되었다. 절집은 당간지주에 깃발을 달아 영역을 표시하였다. 왕실은 다양한 문양과 기호를 넣은 깃발을 사용하여 왕실의 권위와 위엄을 표현하였다. 군대는 군사의식과 지휘용으로 깃발을 사용하였다. 굿판에서는 깃발을 꽂아 신의 영역을 상징하였고, 죽은 자 가는 길에는 만장을 펄럭여 하늘길을 열었다. 그 쓰임새가 어떠하든, 깃발은 땅과 하늘을 잇는 상징기호이자 인간을 하늘에 닿게 하는 매개체로서의 상징성과 신성성을 지니고 있었다.

특히 전봉준 등이 이끄는 농민군이 무장봉기를 알리는 선언문에서 언급한 '의로운 깃발'의 원형은 농기이다. 농기는 마을을 지켜 주는 상징 깃발이자 농민의 마음인 농심을 대변하는 것으로, 길흉화복을 좌우하는 하늘과 농민을 연결해 주는 매개체이기에 신성한 존재이다.

두레패는 어느 마을에나 있었다. 두레패의 상징은 농사의 신이 깃든 농기를 드는 것이다. 그 때문에 수령들도 농기를 든 두레패를 만나면 길을 비켜 줄 정도였다고 한다. 농기를 드는 것은 마을의 안녕과 풍년을 여는 신을 앞세우는 것으로, 그 종류도 '농자천하지대본야'라고 쓴 큰 깃발 외에 신격이 다른 여러 종류가 있었다. 농기를 드는 날은 마을 고사를 지내는 날, 두레가 설 때, 마을 공동작업을 할 때이다.

농기가 마을 공간에 한정되었다면, 농민군의 깃발은 농기의 공간 범위를 나라 전체로 확장한 것이다. 이것은 매우 중요한 정치적 의미를 지닌다. 깃발이 마을 단위에서 벗어나 정부를 상대로 든 것은 곧 농민 대중의 정치적 의사 표현이라 할 수 있다. 그것은 체제 개혁을 요구하는 농민군의 집단적 의사와 의지가 표상화된 것이다. 특히 '농자천하지대본야' 대신에 '보국안민창의'라고 쓴 깃발을 든 것은 농민군의 확고한 정치적 의사 표현으로, 농본주의에 포섭된 왕조의 민이 마을공동체에서 벗어나 국가의 정치적 주체로 나선 것을 의미한다.

동학농민혁명이 일어나기 1년 전인 1893년 3월 11일부터 4월 2일까지 동학 보은집회에서도 '척왜양창의斥倭洋倡義' 다섯 글자를 쓴 큰 깃발을 비롯하여 상공尙功·청의淸義 등의 크고 작은 깃발이 나부끼는 대대적인 비폭력 집회가 있었지만, 동학농민혁명 때처럼 깃발을 드는 것으로 자신의 정치적 의사를 확고히 표현하지 않았다. '척왜양창의' 깃발은 투쟁목표로 설정된 측면보다 다분히 구호 수준이었고, 상공 등의 깃발은 동학 조직을 표기한 것이다. 의로운 깃발을 드는 것으로 자신의 정체성을 주체화하고 정당성을 제시한 것은 농민군이 한국 역사에서 최초이다.

다시 말해 농민군이 의로운 깃발을 든 것은 전통 시대의 농민이 중세의 질곡을 뚫고 근대적인 정치적 주체인 민중으로 등장한 것을 의미한다. 또한 정치적 지향이 반영된 문자 깃발이 근대 저항문화의 상징으로 처음 나타난 것으로, 그 의미가 매우 크다.

펄럭이는 깃발들

동학농민군은 불의에 맞서 정의로운 저항을 하겠다는 선

언을 깃발을 드는 것으로 표상화하였다. 농민군이 있는 곳은 어디이든 깃발이 있었을 정도로, 깃발은 농민군의 주요한 저항문화 매체이자 상징 도구였다. 그 때문에 〈무장포고문〉에도 의로운 깃발을 들어 투쟁하겠다는 표현을 쓴 것이다.

지금까지 확인된 깃발 가운데 문양을 넣은 깃발은 없다. 문양은 글자보다 한 차원 높은 상징기호이다. 문양이 새겨진 깃발은 저항 주체의 이념과 이상 등이 일정한 이미지로 표현되지만, 농민군이 제시한 고유의 저항 이미지 기호旗號는 없었다.

농민군이 든 깃발은 모두 오방색 천에 글자를 새긴 것들이었다. 두레 깃발이나 종교적인 깃발도 글자를 새긴 깃발이었다. 당시 민중이 경험하고 문화적으로 익숙한 깃발 문화가 오방색 천에 글자를 써서 의미를 전달하는 상징문화였기 때문이다. 농민군들이 사용한 깃발 가운데 가장 대표적인 큰 깃발은 '보국안민창의'였다. 이 깃발은 전봉준이 전라도 고창에서 기포할 때부터 사용하던 것으로, 일종의 대장기였다. 그것은 농민군을 이끄는 대장이 위치한 장소를 알리는 표상인 동시에, 농민군의 이념과 지향성을 가장 잘 표현해 주는 상징기호였다. 그것은 나라를 구하고 민을 편안히 하려고 정의로써 떨쳐 일어난 봉기의 이유와 목표 및 정당성이 선명히 표현된 것이다.

또 자주 등장하는 깃발은 민중을 널리 구제하겠다고 한 '보제중생普濟衆生', 민중을 편안하게 하고 덕을 펼치겠다고 한 '안민창덕安民昌德', 민중을 널리 구제하겠다는 '광제창생廣濟蒼生' 등이 쓰인 깃발이다. 이들 깃발은 '보국안민창의'와 같이 농민군의 이념과 지향 및 목표가 구체적으로 제시된 깃발들이다. 이들 깃발을 통해 알 수

동학농민군의 깃발

있듯이, 농민군이 지향한 것은 위기에 빠진 나라를 구하고 도탄에 빠진 민중을 구제하기 위한 것으로, 그를 위해 정의로써 떨쳐 일어난 것이다.

농민군이 사용한 깃발에는 그들이 속한 지역이나 포접包接을 구분한 깃발도 있었다. 농민군 조직은 동학의 포접제에 기반을 두었다. 포접제는 동학의 조직체로, 한 무리를 접接이라 하고 연원이 같은 접의 무리를 포包라 하였다. 포접제는 동학 수련 외에 농민군 동원과 통제 조직으로도 활용되었다. 각 포접은 포 이름이 적힌 깃발을 들어 소속 농민군을 동원하고 지휘하였다.

또 농민군이 사용한 깃발로는 '인仁'과 '의義' 자가 쓰인 깃발도 있었다. 이것은 농민군의 이념을 상징하는 동시에 군사 지휘용으로 사용한 깃발로 보인다. 인은 음양오행에서 동쪽을 상징하는 것으로, 이 깃발을 흔들면 동쪽으로 이동하라는 신호이다. 의는 서쪽을 상징한다.

이처럼 농민군이 사용한 깃발은 농민군의 이념과 목표를 상징하는 깃발 외에 지휘용 깃발 등을 사용했으나, 수적으로 가장 많았던 깃발은 글자가 없는 흰 깃발이다. 흰 깃발은 농민군의 속성에 따라 가장 손쉽게 만들 수 있는 깃발이다. 농민군은 흰 깃발을 휘날리며 행군하거나, 도소 또는 주둔지에 장엄하게 흰 깃발을 꽂아 위세를 과시하였다. 그것은 안으로는 농민군의 사기를 진작하고, 밖으로는 농민군의 위용을 과시하여 적을 제압하기 위한 심리적인 상징 저항 도구였다.

그 때문에 농민군의 전투 현장에는 늘 깃발이 장엄히 나부꼈다. 그것은 농민군의 주요한 심리전 군사 무기였다. 4월 27일 전주성을 점령한 농민군은 5월 8일 정부와 화약을 맺고 전주성에서 철수하였다. 전봉준 부대는 전주성을 빠져나오자마자 다시 깃발을 세우고 나팔을 불며 행군하였다고 한다. 10월 24일 충남 해미 승전곡에서 일본군과 접전한 농민군 400~500명은 산꼭대기에서 깃발을 여러 개 나부끼며 대항하였다. 이날 해미에 진을 친 농민군 1만 5000여 명 또한 깃발 몇 폭을 휘날리며 일본군을 방어하였다.

또한 10월 21일 광주에서 수만 명의 농민군이 강가에 진을 치고 깃발을 세우고 포를 쏘면서 세력을 과시하였다. 10월 22일 강원도 홍천 서석면에서 농민군 수천 명이 흰 깃발을 세우고 진을 치고 있었다. 이것만 보아도 깃발을 세우는 것은 중요한 군사적 의미를 지녔다.

정부군이나 일본군이 노획한 농민군의 물품에는 많은 분량의 깃발이 있었다. 10월 21일 충남 목천에 있는 세성산에서 농민군과 정부군 사이에 대규모 전투가 있었는데, 이때 정부군이 노획한 물품에는 조총·창·화살 외에 여러 색깔의 깃발 30폭이 있었다. 10월 26일 충북 문의전투에서 일본군에게 빼앗긴 농민군 물품은 창·화승총·화살, 깃발 수십 폭, 소와 말 등이었다. 11월 9일 공주 우금치전투에서 일본군이 노획한 물품 또한 화포·화승총·창·칼·활과 같은 무기 외에 깃발 60폭이 있었다. 11월 13일 김개남이 이끄는 청주성전투에서도 일본군이 공식적으로 수습한 물품은 구식대포 2문, 모젤총 실탄, 활 수천 대, 소와 말 50여 마리, 깃발 수십 폭 등이었다. 이날 죽은 농민군은 20여 명이었다. 이렇게 일본군이나 정부군이 농민군에게서 노획한 물품에는 어김없이 깃발이 포함되었는데, 일본군과 정부군은 깃발을 수습하여 불태워 버렸다. 깃발의 군사적 상징성이 컸기 때문이다.

이처럼 깃발은 농민군을 상징하는 기호였다. 깃발이 농민군의 주요한 무기로 역할을 한 것은 그 자체가 농민으로 구성된 군대의 특징을 잘 반영했기 때문이다. 그것은 농민군의 저항문화이자 농민적인 무기 수단이며, 농심을 대변하는 상징물이었다.

역사의 불꽃, 저항의 축제

1894년 3월 20일 전라도 무장에서 무력 봉기한 전봉준은 농민군 4000여 명을 인솔하여 고부를 거쳐 전주성으로 향하였다. 이 소식이 전해지자 전라도 각지의 농민들이 자발적으로 일어나 무장을 하고 전봉준 부대에 합류하였다. 멀리 충청도에서도 내려온 농민군도 있었다. 이들은 봉기한 지 1달이 조금 지난 4월 27일 전라도의 심장부인 전주성을 점령하였다.

농민군의 전주성 가는 길은 기층민중의 저항문화가 샘솟는 축제의 현장이었다. 그곳은 빈부의 격차도, 양반과 상놈의 구분도 없는 평등한 해방구였다. 마음속으로 갈구한 이상향이 실현되는 공간이었다.

> 맨 앞에서 태평소를 불고 다음은 인 자와 의 자 깃발이 한 쌍이요, 다음은 예禮 자와 지智 자 깃발이 한 쌍이다. 그다음은 흰색 깃발이 둘인데, 하나는 보제普濟라고 쓰고, 또 하나에는 안민창덕이라 썼는데, 모두 전서篆書이다. 그다음 황색 깃발에는 해서로 보제중생이라고 썼고 나머지 깃발에는 각각 읍명을 표하였다.
> 그다음은 갑옷을 입고 말 타고 칼춤 추는 자가 하나요, 다음은 칼을 가지고 걸어가는 자가 4~5쌍이요, 다음은 나발(角)을 크게 불고 북을 치는 붉은 단령團領을 입은 자가 두 명이요, 다음 두 명은 또 태평소를 불고, 다음 한 사람은 절풍모折風帽를 쓰고 우산을 받고서 말을 타고 돌아다니면 여섯 사람이 뒤를 따른다.
> 두 줄을 만여 명의 총수銃手가 모두 건을 써서 머리를 가렸는데, 건은 다섯 가지 빛으로서 똑같지가 않다.
> - 황현, 《오하기문》

일본 신문에 게재된 동학농민군 모습,
《이육신보二六新報》 1894년 8월 11일

전주성으로 향하는 농민군을 그린 역사기록화,
전라북도 고창군 소장

이 글은 당시 전남 구례에 살던 매천 황현이 농민군에 관해 전해 들은 내용을 남긴 것이다. 전주성으로 행군하는 농민군의 모습은 그야말로 장관이다. 맨 앞은 태평소를 불어 흥을 돋우고, 그 뒤로 인·의·예·지를 새긴 네 개의 깃발, 전서로 보제와 안민창덕이라 쓴 흰 깃발, 보제중생이라 쓴 황색 깃발이 펄럭이고, 그 뒤를 나발·북 같은 풍장을 하며 행군하였다. 대장은 말을 타고, 다섯 가지 천으로 만든 건을 머리에 두른 농민군 만여 명은 총을 메고 두 줄로 서서 전주성으로 향하였다. 4월 1일 전북 태인에서 목격된 농민군의 모습 또한 깃발을 세우고 나팔을 불고 북을 치면서 전주로 향하였는데, 그 숫자가 1만여 명에 이르렀다.

농민군은 4월 27일 전주성에 무혈입성하였으나, 홍계훈이 이끄는 정부군이 전주성을 포위한 뒤 공방전이 벌어졌다. 5월 3일 이복룡이 이끄는 농민군은 전주성 북문을 빠져 나와 전주 완산을 공격하였다. 이때도 커다란 깃발을 세우고 돌진하였다. 그리고 5월 8일 〈전주화약〉이 체결되자, 다시 대오를 정렬하여 전주성 북문으로 빠져나오면서 북을 치고 춤을 추며 흥겹게 정부군 앞을 지나갔다.

이처럼 역사의 불꽃, 저항의 축제문화는 우연이 아니다. 농민의 공동체문화가 그들의 저항문화로 표출된 것이다. 농민군이 깃발을 든 것은 농기를 세우던 마을공동체 문화의 자연스러운 연장이다. 농악도 농기와 떼어 놓을 수 없는 농민들의 마을문화이다. 농기를 세울 때는 늘 풍장이 뒤따르면서 흥을 돋게 한다. 그리고 춤으로 이어진다. 축제의 장이 펼쳐지는 것이다. 실제 농기를 세우는 날은 풍장꾼이 길을 열면, 영기令旗를 앞세운 농기가 가고 그 뒤를 마을 사람들이 뒤따른다.

두레패 행진도 질 줄 → 꽃나비 → 두레 풍물패 → 연기 → 농기 → 좌상 → 두레 어른들 → 두레꾼들 순으로 나아간다. 전주성으로 향하는 농민군 행군 모습도 마치 두레패 행진과 비슷하였다. 태평소를 부는 풍장꾼들이 길을 열면, 인·의/예·지 각각 한 쌍의 깃발이 뒤따랐다. 이것은 영기이다. 두레패와 풍물굿에서도 풍물패 다음에 영기를 세웠다. 영기 다음은 대장 깃발이라 할 수 있는 농기를 세웠는데, 농민군도 영기 다음에 보제중생이라고 쓴 황색 깃발을 높이 세우고 행군하였다. 그다음 읍명을 새긴 여러 깃발이 뒤따르고, 그 뒤를 농민군 대장과 농민군이 두 줄로 행진하였다. 그것은 마을에서 풍물굿을 하거나 농기를 세우고 두레가 설 때처럼 축제의 장이었다. 농민군에게 이런 행진은 아주 익숙한 문화 표현방식이자 놀이였다.

이미 농민들은 깃발을 드는 싸움에 익숙한 경험이 있었다. 바로 마을 두레 사이에 벌어지는 기세배, 기싸움 등과 같은 다양한 형태의 마을공동체 놀이문화이다. 동학농민혁명의 진원지였던 전북 금마 지역은 이미 300년 전부터 두레패의 기세배와 기싸움이 놀이문화로 전해지고 있었다. 기세배와 기싸움은 12개 마을이 연합하여 이루어졌으며, 수평적인 조직 외에 수직적인 군율도 작동하여 연대감이 매우 강했고 조직력도 탄탄하였다. 그 때문에 두레 조직이 농민군 조직으로 전환되는 것은 자연스러운 현상으로, 송기숙은 역사소설《녹두장군》에서 두레 조직이 어떻게 농민군 조직으로 활용되었는지 잘 보여준다.

두레 조직이 동학농민혁명에 동원되면서 자연히 풍물패도 농민군의 저항문화를 선도하는 중추 역할을 하였다. 두레는 반드시 풍물패가 있었다.

풍물은 저항의 축제 공간뿐 아니라, 전시에도 유용한 수단이었다. 징과 북 같은 풍물은 농민군의 흥을 돋우고 사기를 진작하는 수단으로 활용되었다. 때로 군사 지휘용으로도 사용되었다. 그래서 정부군이나 일본군이 수습한 농민군 물품에는 풍물이 많았다. 예를 들어 10월 21일 목천 세성산전투에 참여한 농민군에게서 수습한 물품에도 징과 북·나팔 등이 있었다.

이처럼 동학농민혁명은 농촌 기층문화를 기반으로 깃발을 들고 풍장을 치며 싸움을 하는 저항문화가 자연스럽게 표출되었다. 더욱이 전문적인 연희와 놀이를 통해 저항의 축제 공간으로 만든 부류는 천민으로 살아온 광대와 재인才人·무부巫夫 등이었다. 이른바 신분 차별에 신음하던 연예인들이 저항의 대열에 참여하여 농민군의 흥과 사기를 북돋우며 새로운 저항문화를 이끈 것이다.

동학농민혁명이 일어나자, 국가기관에 예속된 광대와 재인·무당 등은 앞다투어 동학에 들어와 농민군의 일원으로 활동하였다. 특히 이들은 천민으로서 누구나 평등하게 대우하는 동학에 들어감으로써 신분의 한을 풀 수 있었다. 그래서 농민군 3대 지도자 가운데 한 사람인 손화중은 전라도에서 광대를 뽑아 한 부대를 만들었고, 김개남도 광대 1000여 명을 뽑아 하나의 부대를 만들었다.

이들 광대와 재인은 모두 소리꾼이거나 악기를 다루고 줄타기와 같은 놀이에 능한 예능인으로, 그들의 소리와 춤과 놀이는 농민군에게 흥과 사기를 북돋아 주고도 남음이 있었다. 앞의 인용문에서 붉은 단령을 입고 나발을 불며 북을 치던 무리는 관에 예속된 재인들이었다. 또 칼을 잘 다루어 무장력을 제공하고, 토지에 얽매인 일반 농민과 달리 자유로이 움직일 수 있어 농민군의 주력 구성원으로 활동하였다.

동학농민혁명에 적극적으로 참여한 광대와 재인·무당 등은 농민군의 요구를 받아들인 군국기무처가 1894년 6월 27일 신분제도를 혁파함에 따라 자유로운 몸이 되었다. 그에 따라 천대받던 광대와 재인 등은 각각의 재능을 살려 판소리를 하고, 새로운 음악 장르인 산조와 병창을 하는 등 자유로이 예술 창작을 하는 예술인으로 활동하기 시작하였다. 따라서 동학농민혁명은 오늘날 자유로운 연예인과 그들의 예술 활동을 낳은 모태이자 출발점이었다.

칼춤 〈칼노래〉를 부르다

농기를 세우는 것은 농민의 마음을 상징하는 것이자, 춤과 흥의 문화가 표출되는 것이었다. 마을 고사 지낼 때도 그랬고, 두레가 서는 날에도 그랬다. 그런 마음과 문화에 익숙한 동학농민군이 깃발을 세우는 것도 그들 마음의 표현이자, 마을문화를 저항문화로 표출한 것이다.

그래서 농민군들 또한 깃발을 세워 놓고 풍장을 치고 술을 마시고 춤을 추고 노래를 하였다. 그것은 집을 떠나오기 전에 살던 마을에서 하던 익숙한 몸짓이었으니, 다른 점은 마을문화가 저항문화로 확장되었다는 점이다.

특히 기층 마을문화와 구별된 농민군의 특별한 저항문화는 칼춤을 추며 〈칼노래〉를 부른 점이다. 농민군은 도소에서, 또는 행군하다 한판 칼춤을 추며 〈칼노래〉를 부르며 전의를 가다듬곤 하였다. 한 예로 1894년 11월 4일 밤에 정부군은 충남 공주 신촌에 도착하여 소법헌小法軒으로 불리던 지명석의 집을 급습하여 집 안에 있던 물품을 수거하였는데, 그 가운데에는 장삼과 붉은 깃발, 용천검 1개가 있었다. 장삼은 칼춤을 출 때 입는 무수장삼이며, 용천검은 칼춤을 출 때 쓰는 긴 칼이다.

〈칼노래〉 즉 〈검가劍歌〉는 동학을 창시한 수운 최제우가 관의 탄압을 피해 은신해 있던 전북 남원 은적암에서 1861년경에 지은 한글 가사집 《용담유사》에 실려 있다. 〈검가〉는 〈검결劍訣〉, 〈격흥가〉, 〈시검가侍劍歌〉 등으로 불렸다. 기본적으로 동학의 종교적 의례로 쓰였지만, 유사시 싸움 기운을 고취하고 정의롭지 못한 적을 상대하는 전투 수단으로도 활용되었다. 춤과 노래가 종교적 의례에서 사회적 의미의 문화 도구로 확대된 것이다. 칼은 새로운 시대를 여는 상징으로, 의롭지 못한 적을 베고 후천개벽의 시대를 여는 힘의 표상이었다.

칼춤과 함께 불린 〈칼노래〉는 4·4조 10행의 단가이지만, 칼춤의 흥과 가락, 그리고 춤사위와 어우러지면서 새로운 시대를 향한 변혁의 의지를 다지고 전투 정신을 고양하는 수단이었다. 또한 '시호시호 이내시호'라는 반복되는 가사는 새로운 시대를 여는 변혁 의지를 더욱 다지고 전투의식을 고취해 주는 동시에 풍물 소리와 함께 농민군의 흥을 한껏 북돋아 주었다. 〈칼노래〉를 불러 보자.

시호시호 이내시호 부재래지 시호로다
만세일지 장부로서 오만년지 시호로다
용 천 검 드는칼을 아니쓰고 무엇하리
무수장삼 떨쳐입고 이칼저칼 넌즛들어
호호망망 넓은천지 일신으로 비켜서서
칼 노 래 한곡조를 시호시호 불러내니
용 천 검 날랜칼은 일 월 을 희롱하고
게 으 른 무수장삼 우 주 에 덮여있네
만고명장 어디있나 장부당전 무장사라
좋을시고 좋을시고 이내신명 좋을시고
- 천도교인 한창화가 부른 것을 1994년에 김대성이 채보함.

노래 가사 자체가 힘이 넘치고 신명 나게 한다. 다시 오지 않을 지금, 대장부가 칼을 넌짓 들어 적을 무찌르고 새로운 세상을 여는 것은 당연한 일이 아닐 수 없다. 그 얼마나 좋은 일이던가. 그래서 이 〈칼노래〉는 동학농민혁명 때에 농민군이 부르는 '혁명의 노래'가 되었다. 더욱이 징과 북·꽹과리 소리에 맞추어 추는 칼춤과 어우러지면서, 농민군은 흥을 돋우고 두려움도 잊은 채 새로운 세상을 여는 길에 나설 수 있었다. 그것은 새로운 세상을 열고자 하는 농민군의 강한 의지의 표현이자 간절한 변혁의 몸짓이었다.

그와 함께 농민군이 평상시 마을의 전통문화에서 경험하지 못한 새로운 저항문화는 동학 주문이다. 동학은 1880년대에 들어와 충청도를 거쳐 전라도로 들불처럼 번져 나갔다. 1892년부터 동학 교조신

원운동이 대대적으로 전개되었고, 갑오년에 이르러 농민봉기와 결합하면서 동학농민혁명으로 확대되었다. 새로운 세상을 꿈꾸는 이들이 앞다투어 동학에 들어왔고, 마을마다 동학 주문을 외우는 소리가 넘쳐났다. 갑오년 여름에 이르면, 온 세상이 동학 주문을 외는 소리로 가득 찼다.

'시천주 조화정 영세불망 만세지' 13자 동학 주문은 종교적인 수행법이지만, 농민군은 주문을 욈으로써 적에게서 자신을 보호하고 바라는 것을 성취할 수 있다고 믿었다. 그 때문에 동학 주문을 외우는 소리는 농민군의 힘이 미친 곳이면 어느 곳에서나 울려 퍼지곤 하였다. 그때 어느 정도 동학 주문에 열광하였는지는 다음과 같은 일기에 잘 나타나 있다.

> (1894년 7월 7일) 내가 빈 관아에 있었는데, 밤에 어떤 소리를 들었다. 시끄러운 것이 파리 같기도 하고 무당이 외우는 것 같았다. 시장 거리에서 성 밖의 교외까지 가득하여 소리가 나지 않는 곳이 없었다. 밤새 끊이지 않아 괴이하여 시동侍童에게 물어보았더니, 시동이 대답하기를, "이것은 바로 동학이 주문을 외우는 소리입니다"라고 하였다. 이때부터 밤마다 점점 더해져서 이교吏校와 노령奴令 같은 것들도 감염되지 않는 이가 없었다.
>
> -홍건, 《홍양기사》

이 글은 충남 홍성 내포 지역의 갑오년 여름의 분위기이다. 동학 주문을 외우는 소리가 천지를 진동할 정도이다. 심지어 홍주 관아에 소속된 관리와 노비도 전염되었을 정도였다. 이런 상황은 비단 홍성만이 아니었다. 부여도 마찬가지였다. 사람들은 동학에 들어가 서로 도인이라 불렀고, 주문을 암송하는 소리는 사방의 마을까지 들렸다. 이런 상황은 전국 곳곳이 그러하였으니, 그야말로 갑오년 여름은 동학의 주문을 외우는 소리로 세상이 시끄러울 정도였다. 그래서 이를 목격한 어느 유생은 다음과 같은 기록을 남기었다.

> 마을마다 접을 설치하고 사람마다 주문을 외니 그 형세가 마치 불이 타오르는 듯하고 조수潮水가 밀려와서 넘치는 것 같아서 국가 흥망의 위기가 경각에 달려 있다.
>
> – 홍건, 《홍양기사》

일부는 동학의 주문을 암송하는 농민군의 모습을 주술적이고 전근대적이며 비현실적인 것으로 깎아내리기도 하지만, 그 주문에 담긴 농민들의 사회적 염원과 꿈에 주목해야 한다. 그것이 설령 이상향과 같은 비현실성을 담고 있을지라도, 농민군은 주문을 외우면서 새로운 세상을 희망하고 그 세상을 만들기 위해 실천하였기에 주목되어야 한다. 그것은 현실이고 삶이었으며, 그래서 존중될 가치가 있다.

농민군은 자신의 삶을 억압하는 현실의 질곡을 깨고 새로운 삶을 열고자 동학의 주문을 외웠고, 그 주문을 믿고 죽음에 대한 원초적 두려움도 잊은 채 깃발을 높이 들고 징과 나발과 꽹과리 소리에 용기를 얻어 고함을 지르며 앞을 향해 나아갔던 것이다. 그들 앞에서 기다리는 것은 죽음뿐이었다. 그들은 거대한 정치적 이상으로써 승리를 확신하고 목숨을 내놓은 것이 아니다. 그저 민초로서 뼛속까지 사무친 적폐를 제거하여 새로운 삶의 지평을 열고자 하였으니, 그들의 죽음이 역사의 불꽃이 되어 살아 있다.

동요가 퍼져 나가다

동학농민군의 사기를 북돋아 주고 희망과 믿음을 준 문화 매체는 동요도 한몫하였다. 새로운 시대를 여는 동학농민혁명을 예견하거나 녹두장군 전봉준을 찬미하는 동요가 급격히 퍼져 나갔기 때문이다. 그때 불린 동요를 불러 보자.

> 윗녘 새야 아랫녘 새야
> 전주 고부 녹두새야
> 함박 쪽박 딱딱 후여
> -황현, 《오하기문》

이 동요는 동학농민혁명이 일어나기 몇십 년 전부터 호남지방에서 아이들이 새를 쫓으며 다투어 불렀으나, 사람들은 그 뜻을 몰랐다. 갑오년에 이르러 전봉준이 동학농민혁명을 일으키자, 사람들은 전주 고부 녹두새가 바로 전봉준을 가리킨다고 생각하고 동학농민혁명을 예언한 노래로 인식하였다. 전봉준의 어릴 때 별명이 녹두였다. 그래서 전봉준을 '동학대장 전녹두'라고 불렀는데, 이런 소문이 호남 지역에 파다하게 퍼지면서 동학농민혁명은 들불처럼 더욱 확대될 수 있었다. 아이들의 새 쫓는 노래가 탐학한 수령들을 내쫓는 저항의 노래가 된 것이다.

그러나 갑오년 9월에 들어가면서 농민군은 차츰 흥겨운 축제의 장을 접고 목숨을 건 전쟁의 소용돌이로 휘말려 들어갔다. 청일전쟁에서 승기를 잡은 일본군은 총부리를 농민군으로 향하였다. 정부도 일본군과 합세하여 농민군 진압에 나섰다. 그리하여 농민군은 용천검을 적의 목을 베는 전장의 칼로 써야만 하였다.

드디어 10월에 들어서 전국 곳곳에서 일본군·정부군과 전투가 벌어지고 무기가 열세인 농민군을 기다리는 것은 죽음뿐이었다. 10월 초부터 충남 논산 지역에 머물며 군세를 강화하던 전봉준 주력부대는 11월 9일 공주 우금치전투에서 졌다. 10월 14일 남원에서 출발한 김개남 농민군 부대는 11월 13일 청주전투에서 패한 뒤 전라도로 흩어졌고, 강원도에서 11월 5일 1만여 명의 농민군이 민보군과 싸워 졌으며, 황해도에서 10월 29일 농민군 600여 명이 일본군에게 패전하였다.

이들 전투를 계기로 공세적이었던 농민군은 수세적인 위치로 바뀌었다. 차츰 농민군 조직은 와해되고 전라도 서남단으로 쫓기는 추세였다. 이것은 일본군의 전략이기도 하였다. 일본군은 농민군을 전라도 서남단으로 몰아 '싹쓸이'할 작정이었다. 그래서 일본군은 10월 15일 3개 중대를 세 길로 나누어 남진하고 남해안에는 쓰쿠바 군함을 띄워 포위하는 전략을 구사하였다.

이에 맞서 농민군 부대는 여러 곳에서 반격을 시도했으나 실패하고 말았다. 전봉준은 11월 27일 태인전투를 마지막으로 12월 2일 체포되었다. 김개남은 12월 1일, 손화중은 12월 11일 각각 체포되었다. 이것으로 이른바 동학농민혁명 3대 지도자는 모두 체포되었다. 그밖에 6월부터 순천 일대에서 맹활약한 김인배는 12월 7일 광양에서 주민들에게 잡혀 효수되었다. 동학교단 소속 농민군은 12월 17일 보은 북실전투를 끝으로 해산하였다. 이것으로 1894년 10월 하순부터 12월까지 조선 전역을 피로 물들게 한 항일의병전쟁은 막을 내렸다.

동학농민혁명은 수많은 죽음을 남긴 채 패하였지만, 역사적으로 승리한 대사건이었다. 동학농민혁명의 역사적 경험과 정신은 면면이 이어져 3·1운동으로, 항일독립운동으로, 해방 이후 민주화운동으로 이어졌으니, 그것은 한국 근현대 역사 발전의 수원지요 원동력으로 작용하였다.

그러한 동학농민혁명의 지속성을 보여 주는 단적인 예가 입에서 입으로 전해진 동요가 아닐 수 없다.

> 새야새야 팔왕八王새야 너 무엇하러 나왔느냐
> 솔잎 댓잎이 푸릇푸릇 하절夏節인가 하였더니
> 백설이 펄펄 흩날리니 저 건너 청송녹죽青松綠竹이 날 속인다
> –오지영,《동학사》

이 동요에서 팔왕은 전봉준을 가리킨다. 6구 3절 형식으로, 앞의 4구 2절과 차이가 있다. 청송녹죽은 농민군이 펼칠 새로운 시대를 상징하며, 백설은 시기가 아직 일러 봄소식이 멀었음을 뜻한다. 동학대

한국 근현대사를 추동하고 새로운 시대를 낳은
동학농민혁명을 상징화한 역사기록화, 전라북도 고창군 소장

장 전녹두는 잡혀 사형되고 가슴을 부풀게 한 동학농민혁명도 기억으로만 남으면서, 민중은 실패의 안타까움과 새로운 희망을 노래에 담아 이어 가고자 하였다.

그 밖에도 동학농민혁명이 끝난 뒤 새 쫓는 동요에 원형을 둔 노래가 많이 불렸으나, 가장 대중적이고 보편적인 것은 〈파랑새〉였다. 이 노래는 1924년에 '청포 장수'라는 이름으로 전라도와 경상도에서 널리 유행하면서 전국으로 퍼져 나갔다. 노래 제목도 파랑새로 바뀌고, 파랑새는 청국군, 녹두꽃은 전봉준, 청포 장수는 민중으로 해석되기도 하였다. 그러면서 〈파랑새〉는 거의 전국에서 대를 이어 전승되면서 동학농민혁명을 기억하고 민중의 꿈과 희망을 이어 간 문화 매체 역할을 하였다.

새야 새야 파랑새야 녹두밭에 앉지 마라
녹두꽃이 떨어지면 청포 장수 울고 간다

왜 하필 파랑새일까? 파랑새는 길조이다. 파랑새는 여름 철새로 곤충만 잡아먹을 뿐, 농민이 애써 가꾼 곡물은 먹지 않는다. 그 때문에 파랑새는 농민 사이에 탄생·기쁨·희망·그리움 등으로 상징되었다. 실제로 파랑새는 많은 한시와 시조·설화·민요 등에 등장한다. 거기에 나타난 파랑새는 안타까움과 슬픔, 희망과 그리움 등으로 형상화되곤 하였다.

그래서 파랑새는 동학농민혁명의 기억 속으로 날아들어 전봉준의 죽음을 기억하고 새로운 꿈을 전해 주는 노래로 승화되어 한국 근현대 역사 속을 날아다닌다. 동학농민혁명을 반란 사건으로 학습하고 농민군을 반역자로 매도하던 시대에도, '새야 새야 파랑새야'를 부르던 아이들은 전봉준과 동학군을 기억하고 새날 새 희망을 이어갔다. 고난을 겪은 세월 속에서도 끊임없이 〈파랑새〉를 재해석하고 〈파랑새〉에 의미를 부여하면서 새날에 대한 꿈을 버리지 않았던 민초들, 그것은 동학농민혁명이 피로써 남긴 미래유산이 아닐 수 없다.

3·1운동,
들불처럼 번진
만세소리

김정인

3·1운동이 일어난 지 100년이 넘었다. 그 긴 세월 동안 3·1운동은 어떻게 기억되었을까? 교과서에 등장하는 3·1운동의 기억을 재구성해 보자.

러시아혁명이 성공하고 1차 세계대전이 끝나면서 국제질서가 재편되는 과정에 민족자결주의가 부상했다. 레닌은 러시아혁명 와중인 1917년 민족의 자결권을 존중하며 영구 평화를 구축할 것임을 선언했다. 미국의 윌슨 대통령도 1918년 1월에 민주주의와 영구 평화에 대한 구상을 담은 14개조를 발표하고, 2월 미국 의회 연설에서 민족자결의 원칙을 내놓았다. 레닌과 달리 윌슨의 민족자결주의는 패전국의 식민지에만 적용된다는 단서를 달았지만, 독립운동가들은 민족자결이라는 세계적 흐름에 자극받아 독립투쟁을 준비했다.

제일 먼저 일본에 건너간 한국인 유학생이 공개적으로 나섰다. 그들은 1919년 2월 8일 도쿄에서 〈2·8독립선언서〉를 발표했다. 조선에서 천도교·기독교·불교계 등 종교계와 학생 세력이 나서서 독립선언식과 만세시위를 준비했다. 마침내 1919년 3월 1일 〈기미독립선

1919년 3월 1일 경성에서 만세시위를 벌이는
경성여자고등보통학교 학생들

언서〉에 서명한 민족대표들은 태화관에서 〈독립선언서〉를 낭독했고, 학생들은 탑골공원에서 독립선언식을 거행한 후 거리로 나가 만세시위를 벌였다.

도시에서 시작된 만세시위는 농촌으로 확산하였다. 이 과정에서 시위는 점차 폭력화되었다. 1919년 3월부터 5월 사이에 전국적으로 1500여 회의 집회가 열렸고, 200만 명 이상이 시위에 동참했다. 중국과 러시아, 미국 등 세계 각지에 흩어져 살던 한인들도 만세시위에 나섰다.

조선총독부는 3·1운동과 관련해 사전에 아무런 정보도 입수하지 못했을 뿐만 아니라, 예상조차 하지 못했다. 일본이 군대와 헌병경찰을 동원해 무자비하게 탄압하여 희생자가 속출했다. 수원의 제암리에서 일본군은 마을 사람들을 교회 건물 안에 모아 놓고 출입구를 막은 채 사격을 가한 다음 불태워 버리는 끔찍한 학살을 자행했다.

3·1운동을 계기로 일본은 군부의 영향력을 줄이고 내각의 책임을 강화하는 방향으로 식민지 운영방식을 바꾸었다. 조선총독부는 헌병경찰을 앞세운 무단통치를 포기하고 보통경찰제도의 문화통치로 전환했다. 또한 한글 민간 신문의 간행과 집회·결사의 자유를 부분적으로 허용했다.

거족적 항일투쟁인 3·1운동의 결과로 대한민국 임시정부가 수립되었고 한국인의 다양한 독립운동이 이어졌다. 3·1운동은 세계 약소민족의 독립운동에도 큰 영향을 끼쳐, 중국의 5·4운동과 인도의 반영운동에 영향을 주었다.

이와 같은 오늘날 3·1운동에 대한 통념은 지난 100년 동안 차곡차곡 쌓아 올린 3·1운동의 기억의 재생과 반복에 지나지 않는다. 이제는 3·1운동의 역사를 제한적으로 이해한 것은 아닌지 돌아볼 때다. 여기에서는 3·1운동 역사의 확장을 꾀하면서 지금까지 거론되지 않은 몇 가지 관점과 사실에 주목하고자 한다. 그것은 과거에서 축적한 기억이 아니라, 100년의 세월이 흐른 '지금 여기', 대한민국의 시각에서 바라보는 3·1운동에 관한 이야기이기도 하다. 과거에서 자유로운 현재도, 현재에서 자유로운 과거도 없기 때문이다.

3·1운동에는 초기 '지도부'가 있었다!

몇 해 전 유명 작가가 민족대표 33인을 폄훼한 사건으로 소동이 일어난 적이 있었다. 민족대표들이 시위군중이 기다리는 탑골공원으로 가지 않고 요릿집인 태화관에서 그들만의 독립선언식을 거행한 후 자진해서 경찰에 체포된 일에 대한 시선이 곱지 않았기에 일어난 일이었다. 이러한 민족대표의 행보는 오래도록 개량주의적이라는 비판을 받았고, 민족대표 중 몇 사람이 훗날 친일했기에 3·1운동을 준비한 지도부에 대한 부정적인 인식이 많았다. 그래서 3·1운동을 준비한 지도부의 실질적 역할에 별로 주목하지 않았다. 역사학자들은 3·1운동이 전국적으로 일어난 운동인 까닭에 지역별 시위 주동자와 참여자의 계급적·계층적 상황에 더 큰 관심을 보였다. 더욱이 해방 이후 4·19혁명과 6월민주항쟁, 그리고 촛불시위에 이르기까지, 남아프리카공화국의 반인종주의투쟁 하면 만델라가 떠오르는 것과 달리 상징적인 지도부가 부재했던 경험도, 3·1운동을 준비한 지도부의 행적에 대한 성찰을 어렵게 만들었다.

다시 1919년 3월 1일의 만세시위로 돌아가 보자. 흔히 3월 1일 만세시위 하면 서울 탑골공원의 만세시위를 연상한다. 하지만 이날 시위는 서울에서만 일어나지 않았다. 오늘날 북한 지역에 위치한 평양·진남포·안주(평안남도), 의주·선천(평안북도), 원산(함경남도) 등의 6개 도시에서도 동시다발로 일어났다. 첫 주의 시위는 주로 북부지방의 도청 소재지나 주요 도시에서 일어났다. 그리고 철도와 간선 도로에 따라 인근 도시와 농촌 지역으로 점차 확산해 갔다. 이렇게 북부

지방에서 2주간 이어진 만세시위는 3월 중순에 이르러 전국으로 확대되었다. 3월 1일과 이후 2주간 북부지방에서 일어난 만세시위는 주로 천도교인과 기독교인이 준비했다. 북부지방은 도시에는 기독교인이, 농촌에는 천도교인이 몰려 산다고 할 만큼 두 종교가 큰 영향을 미치는 곳이었다.

3·1운동을 이끈 초기 지도부는 종교 세력과 학생 세력이었다. 1919년에 들어와 1차 세계대전을 마무리할 파리강화회의가 열리는 가운데 그들은 각자 독립시위를 준비했다. 천도교 지도자 권동진·오세창·최린 등은, 상하이에서 신한청년당의 밀사가 다녀가고 뒤이어 도쿄에서 송계백이 〈2·8독립선언서〉 초고를 갖고 찾아오자, 이에 자극받아 독립시위를 준비했다. 1월 20일 교주 손병희의 쾌락을 얻은 다음 대중화·일원화·비폭력이라는 세 가지 운동 원칙에 합의했다. 교단을 동원하겠다는 손병희의 약속을 받은 천도교 간부들은 2월 초순부터 다른 종교 세력과 교섭을 시도했다.

기독교는 평안도·황해도·함경도를 아우르는 서북지방 장로교와 서울의 감리교가 별도의 독립시위를 준비하고 있었다. 장로교는 상하이 신한청년당 밀사가 다녀간 직후 오산학교 교장인 이승훈을 중심으로 학생과 교회를 동원한 시위를 준비했다. 그러던 중 서울의 최남선이 천도교 측의 연대 제의를 전달했다. 이승훈과 천도교 측이 수차례 회의를 거친 끝에 2월 하순이 되어서야 양자는 독립시위를 함께 준비하는 데 합의했다. 감리교는 조선기독교청년회 총무인 박희도가 청년부 회원으로 연희전문학교에 다니던 김원벽과 협력해 전문학교 학생대표를 동원한 독립시위를 준비하고 있었다. 장로교의 이

갑성도 서울에서 전문학교 학생들과 독립시위를 의논했다.

서울 시내 전문학교 학생들은 1919년 1월 말부터 독립운동을 모의했다. 1월 26일경 연희전문학교의 김원벽, 보성법률상업전문학교의 강기덕, 경성의학전문학교의 한위건 등이 보성전문학교 졸업생인 주익, 기독교청년회 간사 박희도 등과 모여 국제정세와 독립운동 문제를 논의했다. 주익은 2월에 선언서를 기초하고 전문학교 학생을 동원하여 시위를 벌인다는 계획을 수립했다. 2월 20일에 전문학교별 대표를 뽑고 그 대표들이 체포된 후에도 시위를 이끌어 갈 책임자도 선정했다. 2월 22일 박희도가 전문학교 대표들에게 3월 1일을 기하여 종교계가 독립시위를 벌일 예정이라는 소식을 알렸다. 전문학교 대표들은 회의를 열고 3월 1일에 중등학교 학생들을 동원해 탑골공원에서 독립시위를 벌이되, 별도의 날짜를 정해 학생만의 독자적 시위를 벌인다는 방침을 수립했다. 급한 건 중등학교 학생 동원이었다. 전문학교 대표들은 곧바로 경성고등보통학교, 보성고등보통학교, 경신학교, 중앙학교, 선린상업학교 등의 학생들을 만나 독립시위를 모의했다.

천도교는 불교와 연대했다. 2월 말 천도교 지도자 최린은 한용운을 방문하여 3·1운동 참가 여부를 타진했다. 한용운은 즉석에서 승낙하고 백용성의 동의를 얻어 주었다. 천도교는 독립시위의 일원화를 위해 유림도 접촉했다. 최린이 김윤식을 만났으나 성과는 없었다. 불교 인사인 한용운도 나서서 지방 유림을 대표하는 곽종석을 찾아가 교섭했으나 실패했다. 천도교는 대한제국 시절의 고위관리들과 연합하려 했으나 실패했다. 한규설·박영효·윤치호 등과 접촉하여 그들을 민족대표로 추대하려 했으나 한규설만 긍정적 반응을 보였을 뿐, 다른 이는 모두 거절했다.

3월 1일, 천도교·기독교·불교를 대표하는 민족대표들은 탑골공원에 가지 않았다. 그들은 태화관에서 〈독립선언서〉를 갖고 경찰에 연락해 체포되었다. 탑골공원에서 만세시위를 이끈 것은 학생 세력이었다. 그리고 평양에서, 장로교 장대현교회 앞마당인 숭덕학교 교정에서 장로교인들이, 광성학교 근처 감리교 남산현교회 뜰에서 감리교인들이, 설암리에 위치한 천도교구에서 천도교인들이 각각 독립선언식을 하고 거리에서 합류했다. 그들은 사전에 서울에서 전달된 〈독립선언서〉를 낭독했다. 천도교와 기독교 지도부는 스스로 감옥으로 들어갔지만, 만세시위의 확산을 도모하고자 〈독립선언서〉를 지방 교구와 교회에 비밀리에 배포하고 난 후였다. 그들은 감옥에 있었지만, 그들이 준비한 〈독립선언서〉는 전국에서 만세시위를 촉발하는 강력한 촉매제 역할을 했다. 학생 세력은 3월 5일 남대문 역 앞에서 독자적인 만세시위를 전개했다. 1만여 명이 운집한 만세시위 이후 조선총독부는 〈임시휴교령〉을 내렸다. 그러자 학생들은 〈독립선언서〉를 가지고 고향으로 돌아가 독립시위를 일으켰다. 유관순도 3월 13일에 귀향하여 시위를 모의했고, 4월 1일 병천 아우내 장날을 기해 만세시위를 일으켰다.

이처럼 무단통치가 자행되는 엄혹한 일제강점기에 종교 세력과 학생 세력은 과감히 3·1운동의 포문을 연 지도부였다. 그들이 어렵게 준비한 만세시위는 그들의 예상을 훌쩍 뛰어넘어 들불처럼 전국으로 번져 갔다.

도시가 촉발하고 농촌으로 확산하다

도시가 촉발하고 농촌으로 번져 가는 3·1운동의 만세시위 양상, 그것은 새로운 경험이었다. 동학농민전쟁의 기억은 농촌 풍경을 배경으로 한다. 동학농민군은 전라도 일대는 물론 충청도·경상도·강원도·황해도 등 중남부 지방의 농촌을 배경으로 활약했다. 이후로 농촌은 독립운동과 민주화운동의 중심 공간 역할을 차츰 잃어갔다.

대중 시위와 집회, 그에 대한 기억은 이제 도시 공간을 기반으로 형성되어 갔다. 1898년 독립협회가 연 만민공동회야말로 도시의 비폭력 저항을 상징하는 시위이자 집회였다. 이러한 도시의 비폭력투쟁을 상징하는 시위와 집회는 3·1운동에도 고스란히 영향을 미쳤다. 도시가 촉발하고 농촌으로 확산하는 양상을 보인 3·1운동은 도시가 시위와 집회의 중심 공간이 되었다는 사실을 다시금 확인해 주었다. 1926년의 6·10만세운동과 1929년의 광주학생운동도 도시를 배경으로 하는 민족운동이었다. 이처럼 근대화로 시위 공간이 변화하는 과정에서 3·1운동은 전환기적 분기점에 해당한다.

도시와 농촌의 시위 풍경은 달랐다. 근대화의 심장부인 서울의 시위는 1919년 3월 1일 탑골공원에서 〈독립선언서〉를 낭독하면서 시작되었다. 탑골공원은 망한 나라, 즉 대한제국 정부가 도시개량사업의 일환으로 시민의 왕래가 빈번한 종로 거리에 조성한 근대적 시민공원이요 광장이었다. 〈독립선언서〉 낭독과 만세 삼창을 마친 학생과 시민 등 시위대는 이들을 진압하려는 군인·기마경찰·형사·헌병 등과 뒤섞여 종로 거리를 가득 메우면서 흥분과 긴장 속에서 만세시위를 벌였다.

도시의 시위는 시위 주체도 방식도 새롭고 다양했다. 먼저 앞에서 살펴본 것처럼 근대교육의 혜택을 받은 학생들이 시위의 실질적인 주동 세력으로 부상했다. 학생 계층이 독립운동의 동력으로 역사의 전면에 등장하는 순간이었다. 이들 학생은 시위를 모의하는 한편, 등교를 거부하는 집단행동 즉 동맹휴학으로 맞섰다. 노동자도 동맹파업으로 동참했다.

의주에서 3월 3일에 공립농업학교 학생들이 동맹휴학에 들어가자 이튿날 노동자들이 동맹파업으로 호응했다. 상인들이 상점 문을 닫는 철시는 만민공동회 때도 등장했지만, 이번에는 규모도 크고 기간도 길었다. 3월 1일 평양에서 선천·의주, 3월 4일 함흥의 상인들이 철시를 단행했다. 이어 3월 9일에는 서울 시내 주요 상점이, "일체 폐점할 것, 시위 운동에 참가할 것, 단 폭행은 하지 말 것, 공약을 어긴 상점은 용서 없이 처분할 것" 등의 내용을 담은 〈경성시 상민 일동 공약서〉에 따라 일제히 철시했다. 그리고 철시와 때를 맞춰 노동자들이 동맹파업에 들어갔다. 용산인쇄국·철도국·동아연초회사·경성전기회사 등의 노동자들이 동참했다. 3월 10일 아침에는 전차 승무원들이 동조 파업에 들어가면서 전차 운행이 중단되었다. 조선총독부는 시위보다 20여 일간 지속된 철시에 더 곤혹스러워 했다.

도시에서 가장 낯선 풍경은 시위에 참가한 여학생이 검거되고 투옥되는 상황이었다. 여성이 봉건적 인습의 굴레를 벗어나고자 근대교육을 선택하는 경우도 드문 현실에서, 그 여학생이 시위에 참여하고 검거되어 모진 수모를 겪는 것에 대한 분노가 컸다고 한다.[1] 그 분노와 증오로 응집된 반일 의식은 전차 발전소에 돌을 던지거나 파출소를 공격하는 것으로 표출되었다. 하지만 도시에서 폭력투쟁이 계획적으로 발생하는 경우는 드물었다. 대개는 우발적인 투쟁이었다. 앞에서 살펴본 〈경성시 상민 일동 공약서〉에는 〈3·1독립선언서〉의 공약 3장과 마찬가지로 비폭력 평화시위가 주장되었다.

농촌의 시위는 전통적인 요소와 근대적 요소가 혼재된 풍경이 연출되었다. 시위는 주로 사람이 많이 모이는 장날에 장터를 중심으로 일어났다. 지역마다 장날은 정해져 있으므로 그날이 오면 장터에 모인 장꾼은 은근히 누군가의 만세 선창을 기다렸고, 헌병경찰은 경계하면서 순시하곤 했다. 마침내 시위의 주동자가 번화한 장소에 미리 조직한 군중과 함께 등장해 예정된 시간에 연설을 하거나 〈독립선언서〉를 낭독한 뒤, 몰려든 시위군중과 함께 독립만세를 부른다. 그리고 태극기와 독립만세기를 높이 치켜든 채 시위행진에 들어간다. 농민들은 농악을 울리며 투쟁 의지를 고취했다.

분위기가 무르익으면 면사무소나 헌병대와 경찰관서로 몰려가 '왜놈은 물러가라' 구호를 외치며 시위를 감행한다. 그러면 헌병과 경찰이 나타나 총칼로 위협하며 시위대를 강제해산하고 주동자를 체포한다. 이에 격분한 농민은 돌멩이·몽둥이·죽창·가래·삽·괭이·도끼·낫 등으로 무장하고 헌병대·경찰관서·면사무소 등을 파괴하기 위해 몰려가 구속자 석방을 요구하고, 이에 응하지 않으면 폭력을 휘두른다. 결국 시위대는 헌병과 경찰의 폭력진압으로 사상자가 발생하고 나서야 해산한다. 농촌의 만세시위는 대개 이런 수순을 밟으며 진행되는 경우가 많았다.

이처럼 장날이라는 시간에 장터라는 공간을 이용하고 농악대를 동원하는 것은 전통적인 일상의 반영이라 할 수 있다. 전통적 투쟁방식으로 농민항쟁 당시 자주 벌인 횃불시위·산상봉화시위·산호시위 등이 활용되었다. 특히 각 지역의 연대 투쟁에 유용했다. 충남 연기와 논산은 각각 청주, 익산과 연결하여 군 단위 산상봉화시위를 벌였다. 충청도 지방에서 3월 말부터 4월 초까지 봉화만세운동은 절정이었다. 하지만 태극기가 등장하고 주동자를 따라 만세를 부르며 행진하는 방식은 농촌에서 낯설고 새로운 풍경이었다. 도시가 만들어 낸 집회와 행진의 시위문화가 무리없이 농촌 지역으로 확산하였다.

농촌의 시위는 도시처럼 매일 지속되기가 쉽지 않았다. 하지만 소규모 지역 단위의 고립성과 분산성을 극복하고, 생활권 중심으로 연대 투쟁을 모색하는 적극성을 보였다. 예를 들어 대동군 금제면 원장리와 강서군 반석면 상사리는 각각 대동군과 강서군으로 나뉘어 있지만, 5일장인 사천장이 들어서는 장날에 왕래가 잦았고 두 곳 다 장로교 소속 교회가 들어서 있었다. 3월 4일 이 지역 기독교인의 주도로 원장리에서 사천시장으로 행군하며 감행한 만세시위는 19명의 희생자를 낳고 헌병 3명이 죽는 격렬한 유혈 투쟁으로 종결되었다.

이처럼 농촌지역은 고립성과 분산성을 극복하고 이里 단위 연대, 면 단위 연대, 나아가 군 단위 연대 투쟁이 전개되기도 했다. 예를 들어 함안면 시위에 여항면·대산면·가야면·산인면·군북면의 주민이 연대했고, 군북면 시위에 가야면·대산면의 주민이 동참하여 시위했다.

도시가 촉발하면서 들불처럼 농촌으로 번진 만세시위의 양상은 도시와 농촌의 경관 차이만큼 달랐다. 우리 기억에 주로 각인된 것은 농촌의 시위 풍경이다. 그것은 분명 사라지고 있던 경관이었다. 도시는 공원을 민의 분출의 광장으로 만들며 시위했다. 농촌은 도시에서 〈독립선언서〉와 시위방식을 전수傳受해 장날을 기해 시위했다.

만세시위의 주인공, 민중

3·1운동은 무단통치가 자행되는 일제강점기에 일어난 항쟁이었다. 그럼에도 시위가 전국화·일상화될 수 있었던 것은 민족의 일원으로서 누구든 시위를 조직하고 참여하고자 했던 자발성 덕분이었다. '일제 통치 아래에서는 도저히 못 살겠다'는 반일의식에서 발원한 자발성은 가히 폭발적이었다.

> 이 삼천리 강토를 일본의 통치에 맡긴다는 것은 있을 수 없는 일이니, 부득불 우리는 폭력을 써서라도 독립을 하지 않으면 아니 되겠으므로 이번 기회는 세계평화를 위해서 각 약소 국가가 독립을 한다 하므로 이러한 행동을 취하는 것이다. 수백만 대중이 모두 궐기해서 진력하므로 결국은 목적을 달성하리라 믿으며, 그러므로 절대 독립사상은 버릴 수가 없다.[2]

평화시위가 좌절되자 주재소를 파괴하고 구금자를 탈환한 폭력

투쟁을 주도한 안동 사람 조수인의 절규다. 민중은 자신들이 만세를 불러야 독립이 되고, 자신들의 힘으로 일본인을 내쫓아야 한다고 생각했다. 3·1운동이 장기화되면서 절대 독립쟁취 의식이 분명한 민중이 점차 시위의 전면에 나선다.

무엇보다 확연한 변화는 노동자의 진출이었다. 서울에서 3월 2일 노동자 400여 명이 전개한 만세시위가 확산하면서, 3월 10일 이후에는 평상시의 10분의 1 정도의 노동자만 출근하는 바람에 조업 불능 상태에 빠졌다. 그 와중에 만세시위를 주동하던 청년 학생이 대량 검거되면서 시위가 다소 침체되자, 노동자들이 나섰다. 3월 22일 오전 9시 30분경 학생들의 주도로 300~400명의 노동자가 참가하여 노동자의 독립운동 참가를 촉구하는 노동자대회가 열렸다. 전날 배포된 〈노동회보〉에는 '저번 서울에서 학생이 주도하여 조선 독립운동을 개시했으나 힘이 미약하여, 이 기회에 노동자계급의 지원을 받지 않으면 당초의 목적을 달성하기 어려우니, 이 〈노동회보〉란 인쇄물을 각 곳 노동자에게 배부하여 이들에게 독립운동을 권유하라'고 선동하는 글이 실렸다. 노동자대회 이후 누군가 주동만 하면 수십 명이나 수백 명의 군중이 시위대를 형성할 정도로 서울의 분위기가 일변했다고 한다. 군중은 밤늦게까지 헌병·경찰과 숨바꼭질하며 시위를 전개하는 기동전을 펼쳤다. 3월 26~27일에 전차 종업원, 남만주철도주식회사 경성관리국 노동자들이 동맹파업을 일으키고 곳곳에서 투석전을 벌이면서 서울의 시위는 절정에 이르렀다. 노동자 파업은 서울을 비롯하여 평양·진남포·부산·군산 등 공장과 노동자가 집중된 도시 지역에서 발생했다.

시위가 농촌으로 확산하면서 농민이 주요 동력을 형성하였다. 1910년대 토지조사사업과 임야조사사업을 거치면서 헌병경찰을 앞세운 무단통치는 농민의 일상에 많은 변화를 일으켰다. 근대적 소유권의 확립을 지향한다지만, 토지에 대한 농민의 관습적 관념은 물론 권리조차 인정하지 않는 강요된 변화를 수용하기란 쉽지 않았다. 마을 인근 산에서 땔감이나 비료 등을 채취하고 가축을 사육하던 일상이 입회권의 유무에 따라 통제되는 현실에 분노하지 않을 수 없었다. 그러므로 농민은 단순히 독립을 위한 만세시위만이 아니라, 각종 우량품종·상묘의 수령 거부 내지 폐기, 부역 거부, 납세 고지서 수령 거부 등 조선총독부의 농업정책에 대한 투쟁과 일본 상품 배척, 일본인에게 식량 및 연료 판매 거부 등 일상적인 경제투쟁을 동시에 전개했다. 3·1운동 당시 독립단 충북지회 명의로 발행한 전단 〈자유보〉에 실린 공약 5조는 '일본 상품을 배척할 것, 한국인 관계의 사건은 소송하지 말 것, 각종 세금을 내지 말 것, 은행 거래, 우편 저금, 철도 및 우편 화물을 정지할 것, 전차를 타지 말고 담배를 피우지 말 것' 등 일상적인 투쟁을 제시했다.

4월에 들어서면서 노동자와 농민 등은 전열을 가다듬어 더욱 적극적으로 시위의 최전선에 나섰다. 민중이 주도하는 시위는 점차 폭력투쟁이 되었다. 폭력투쟁은 대체로 시위과정에서 벌어진 무자비한 탄압에 대한 방어적 조치였다. 하지만 처음부터 일제 권력기관을 접수하거나 계획적이고 공세적으로 폭력을 행사하는 경우도 적지 않았다. '만세를 부르고 관청을 타파하면 반드시 우리 조선은 독립의 운명에 도달할 것이다'는 독립쟁취 의식으로 돌멩이·몽둥이·농기구로 무장하여 시위 초기부터 권력기관과 일본 상점 등을 박살 냈다. 민중의 투쟁이 치열한 일부 지역에서 한국인 관리들이 대거 사직하여 지방 행정이 공백 상태에 빠지는 경우도 발생했다. 의주에서 한국인 관리들이 동맹 퇴직하고 상하이로 탈출하는 일이 속출했다. 황주경찰서에 근무하던 한국인 순사 17명이 총사직하는 사건이 벌어지기도 했다. 이에 대해 일본 민간인들은 총기를 휴대하고 자경단·자위단을 만들어 자신들을 보호하고자 했으나, 3·1운동 당시 한국인의 공격으로 사망한 일본 민간인은 단 한 명도 없었다. 다만 일본 경찰의 유탄에 맞아 사망한 일본 민간인이 한 명 있을 뿐이다.

민중의 투쟁을 추동한 것은 삶을 옥죄는 권력에서 해방하고자 하는 의지였다. 농민은 일본인 지주의 토지 수탈과 조선총독부의 무단농정, 세금 과중, 부역 징발 등으로 고통을 받았다. 노동자는 기아 임금, 차별 임금, 살인적 노동조건 등으로 희생되었다. 그들에게 독립은 자신들을 고통의 나락에서 건져 줄 희망적 대안이었다. 평범한 사람으로서 자신들의 고통에 대한 처방으로 독립을 갈구했다.

3·1운동에서 반일 의식을 가진 사람이라면 도시와 농촌, 어디에서든 신구 세대·세력의 구분 없이 시위를 주도하고 동참하는 데 주저하지 않았다. 누구든 조직하고 참여하는 대중적 자발성, 그것이 3·1운동의 전국화·일상화를 가능하게 한 힘이었다. 그 만세시위를 거치면서 민중은 역사의 전면에 등장해 노동운동·농민운동 등을 이끌었다.

'지금 여기'와 만나는 시위문화

민심을 자극한 것은 선동적 문서의 배부였다. 이것이 시위 확산의 원인을 찾던 일제 당국의 판단이었다. 각종 유인물과 격문, 그리고 신문 등의 인쇄매체는 3·1운동이 전국화되고 일상화되는 촉매였다. 지하신문과 간단한 구호를 적은 전단·낙서·포스터, 시위계획이나 투쟁방침을 알리는 격문·사발통문, 관리의 사퇴나 일본인의 퇴거를 요구하는 경고문·협박문 등의 유인물이 사람들을 거리로 이끌었다.

> 조선의 독립은 확실하다. 이때 우리 동포는 죽음을 맹세하여 분기하라.[3]

서울에서 한국 학생에 대한 압제를 고발하는 〈우리 동포여!〉, 자치론을 배격하고 완전 독립을 이루자고 한 〈경고문〉 등 다양한 주장을 담은 각종 유인물이 등장했다. 3월 하순에 접어들면서 이런 격문류의 유인물은 지방에서도 흔히 접하는 불온 문서가 되었다.

시위를 선전하고 선동하는 유인물은 각 지역에서 직접 작성하고 제작하는 경우도 있었지만, 대체로 서울이나 중국에서 만든 것을 들여와 등사기로 재인쇄하는 경우가 많았다. 〈임시정부 선포문〉·〈임시정부령〉·〈신한민국정부 선언서〉 등은 상하이에서 제작되어 베이징·톈진을 거쳐 철도편으로 국내에 반입되어 철도 부근 지역을 중심으로 배포되었다. 이렇게 제작된 유인물은 우편을 이용하거나 직접 가택에 투입하는 방식으로 배포되었다.

유인물의 내용은 조선총독부의 우려대로 선동적이었다. 평안북도 일대에 배포된 〈행정명령〉이라는 유인물에는 '일본의 지배 아래에서는 절대로 관공리가 되지 말 것, 현재 관공리로 있는 자는 빨리 사직할 것, 일본 관헌과 교섭하지 말 것, 세금의 징수에 응하지 말 것, 일본어를 사용하여 일본인과 이야기하거나 거래하지 말 것' 등이 요구되었다. 이와 더불어 납세 거부, 일본 상품 배척, 일본인과 모든 거래 중지, 친일파 숙청 등 반일 투쟁을 고취하는 전단·격문·포스터 등이 곳곳에 살포되었다. 유인물 배포를 위한 조직도 결성되었다. 대구의 혜성단은 10명의 단원으로 인쇄책·배달책·출납책 등의 조직망을 구성해 각종 선전물 11종 2000여 매를 작성하고 인쇄하여 배포했다.

근대 인쇄매체는 훌륭한 선전·선동의 도구였다. 신문과 유인물 등으로 방방곡곡에서 일어나는 시위와 투쟁, 일제의 잔악무도한 탄압 등의 소식을 접하는 일은 반일의 기치 아래 민족적 정체성을 확인하는 과정이기도 했다. 이러한 '민족의 발견'을 상징하는 근대 문물은 바로 태극기와 애국가였다. 시위 현장에는 다양한 깃발이 등장했다. '대한 독립 만세'·'조선 독립 만세'·'대조선 독립 만세'·'대한국 독립 만세'·'한국 독립 만세'·'신대한제국 독립 만세' 등이 적힌 깃발이었다. 서울에는 적기가 등장하기도 했다. 가장 많이 흔든 깃발은 단연 태극기였다. 조선총독부는 시위로 구속한 사람들을 신문할 때, 태극기를 소기小旗 또는 구한국기라고 칭했다. 1883년 공식적으로 국기의 지위를 획득한 태극기는 각종 행사에 등장하면서 조선·대한제국의 표상으로 자리 잡았다. 하지만 1910년 일제 강점이 시작되어 국기로서 지위를 상실하고 만다. 그 태극기가 애국·애족의 상징으로

1919년 3·1운동에서 다시 등장한 것이었다. 당시 태극기는 주로 학생들이 제작했다. 학생 이외에도 여성 노동자, 기생, 농민, 청년 등 다양한 계층이 태극기를 만드는 데 동참했다. 순사와 면 서기가 태극기를 만들어 만세시위에 참가하는 경우도 있었다.

시위 현장에서만 태극기를 볼 수 있는 것은 아니었다. 면사무소에 일장기 대신 태극기를 달거나, 손수 그리거나 만든 태극기를 가가호호 내건 마을이 등장했다. 대형 태극기를 마을 높은 곳에 달고 기차가 지나갈 때마다 승객과 마을 사람이 호응해서 만세를 부른 일도 있었다. 3·1운동을 거치면서 태극기는 국권 상실의 현실을 각인하고 독립의 사명을 일깨우는 상징물이 되었다. 이후 3·1운동 기념식 등 각종 기념식에 태극기가 등장했고, 임시정부의 모든 행사는 태극기에 대한 경례로 시작되었다. 1926년 6·10만세운동과 1929년 광주학생운동에도 태극기가 등장했다.

시위에는 새로운 운동가도 등장했다. 〈조국가〉·〈격검가〉·〈광복가〉·〈복수가〉·〈혈성가〉·〈대한독립가〉·〈소년전진가〉 등이 제작되어 불렸다. 그리고 숨죽이며 부르던 애국가를 시위 집회에서 제창했다. 애국가는 태극기와 달리 조선·대한제국에서 공식적으로 국가로서 지위를 획득한 바 없었다. '동해 물과 백두산이 마르고 닳도록 하나님이 보우하사 우리 대한 만세'로 시작되는 애국가는, 나라의 운명이 기울어 갈 무렵 애국창가운동의 일환으로 민간에서 널리 불리던 노래로, 곡조는 〈올드랭사인〉을 그대로 사용했다. 만세시위에서 애국가를 제창하기 위해 미리 학생들에게 애국가를 가르쳐 합창단으로 동원하는 경우도 있었다. 이렇게 3·1운동을 거치면서 애국가는 전국으로 확산했다. 그리고 대한민국 임시정부가 국민의례에서 애국가를 국가로 불렀다.

이렇게 3·1운동으로 새로운 시위문화가 탄생했다. 신문과 각종 유인물을 통해 전해지는 소식은 시위를 선전하고 선동했다. 시위 현장에서 태극기와 애국가는 나라 상실의 고통을 절감하게 했고 독립투쟁의 의지를 고취했다. 3·1운동의 시위문화, 그것은 오늘날 '지금 여기' 시위문화의 뿌리였다.

세계인 모두가 3·1운동에 감동했을까?

3·1운동, 그 시위의 한복판에 선 한국인이면 누구나 느꼈을 것이다. '아, 일본의 폭압적 독재에 숨죽인 우리 모두 자유와 평등한 세상을 꿈꾸는 하나의 민족이었구나!' 그렇게 한국인을 감동하게 한 3·1운동을 과연 타자인 외국인들은 어떻게 받아들였을까. 세계가 모두 한국인의 독립투쟁에 감동하며 지지했을까. 세계가 제국주의와 식민지로 분할된 상황에서 그런 일은 일어나지 않았다. 미국·영국 등 서구 열강은 한국인의 독립투쟁보다는 일본 제국주의의 식민지에서 일어난 반란이라는 관점에서 3·1운동을 바라보았다. 3·1운동을 한국인의 독립투쟁으로 높이 평가한 것은 제국주의로 신음하는 식민지, 그리고 식민지로 전락할 위기에 처한 민족이요 나라들이었다. 자신이 처한 상황에 따라 3·1운동을 다르게 읽은 것이다.

3·1운동이 일어나자, 한국에 거주하던 서양인들은 한국인의 독립투쟁 양상보다 일본의 잔혹한 탄압에 더 큰 관심을 가졌다. 서양인과 서양 언론이 가장 주목한 것은 제암리학살사건이었다. 한국에 사는 서양인들이 일본군이 저지른 만행의 소문을 확인하는 과정에서, 1919년 4월 15일에 일어난 제암리교회 학살사건 현장을 우연히 발견하고 조사하여 조선총독부에 항의하고, 이 사건을 불타 폐허가 된 현장 사진과 함께 국제 여론에 알렸다. 이 사건을 조사하고 알린 서양인들은 주로 서울에 있던 영국·미국·프랑스 영사관 직원들과 선교하던 기독교 선교사들이었다. 그들은 제암리학살사건이 일어나자, 직접 현장을 조사한 뒤 본국 정부에 보고하고 《뉴욕타임스》를 비롯한 서양 언론에 널리 알렸다.

제암리학살사건에 알려지자, 미국 상원에 "미합중국 상원의원은 한국인들이 그들 스스로가 선택하는 정부를 위한 열망에 동정을 표하는 바이다"[4]라는 결의안이 상정되기도 했다. 하지만 일본의 잔학함에 대한 서양 열강의 조치는 앞으로 더 나아가지 않았다. 제국주의 국가로서 같은 배를 탄 일본에 대해, 미국·영국·프랑스 등의 정부는 3·1운동을 공식적인 외교 문제로 삼지 않았을 뿐만 아니라 국제회의에 인도적 차원의 안건으로도 상정하지 않았다. 서양 열강에게 3·1운동은 억압되는 약자의 정의로운 항거가 아니라, 제국주의의 식민지에서 일어난 반란이었다. 또한 수많은 한국인의 희생은 인도적 차원에서 공감하고 분노해야 할 비극이 아니라, 일본을 압박할 수 있는 절호의 외교 카드였다.

3·1운동 당시 중국은 일본에 산둥반도를 빼앗길 위기에 놓여 있

었다. 중국인은 한국인의 독립투쟁에 환호했다. 베이징대 교수 천두슈陳獨秀는 3·1운동에 대해 "위대하고 간절하며 비장한 동시에 명료하고 정확한 관념을 갖추어 민의를 사용하되 무력을 사용하지 않음으로써 세계혁명사의 신기원을 열었다"[5]고 높이 평가했다. 그러면서 "한국인과 비교하면 우리는 진정으로 부끄러워서 몸 둘 바를 모르겠다!"[6]며 중국의 무기력한 현실을 개탄했다. 베이징대 학생 푸쓰녠傅斯年은 3·1운동의 교훈으로, 첫째 무기를 사용하지 않은 비폭력 혁명이었다는 점, 둘째 불가능하다는 것을 알면서도 실천한 혁명이라는 점, 셋째 순수한 학생 혁명이라는 점 등을 꼽았다.[7] 그리고 중국인의 무장 해제된 정신 상태를 맹렬히 비판한 그는 마침내 5·4운동을 끌어냈다. 1919년 5월 4일 3000여 명의 학생이 톈안먼광장과 거리에서 반일 시위에 나섰다. 5·4운동은 2개월에 걸쳐 22개의 성과 200여 개의 도시로 파급되면서 전국을 뒤흔들었다. 5·4운동에서 가장 유명한 문건인 〈베이징 학계 전체 선언〉을 보면, 3·1운동에 대한 언급이 나온다.

> 조선에서 독립을 꾀하면서 "독립이 아니면 차라리 죽음을 달라"고 외쳤습니다. 무릇 국가의 존망과 영토의 분할이라고 하는 중대한 문제에 이르러서도 그 백성이 여전히 큰 결심을 내려 최후의 구원에 나서지 못한다면 그야말로 20세기의 천박한 종자로 인류에 끼지 못할 것입니다.[8]

이렇게 동병상련의 처지에 있던 중국인들은 3·1운동을 비폭력의 거족적 투쟁으로 승화한 한국인의 저항 정신에 관심을 보였고 전폭적인 지지를 보냈다.

1919년의 봄은 한국인에게 격동과 감동의 시간이었지만, 세계는 각국의 처지와 이해관계에 따라 달리 바라보았다. 일본의 태도는 어땠을까. 일본 언론은 3·1운동을 일부 종교인이 선동한 폭동이라고 보도하면서 무력 탄압을 비호했다. 한국인을 '폭도'라 부르며 일본인의 피해를 과장해 보도했다.

3·1운동이 꿈꾼 민주주의

19세기 신분제가 변화한 이래 조선과 대한제국에서 자유·자치와 평등·정의를 추구하고 입헌군주제나 공화제 국가로 전환하기를 꿈꾸며 '민주주의를 향한 역사'를 빚어내고 있었다. 하지만 입헌군주제 국가로서 의회가 존재하고 참정권이 있는 나라인 일본은 대한제국을 멸망하게 하고 획득한 식민지 조선에 일본 헌법을 적용하지 않았다. 일본 군부가 식민지 조선의 통치권을 장악하고 전제에 가까운 군사독재형 통치를 실시했다. 이는 개인의 자유와 평등과 권리를 확보하기 위해서는 민족의 자유와 평등과 생존권을 먼저 획득해야 함을 의미했다.

3·1운동 당시 등장한 독립선언서들은 식민권력의 민주주의 탄압을 비판했다. 〈2·8독립선언서〉에는 일본의 식민 지배가 '무단 전제의 부정하고 불평등한 정치'라고 비판하면서, 한국인에게 참정권, 집회결사의 자유, 언론출판의 자유를 불허하고 신교信教의 자유와 기업의

자유를 구속했으며, 행정·사법·경찰 등 모든 통치기관이 개인의 권리를 침해했다고 되어 있다. 이러한 자유를 되찾기 위해서 먼저 독립해 나라를 되찾아야 했다. 〈3·1독립선언서〉는 다음처럼 시작된다.

> 우리는 이에 우리 조선이 독립국임과 조선인이 자주민임을 선언한다. 이로써 세계 만국에 알려 인류 평등의 큰 도의를 분명히 하는 바이며, 이로써 자손만대에 깨우쳐 일러 민족의 독자적 생존의 정당한 권리를 영원히 누려 가지게 하는 바이다.

독립과 자주·평등의 가치를 내세우며 민족 생존의 권리, 즉 독립이 주장되었다. 또한 〈3·1독립선언서〉는 '영원히 한결같은 민족의 자유 발전'과 '전 인류의 공존동생권'을 내세우며 민족마다 자유 발전과 인류로서 차별 없는 대접이 강조되었다.

이처럼 3·1운동에서 민족 독립의 정당성을 주장하는 내적 논리는 민주주의였다. 민족의 자유와 평등을 구현하는 것은 민족의 정당한 권리이므로 독립해야 한다는 주장은 민족의 독립은 곧 민주주의의 원리에 따라 구현되어야 한다는 것을 의미한다. 여기에 전 민족 구성원이 동조했다는 것은 민주주의 가치에 대한 이해와 동의가 있었음을 의미한다.

1919년 3월 17일 니콜스크우수리스키(지금의 우수리스크)와 블라디보스토크 한인이 발표한 〈조선독립선언서〉에는 일본을 민주주의의 공적이라 비판하며 민주주의라는 보편적 가치로 볼 때 '세계의 모든 민주주의자는 독립투쟁에 나선 우리 편'이라고 되어 있다.

3·1운동과 동시에 국내외에서 공화정을 표방하는 임시정부 수립 운동이 일어났다. 임시정부 수립 운동은 돌출적 운동이 결코 아니었다. 나라가 망한 후 곳곳에서 일어난 임시정부 수립 운동의 산물이었다. 미국에서 대한인국민회가 발행한 신문인 《신한민보》에서 제일 먼저 임시정부의 수립이 주장되었다. 〈한일병합조약〉 체결 직후인 1910년 9월 21일자에서 "우리 손으로 자치하는 법률을 제정하며, 공법에 상당하는 임시정부를 설치하는 것이 급선무"라는 주장이 실렸다. 1917년에 상하이에서 발표된 〈대동단결선언〉에는 해외 각지의 크고 작은 단체의 대표자 회의인 민족대동대회를 열어 독립운동의 최고 기관으로 임시정부를 건설하자는 주장이 담겨 있었다. 또한 대헌大憲, 즉 헌법을 제정하여 민정民政에 부합하는 법치를 실행할 것이라는 주장이 실렸다. 즉 왕이 없는 공화정에 기반을 둔 임시정부 건설을 촉구했다.

3·1운동 직전 러시아 연해주에서 임시정부 성격의 대한국민의회가 준비되었다. 1919년 2월 25일에 니콜스크우수리스키에서 러시아, 간도, 국내 등에서 온 약 130명이 독립운동단체 대표회의를 열었다. 이들은 이 대회에서 임시정부 성격의 대한국민의회를 조직하기로 결의했다. 대한국민의회는 3·1운동이 한창인 3월 17일에 〈독립선언서〉를 발표하면서 공식 출범했다.

3·1운동 당시 국내에는 임시정부 수립을 촉구하거나 임시정부안을 담은 전단들이 뿌려졌다. 3·1운동을 실질적으로 주도한 천도교가 1919년 3월 3일자로 발행한 《조선독립신문》은 임시정부가 조직되고 임시대통령을 선거할 것이라는 소식을 전했다. 3·1운동을 준비하는

단계부터 임시정부 수립을 고려했음을 알 수 있다. 서울에서 4월 9일에 〈조선민국 임시정부안〉이 들어 있는 전단이 뿌려졌다. 4월 17일경에 평북에서 〈신한민국정부 선언서〉라는 전단이 뿌려졌다. 이 밖에도 〈임시대한공화정부안〉·〈대한민간정부안〉·〈고려임시정부안〉 등이 국내에서 발표되었다. 한결같이 공화제 정부를 지향했다는 것이 특징이다.

서울에서 임시정부 수립을 준비하는 움직임이 나타난 것은 3월 중순이었다. 천도교를 포함한 종교계와 유림이 함께 한성정부 수립에 나섰다. 이들은 3월 17일에 모여 민주공화정 수립의 절차와 방법을 논의하고 정부 조직과 각료 명단을 확정했다. 그리고 4월 2일에 인천 만국공원에서 13도대표자회의를 열어 한성정부 수립을 선포하기로 결의했다. 하지만 13도대표자회의는 성원 부족으로 제대로 치러지지 못했고 한성정부 수립 선포는 연기되었다. 4월 23일에 13도 대표가 다시 모여 한성정부 수립을 선포하는 국민대회를 열고자 했으나 이날도 소규모 시위를 벌이는 데 그치고 말았다. 하지만 중국 신문인 《천진대공보》 4월 11일자와 《상해시보》 4월 16일자 및 5월 2일자에 한성정부 조직과 각료 명단이 실리는 등 한성정부의 존재는 국외에도 알려졌다.

상하이도 임시정부 수립이 준비되었다. 4월 11일 상하이에 결집한 각 지방 대표들로 의회인 '임시의정원'을 구성했다. 임시의정원 의장에는 이동녕이 선출되었다. 이날 회의에서 '대한민국'이라는 국호와 '민국'이라는 연호가 제정되었다. '대한민국'에서 '대한'은 일본에 빼앗긴 나라를 되찾는다는 뜻을, '민국'은 공화제 국가임을 분명히 한다는 결의를 담았다. 이날 대한민국 임시정부의 관제와 국무원을 구성했는데, 국무총리에는 이승만이 선출되었다. 민주공화정을 지향하는 〈대한민국 임시헌장〉도 반포했다.

제1조 대한민국은 민주공화제로 한다.

제2조 대한민국은 임시정부가 임시의정원의 결의에 의하여 이를 통치한다.

제3조 대한민국 인민은 남녀 귀천 및 빈부의 계급이 없고 일체 평등하다.

제4조 대한민국 인민은 종교·언론·저작·출판·결사·집회·통신, 주소 이전, 신체 및 소유의 자유 등을 향유한다.

제5조 대한민국 인민으로 공민 자격이 있는 자는 선거권 및 피선거권을 가진다.

제6조 대한민국 인민은 교육 납세 및 병역의 의무를 가진다.

제7조 대한민국은 신神의 의사에 의하여 건국한 정신을 세계에 발휘하며, 인류의 문화 및 평화에 공헌하기 위하여 국제연맹에 가입한다.

제8조 대한민국은 구황실을 우대한다.

제9조 생명형, 신체형 및 공창제를 전부 폐지한다.

제10조 임시정부는 국토 회복 후 만 1년 내에 국회를 소집한다.

1조에 등장하는 민주공화제는 당시 일본만이 아니라 신해혁명 이후 중국에서 나온 수많은 헌법안 가운데서도 유례를 찾아볼 수 없는 개념이다. 1905년 청의 혁명파가 만든 중국동맹회도 '공화제'나 '입헌공화제'라는 용어를 썼지만 '민주공화제'는 쓰지 않았다.

민주공화국으로서의 대한민국 임시정부가 탄생하자 러시아령의 대한국민의회라는 실체적 조직과 국내에서 나온 〈한성정부안〉을 수용한 임시정부 통합이 추진되었다. 주역은 안창호였다. 안창호는 상하이 대한민국 임시정부와 러시아령 대한국민의회의 통합 방안으로서 한성정부의 내각 명단을 활용했다. 대한민국 임시정부는 상하이에 두기로 했다. 임시의정원은 9월 6일 〈대한민국 임시헌법〉을 제정하고 〈한성정부안〉 명단에 따라 대통령 이승만, 국무총리 이동휘를 비롯한 내각을 선출했다. 3·1운동의 격동 속에서 탄생한 임시정부들이 그해 9월 상하이에서 하나의 대한민국 임시정부로 본격적인 출발을 한 것이다.

이제 민주주의는 대세였다. 나라를 잃은 민족으로서 독립을 염원하는 인민에게 민주주의는 독립 후 건설한 새로운 국가가 추구해야 할 가치였다. 독립운동이 민족주의와 사회주의라는 이념과 좌우라는 세력으로 갈렸지만, 민주주의는 그들을 하나로 엮는 교집합이었다. 중국에서 활약한 독립운동가 김산은 당시 분위기를 이렇게 회고했다.

> 비록 달성하려는 방법은 달랐지만, 모든 한국인은 오로지 두 가지를 열망하고 있었다. 독립과 민주주의. 실제로 그것은 오직 한 가지만을 원하는 것이었다. 자유. 자유라는 말은 자유를 알지 못하는 사람들에게는 금덩이처럼 생각되는 것이다. 어떤 종류의 자유든 한국인들에게는 신성한 것으로 보였던 것이다. 그들은 일제의 압제에서의 자유, 결혼과 연애의 자유, 정상적이고 행복한 삶을 살아갈 자유, 자기 삶을 스스로 규정할

자유를 원했다. 무정부주의가 그토록 호소력을 가질 수 있었던 것은 이 때문이다. 광범위한 민주주의를 향한 충동은 조선에서는 그야말로 강렬한 것이었다.[9]

식민 상태를 벗어나고자 하는 독립의 희망 속에 민주주의의 미래가 함께했던 것이다.

4월혁명과 6·3항쟁의 학생 시위문화[1]

오제연

1960~1970년대 한국에서 '운동' 또는 '저항'을 생각할 때 가장 먼저 떠오르는 주체는 '학생'이다. 1960년 4월혁명 이후 학생들은 '민주주의'와 '민족주의'에 기반하여 권력과 지속해서 맞섰다. 노동운동이나 시민운동이 아직 활성화되지 않았기 때문에 민주화운동과 민족운동에서 학생운동이 차지하는 비중은 매우 클 수밖에 없었다. 그렇다면 당시 학생들은 권력에 맞서 자신들의 의사를 어떻게 관철하려 했을까? 학생운동을 대표하는 두 사건인 1960년 4월혁명과 1964~1965년 6·3항쟁을 중심으로, 1960~1970년대 학생운동의 문화, 특히 집회와 시위 당시 발현된 독특한 저항문화에서 이에 대한 답을 구해 보려고 한다.

4월혁명의 경우 절정을 이룬 4월 19일을 전후해 대학생들이 전면에 등장하였으나, 실제로는 대학생 이외에도 고등학생과 도시하층민이 초기부터 적극적으로 시위에 가담한 바 있다. 따라서 이 글에서는 4월혁명의 학생 시위문화를 고등학생 시위와 도시하층민 시위로 나누어 고찰하고자 한다. 반면 6·3항쟁은 4월혁명 이후 명실상부한 운동 주체로 자리 잡은 대학생을 중심으로 학생 시위문화를 정리하고자 한다.

'질서'의 전유와 전복, 4월혁명

학생들의 관제 데모 전유

1960년 3월 15일로 예정된 정부통령 선거가 얼마 남지 않은 2월 28일, 정치적으로 학생을 간섭하고 이용하는 이승만 정권에 항의하며 대구의 고등학생들이 시위를 벌였다. 3월에 접어들자 전국 각지에서 크고 작은 시위가 연이어 일어났다. 고등학생의 시위는 대체로 질서 정연히 이루어졌으나, 그중 몇몇 시위는 경찰과 '투석전'을 벌이는 등 격렬한 양상을 보였다. 대표적인 것이 대전상고 학생들이 3월 10일에 벌인 시위였다. 경찰과 상이군경회가 대전상고 학생 시위를 진압하려 하자, 학생들은 돌을 던지며 저지선 돌파를 시도했다. 경찰의 폭력 진압과 학생들의 투석으로 양측에서 많은 부상자가 발생했다.[2]

정부통령 선거를 하루 앞둔 3월 14일 밤에는 서울에서 공명선거를 요구하는 고등학생들의 시위가 벌어졌다. 약 1000명의 고등학생은 투표 개시를 불과 10여 시간 앞둔 14일 밤 서울 시내 곳곳에서 시위를 전개했다. 이 시위는 전날부터 조짐이 있었기 때문에, 이날에도 저녁 일찍부터 정사복 경관과 교원들이 거리마다 배치되어 지나가는 학생을 붙잡고 신분증을 대조해 가며 귀가를 종용했다. 그러나 밤 8

시부터 인사동 입구, 화신백화점 앞, 광화문네거리, 서대문로터리 등을 중심으로 순식간에 모여든 고등학생은 100명씩, 50명씩 떼를 지어 전단을 뿌리고 구호를 외쳤다. 일부 학생은 횃불을 들고 스크럼을 짜서 거리를 행진하기도 했다. 미리 배치된 경찰들은 학생 시위대가 모이기 무섭게 해산했다. 경찰이 마구 휘두르는 방망이에 맞아 학생들이 피를 흘렸고 이에 맞서 학생들이 경찰차에 돌을 던지는 등, 이날 밤의 거리는 자못 살벌한 분위기였다. 이 시위에서 180여 명의 학생이 경찰에 연행되었다.[3]

3월 14일 밤 서울의 고등학생 시위를 주도한 이는 중동·대동·균명·강문 등 10여 개 야간고등학교 학생이었다. 그들은 횃불을 들고 서울의 밤거리를 누비며 '대한민국은 민주공화국이다'라는 구호를 외쳤다.[4] 한 학생은 언론 인터뷰에서 시위의 동기를 "대한민국의 헌법을 지키기 위해"서라고 말했다. 즉 시위의 명분은 학생들이 교과서로 배운 민주주의의 상식과 목전에 다가온 부정선거라는 현실 사이의 괴리였다. 민주주의의 회복을 외치며 진행된 1960년 3월 14일 밤의 '횃불시위'는 마치 2000년대 이후의 '촛불시위'와 비슷한 양상을 보였다. 당시 언론은 이날의 시위를 '즉흥적'이고 '산발적'이라고 평가했다. 그러나 최근 밝혀진 바에 따르면, 부정선거 전야에 벌어진 이 고등학생 시위는 '협심회協心會'라는 조직과 관련이 깊었다.

'협심회'는 1960년 2월 중순쯤에 이승만 정부에 대한 저항을 위해 결성했다고 한다. 처음에는 특별한 단체 이름이 없다가 1960년 3월 말경 '협심회'라는 이름이 만들어졌다.[5] 협심회의 주요 구성원은 학도호국단 행사로 자주 모여 유대를 다진 각 고등학교의 간부급 학생이었다. 처음에는 서울 시내 약 10개 내외의 학교가 참여했고 뒤에 그 수가 16개로 늘었다. 그 가운데 야간학교가 10개, 주간학교가 6개였다. 중심은 야간학교에 있었고, 특히 '고苦학생' 위주였다. 이들은 원래 2월부터 시위를 계획했는데 정보가 유출되어 결행하지 못했다. 3월 13일에도 시위를 시도했다가 실패한 뒤 비로소 14일 시위를 감행했다.[6]

협심회와 관련하여 흥미로운 사실은, 협심회가 1950년대까지 국가의 학원 통제 수단이던 학도호국단의 연계망을 이용하여 독자적인 학생 조직을 만들고 시위를 전개했다는 점이다. 4월혁명 과정에서 분출한 저항은 역설적으로 이승만 정권의 지배와 통제 정책이 초래한 의도하지 않은 결과물이었다. 4월혁명 때 학생시위, 특히 고등학생 시위에는 관변적인 학도호국단 조직이 주로 이용되었고, 또 1950년대 학도호국단의 '관제 데모' 경험이 큰 영향을 끼쳤다.

1950년대에는 정치적인 문제와 관련하여 정부에 의한 학생 동원, 즉 '관제 데모'가 자주 있었다. 그 가운데 가장 길고 격렬하게 진행된 관제 데모는, 1960년 4월혁명 직전인 1959년에 1년 내내 이어진 '재일교포 북송 반대시위'였다. 이 시위에 참여한 학생은 전국에서 수십만 명에 이르렀다. 학도호국단 주도로 야간 '봉화시위'도 감행되었는데, 이 경험은 1960년 3월 14일 시위 때 고등학생들이 횃불을 들고 나오는 데도 영향을 주었을 것으로 보인다. 관제 데모 때 학교 측이 학생들의 출석을 부르고 불참하면 결석으로 처리했기 때문에, 학생 대부분은 자기 의사와 관계없이 이에 참여할 수밖에 없었다. 그만큼 학생들에게 시위는 익숙한 경험이었다. 4월혁명 때 대학생보다 고등학생이 먼저 시위에 나설 수 있었던 것도, 고등학생이 대학생보다 관제 데모에 더 많이 조직적으로 동원되었다는 사실과 관련이 있다. 일례로 4월혁명의 시작을 알린 1960년 2월 28일 대구의 고등학생 시위 초반에, 교통순경이 학생들의 시위 대열을 보고 이를 막기는커녕 시위에 방해될 모든 차량의 운행을 중지해 주는 친절을 베풀었던 것도,[7] 갑작스러운 학생들의 시위를 과거 연일 계속된 북송 반대시위와 같은 관제 데모로 착각했기 때문일 가능성이 크다.

4월혁명 직후 한 지식인은 한국의 학생들이 "집권자의 이익을 위한 행렬에 언제나 동원될 수 있는 기회를 가졌"고 "가지가지의 관제 데모에 동원된 경력이 많았"음을 지적하며, "4월혁명은 바로 독재정권에 의하여 그들의 이익을 위하여 이용된 바를 그 데모에 의하여 성취"한 것으로 여기에 이승만 정권의 "역사적 아이러니"가 있다고 평가하였다.[8] 한국에서 성공회 신부로 활동하던 한 외국인도 같은 맥락에서 "이번 데모가 비상하게 잘 훈련된 것이었는데 이는 이李정권 하에서 많은 관제 데모에 동원되고 거기서 얻은 여러 가지 질서 있는 데모 방법을 그대로 살린 것"이라는 인상기를 남겼다.[9] 실제로 4월혁명 당시 대부분 고등학생 시위는 학도호국단 조직을 그대로 이용했다. 개인의 불만과 분노 속에서 자연발생적으로 시위에 가담한 경우도 많았지만, 그래도 학교에 소속된 학생들이었기 때문에 기존 학도호국단 조직과 연계망을 이용해 쉽게 힘을 결집할 수 있었다. 정치적 의사를 표현하고 요구를 관철하기 위한 아래에서의 힘의 결집은, 반드시 새로운 발상과 방식만이 아니라 위에서 주어진 기존의 질서와 조직을 통해서도 얼마든지 가능했던 것이다.

학도호국단과 관제 데모의 경험으로 이승만 정권을 타도했지만, 학생들은 수직적·통제적·타율적인 학도호국단 체제를 그대로 유지할 생각이 없었다. 이승만 정권이 무너지자마자 학생들은 정부가 산하에 수직적으로 편재한 각 학교 학도호국단을 해체하고, 자율적이고 자치적인 '학생회'를 부활했다. 이후 학생운동은 각 학교 학생회 또는 학생서클(특히 이념서클)을 중심으로 전개되었다. 단 학교 간 연대는, 정부가 조직적으로 묶었던 과거 학도호국단 체제에 비해 크게 약화되었다. 다양한 형태의 학생회 또는 학생운동 연대기구를 조직하려는 시도가 1960~1970년대 내내 있었으나 실질적으로 큰 성과를 내지는 못했다. 그 결과 4월혁명 이후 1960~1970년대 학생운동은 기본적으로 개별 학교 차원의 집회와 시위 형태를 크게 벗어나지 않았다.

도시하층민의 질서 전복과 학생들의 거부감

선거 전부터 학생시위가 잇달아 일어났음에도 1960년 3월 15일 한국 역사상 최대의 부정선거가 자행되었다. 노골적인 부정선거에 분노한 사람들은 선거 당일부터 선거무효를 선언하며 저항했다. 가장 격렬한 저항이 일어난 곳은 마산이었다. 야당인 민주당 당원들이 주도하고 학생들이 다수 참여한 3월 15일 마산의 '낮 시위'는 비교적 평화로이 진행되었다. 하지만 밤이 되자 시위가 격화했다. 민주당 마산시당사 앞에 모여든 사람들은 남성동파출소 등 여러 파출소에 들이닥쳐 투석하고, 내부로 난입하여 기물 등을 파손했다. 3월 15일 '밤 시위'는 학생보다 시민이 주도했다. 특히 도시하층민의 참여가 두드러졌다. 밤의 익명성이 사회의 약자가 당당히 나설 기회를 제공했다. 품팔이, 부두 노동자, 구두닦이, 넝마주이, 홍등가의 여성 등 그동안 그늘진 곳에서 군말 없이 숨죽이며 살아온 이들은, 자신의 나약함을 가려주는 어두운 밤에 그동안 쌓인 울분과 응어리진 한을 폭발하게 하려는 듯 시위에 적극적으로 가담했다.

마산의 밤 시위는 시간이 갈수록 더욱 격렬해졌다. 밤 9시 30분을 넘기면서 시위대 일부가 무학국민학교로 집결했다. 그중 '직업소년'들은 사이다병에 휘발유를 적신 모래를 넣은 다음 헝겊 심지를 집어넣어 화염병을 만들고 잰걸음으로 무학국민학교 쪽으로 향했다. 이들은 경찰과 맞서 싸울 태세로 바리케이드를 쳤다. 밤 10시가 넘어 도경 진압부대 200여 명이 도착하자 경찰은 공격 태세로 전환했다. 그리고 바리케이드를 친 무학국민학교 정문 앞으로 다가가 총격을 가했다. 이에 맞선 시위대의 투석도 만만치 않았다. 시위대는 드럼통을 굴리기도 하고 손에 잡히는 것이라면 돌·막대기·쇳조각·유리병 등 닥치는 대로 내던졌다. 이 과정에서 경찰의 카빈총 1정을 탈취하기도 했으나, 시위대는 경찰의 강력한 화력을 견디지 못하고 학교 뒷담을 넘어 도주할 수밖에 없었다. 끝까지 남은 직업소년들과 청년들도 결국 경찰과 격투를 벌인 끝에 체포되고 말았다.[10]

마산의 밤 시위는 4월 11일 김주열 시신을 발견하면서 발생한 2차 마산항쟁에서 재개되었다. 2차 마산항쟁의 열기는 1차 때를 능가했다. 시위대는 3일 동안이나 마산 일원을 사실상 '장악'했다. 시위대는 여러 파출소를 타격하는 한편, 마산시청·창원군청·경찰서·소방서·자유당사, 서울신문 지국, 국민회·형무소 등에도 돌 세례를 퍼붓고 건물에 난입하여 기물을 파손했다. 또 밤 시위 때 불빛을 내보내 시위대의 행동에 지장을 준 제일은행 마산지점, 마산일보사에도 투석 세례를 했다.

이승만 정권은 마산의 항쟁을 '폭도'의 '폭동'으로 규정했다. 그러나 이는 권력의 입장에서 바라본 모습일 뿐이었다. 소외된 도시하층민은 거대한 권력 앞에서 자기 의사와 요구를 표현할 수 있는 '언어'가 힘의 행사밖에 없는 경우가 대부분이다.[11] 이들에게 밤은 자신의 언어를 표출할 수 있는 가장 적절한 시간이었다. 권력의 감시와 통제에서 벗어나 자신의 언어로 자기 의사와 요구를 분출할 수 있는 밤은, 그래서 권력에 두려운 시간이었다. 실제로 마산에서 시위대가 타격한 시설은 대부분 권력기관이거나 권력과 밀착한 어용 기관이었다. 특히 정권의 첨병으로서 민중의 원성을 많이 받은 경찰 시설이 많이 공격당했다. 이는 당시 밤 시위를 주도한 도시하층민이 이승만 정권, 특히 경찰에 불만이 컸음을 잘 보여 준다.

1~2차 마산항쟁을 거쳐 4월혁명은 4월 19일에 전국적인 대규모 시위로 절정에 달했다. 이날 하루에만 10만 명이 넘는 학생과 시민이 거리에 나섰고, 경찰의 무차별 발포로 100명이 넘는 사람들이 희생되었다. 그래서 역사는 이날을 '피의 화요일'로 기억한다. 특히 서울·부산·광주에서 시위가 매우 격렬하게 일어났는데, 여기에도 도시하층민이 적극 가담하였다.

일례로 4월 19일 밤 서울에서 일부 시위대는 경찰의 무기를 탈취하여 종로와 을지로 일대를 휩쓸다가 종로3가와 서울운동장 앞에서 경찰과 총격전을 벌였다. 40여 대의 차량을 탈취하여 밤거리를 달리며 시위하던 시위대는 동대문·청량리 주변의 파출소를 습격하여 모조리 불태우고 30여 정의 카빈총을 빼앗았다. 이들은 서울 동북부를 누비며 미아리를 거쳐 의정부 무기고를 찾아 창동까지 밀려갔다. 이곳에서 시위대는 창동 지서 경찰들과 한참 총격전을 벌이다가 자정 무렵 안암동 고려대 뒷산으로 퇴각했다. 계엄군은 시위대 1500명을 포위하여 고려대 안으로 몰아넣었다. 계엄군이 무장한 시위대를 무리하게 무력으로 진압하지 않고 대신 투항을 유도하자, 결국 시위대는 무기를 버리고 자진 해산했다. 반면 고려대에 들어갔던 시위대 중 약 200명의 어린 소년들은 철조망을 뚫고 안암동 쪽으로 도망쳐 4월 20일 아침 신설동로터리와 성북구청 사이에서 계엄군 지프의 유리창을 모조리 부수는 등 과격시위를 벌였다. 이들은 3대의 버스와 12대의 택시를 탈취해서 거리를 폭주하면서 구호를 외쳤으며, 아침 7시 20분경 출동한 성북서 기동대가 그들을 해산했다. 도시 무장봉기나 다름없는 이러한 과격한 시위를 벌인 사람 중에는 소수의 대학생도 포함되었지만, 대부분은 야간 중고등학교나 공민학교에 재학 중인 어린 고학생을 비롯한 도시하층민이었다.[12]

4월혁명 당시 도시하층민의 시위는 사회적·경제적 불만과 권력에 대한 분노 속에서 자연발생적으로 전개된 측면이 강했다. 하지만 그 속에는 일정하게 조직과 연대의 힘도 작동했다. 특히 1950년대 도시하층민 중 고아·구두닦이·넝마주이 등은 나름의 조직을 만들어 생활하는 경우가 많았고, 이 과정에서 서로 간에, 또는 학생들과 관계를 맺기도 했다. 이러한 조직과 연대의 힘은 도시하층민들의 자연발생적인 불만, 분노를 혁명의 불길로 타오르게 하였다.

4월 19일에 일어난 대규모 시위는 이승만 정권이 주요 도시에 〈계엄령〉을 선포하고 군을 투입하면서 일단 진정되었다. 이후 정권 차원의 각종 수습책이 잇달아 나오는 가운데, 며칠간 시위는 소강상태를 유지했다. 그러다 4월 25일 서울에서 벌어진 교수단 시위를 계기로 대규모 시위가 재개되었다. 이 시위에서 교수들은 이승만 대통령의 하야를 분명히 요구했다. 4월 11일 2차 마산항쟁 때부터 '이승만 하야' 구호가 나왔고, 4월 19일의 대규모 시위 때도 시위대 일부가 이승만 퇴진 구호를 외쳤다. 그러나 아직 시위대의 핵심 목표가 이승만 정권 퇴진은 아니었다. 하지만 4월 19일 대규모 유혈사태를 거치면서 자연스럽게 대통령의 책임 문제가 제기되었다. 그리고 여론은 점차 정권 퇴진의 방향으로 모아졌다.

4월 25일에 재개된 대규모 시위는 다음 날 더 확대되었다. 4월 26일 새벽부터 거리로 쏟아져 나온 10만 명의 학생과 시민은 한목소리로 이승만 대통령의 하야를 요구했다. 이승만은 더는 버티지 못하고 이날 오전 사임을 발표했다. '피의 화요일'은 일주일 만에 '승리의 화요일'로 바뀌었다. 혁명의 목표는 일단 달성된 듯 보였다. 하지만 그동안 쌓인 사람들의 분노는 이승만 하야 정도로 무마할 수 있는 수준이 아니었다. 이승만의 사임 발표 후에도 격렬한 시위는 한동안 계속되었다.

4월 26일 서울에서 시위대는 동대문경찰서와 이기붕·최인규·임철호·장경근 등 자유당 고위인사의 자택을 공격했다. 수원에서 시위대는 자유당 시당부, 경찰서·소방서 등에 투석하고 역 앞 중동파출소를 대파했다.[13] 목포에서도 서울에서 시위 도중 사망한 고등학생의 시신이 도착한 것을 계기로 대규모 시위가 벌어졌다. 이때 시위대는 시내를 돌아다니며 목포경찰서·역전파출소, 자유당 목포시당과 위원장 자택 등을 파괴했다.[14] 김천에서 시위대는 경찰서는 물론 시내 4개의 파출소와 세무서, 그리고 시의회 의장의 집을 파괴했다. 다음 날인 27일 오전 성주에서 시위대는 초전지서를 습격하여 무기창고를 부수고 카빈총 7정과 실탄 60발, 전화기 1대를 탈취했다.[15]

시위대가 자동차를 타고 주변 지역으로 이동해 '원정 시위'를 벌이기도 했다. 4월 26일 서울의 시위대 중 일부는 인근의 인천·수원·의정부 등으로 진출했다. 원정 시위대에는 학생도 있었지만 도시하층민이 많았다. 그들은 원정을 간 도시에서 한편으로 환영받았지만 다른 한편으로 두려움과 기피의 대상이 되었다. 당시 부산의 시위대도 마산으로 원정 시위를 떠났는데, 양상은 '서울-인천'의 경우와 비슷했다.

4월 26일 가장 격렬한 시위가 일어난 곳은 대전과 대구였다. 대전에서 학생들과 시민들은 버스와 트럭을 타고 시내를 돌면서 시위를 벌였다. 이 과정에서 시위대는 부정선거를 저지른 자유당 관련 사무실과 당 간부의 집을 공격했다. 정부와 자유당의 기관지로 비판받은 《서울신문》의 대전지사 사무실에도 돌을 던지고 진입하여 사무 비품을 부수었다. 또 대전소방서를 공격하고 소방차를 탈취하여 불태웠다. 횃불을 들고 시내 곳곳을 돌아다니던 시위대는 대전경찰서에 횃불과 돌을 던졌고, 서대전경찰서와 시내 11개 파출소에도 돌을 던지고 기물을 파괴했다. 격렬한 시위에 참여한 이 중 약 200명이 계엄군에 체포되었다.[16]

대구의 상황도 비슷했다. 오후 5시 30분경 시위대는 자유당 경북도당에 몰려가 당내에 비치된 일체의 서류와 의자·책상 등을 모조리 파괴하는 동시에, 의자 등을 길 한가운데로 들고나와 불태워 버렸다. 남성로에 있는《서울신문》경북지사도 산산이 파괴되었다. 밤 9시 30분경 대구경찰서 역전파출소에 몰려든 군중은 파출소 안에 있는 의자·책상 등 집기 전부를 파출소 앞에 끄집어내고 불태웠다. 밤 10시경 대구시청 앞으로 몰려든 군중은 시장관사에 들어가 가재 등을 전부 밖으로 들어낸 다음 역시 불을 질렀다. 당시 대구의 주요 언론들은 이러한 행동의 주체로 "떼를 지은 청소년들", "손에 곤봉을 가진 17~18세의 학생 아닌 소년들", "10세 전후의 꼬마 소년과 15~16세의 소년들이 뒤섞인 군중들"을 지목했다.[17] 이승만이 대통령 사임을 발표했음에도 지속된 격렬한 시위의 중심에는 이렇듯 '학생과 구별되는 소년·청년' 같은 도시하층민이 있었다.

4월혁명 당시 도시하층민이 기존 질서를 전복하는 격렬한 시위를 벌인 것은, 이승만의 독재는 물론 당시 경제적 어려움에 대한 반발의 성격이 강했다. 그러나 4월혁명의 또 다른 주체인 학생은 도시하층민의 질서 전복 행위를 '파괴'와 '혼란'으로 인식했다. 학생들은 이승만 하야 직후 '수습활동', 즉 질서 회복에 적극 나섰다. 학생은 학생시위의 '순수성'을 드러내는 방식으로 자신들과 도시하층민을 구별했다. 지식인과 언론도 도시하층민의 과격한 시위를 비난하고 학생의 질서정연한 시위와 수습 활동을 칭송했다. 이 과정에서 스스로를 내세우기 어려웠던 도시하층민은 혁명의 기억에서 사라지고, 혁명의 주체로 학생만 기억되었다. 4월혁명 이후 1960~1970년대의 학생운동 또한 그 이념 및 지향의 급진성 여부와 상관없이, 집회와 시위 양상은 '투석'의 수준을 거의 벗어나지 않는 온건한 형태를 계속 유지했다.

저항 연행의 창출, 6·3항쟁

1960년대 대학문화의 정치풍자

4월혁명으로 본격화된 학생들의 현실 참여는 1961년 5·16군사쿠데타로 일시 중단되었다. 한동안 학생들은 군사정권이 허용하는 범위 안에서만 현실 참여를 모색할 수밖에 없었다. 그러나 높아진 학생들의 현실 참여 의지는 쉽게 꺾이지 않았다. 학생들은 군사정권의 여러 제약에서 비교적 자유로운 '축제'를 비롯한 학내의 문화 활동을 활성화하여 자신들의 에너지를 발산했다. 그리고 축제에서 정치적 메시지가 분명한 각종 행사를 개최함으로써 학생 일반이 현실에 지속해서 관심을 갖고 각성하도록 유도했다. 덕분에 학생운동이 활발하게 전개되지 못한 시기에도 학생운동의 역량은 계속 유지·확대될 수 있었다.

1950년대 후반부터 개교기념 행사의 일환으로 몇몇 대학에서 시작된 축제는, 1960년대가 되면 거의 모든 대학으로 확산했다. 4월혁명 직후 부활한 각 대학 학생회가 이를 주도했다. 특히 1962년에는 고려대·연세대·이화여대·경희대 등에서 대규모 축제가 동시다발적으로 열렸다. 서울대의 경우도 문리대의 학림제와 공대의 불암제가 이해에 시작했다. 당시 각 대학 축제는 강연회·토론회 등 학술 행사와 음악회·전시회·문학의 밤 등 예술 행사, 그리고 가장행렬·장기자랑 등의 오락 행사로 구성되었다. 그중 학생운동과 관련하여 주목할 만한 행사는 고려대의 '역사상 인물 가상 재판'과 연세대의 '가장행렬'이었다.

1963년 고려대 축제인 석탑축전의 한 행사로서 고대신문사 주최로 열린 '역사상 인물 가상 재판'은, 역사나 문학 속의 인물은 물론 각종 사회현상을 의인화하여 법정에 세우고 이들을 재판하면서 현실을 풍자하는 일종의 연극이었다. 1963년의 첫 번째 행사 때 법정에 선 인물은 아이히만, 놀부, 원자폭탄, 마릴린 먼로, 카심(이라크의 군인 지도자)이었다.[18]

1964년 행사 때는 이완용, 김선달, 햄릿, 킬러, 트위스트 등 5명이 법정에 섰다. 당구 큐를 휘휘 내저으며 나타난 김선달은 그 작대기를 높이 쳐들어 보이며 "이건 말야, 민족적 빠찡꼬 주의라는 거야"라고 빈정거렸다. 그는 재판장에게 새로운 학설을 소개하겠다고 떠벌렸다. "민족적 빠찡꼬주의, 민족적 닷도산주의, 민족적 워커힐주의, 민족적 사꾸라주의, 민족적 YTP주의, 민족적 대동강주의 등. 이것이 본인이 새로 생각해 낸 사기학의 학설"이라는 것이었다.[19] 이는 명백히 군사정권 기간에 문제가 된 4대 의혹사건과 박정희가 1963년 대선 당시 표방한 민족적 민주주의, 그리고 학원 사찰의 대명사로 급부상한 학생서클 YTP를 직접 겨냥한 정치풍자였다.[20]

당시가 6·3항쟁이 막 고조되던 상황이었던 만큼 그 정치적 의미는 매우 강했다. 풍자의 정치적 성격은 이완용에 대한 재판에서 더욱 분명해졌다. 이완용은 "오등吾等은 자玆에 아我조선이 대일본제국의 속국임과 합방국임을 선언하노라" 하는 '일제日製 독립선언서'를 외며 등장했다. 그의 어깨엔 게다 짝이 얹혀 있었다. 그는 "한일보호조약 때 미리 받은 정치자금으로 잠시 지옥에서 천당으로 외유를 했다"고 말했는데, 이는 당시 박정희 정권이 일본 측에서 정치자금을 수수했다는 의혹과 한일협상의 주역으로 1년 전에 외유를 떠난 김종필을 꼬집은 얘기였다. 또한 이완용은 "적어도 정치인은 가식적 민족주의라든지 '구악舊惡 일소 신악新惡 조성'이라는 가장 참신한 정치적 신념과 꿈을 지녀야 한다"라고 주장했다. 이 또한 앞선 김선달의 말과 일맥상통하는 냉소적 역설이었다. 당시 언론은 이 행사를 상세하게 소개하며 "사뭇 우리 현실의 허점을 찌르는 일종의 성토대회 같은 무드였다"고 평했다.[21]

1965년의 행사 때는 재판관들이 법정의 이름을 '못다 푼 한을 산화散華하는 유구무언자의 발언대'로 명명하여, 이 행사의 정치적 성격을 다시 한번 강조했다. 이해에는 을사노인, 마키아벨리, 대원군, 자유부인, 달러 등이 기소를 당했다. 거지행색의 을사노인은 이완용과 이토 히로부미伊藤博文에 대한 청구권으로 8억 달러를 요구했다. 청구권 문제는 〈한일협정〉 체결 당시 가장 논란이 된 쟁점 중 하나였다. 마키아벨리는 자신을 권모술수의 챔피언으로 뻐기며 데모를 진압하는 오른팔이 되겠다고 자원했다. 그는 데모 진압을 위해 "우선 기동대를 동원하여 학생 놈의 XX들을 빨래처럼 마구 때리"고, 정국 안정을 위해 "강력한 악질적 파쇼 민주주의를 재건"할 것을 주장했다. 물론 이는 6·3항쟁 당시 학생시위에 대한 박정희 정권의 강경 대응을 비판한 것이었다. 대원군은 "일본물, 미국물, 바터(버터)이즘, 다

꾸왕이즘으로 체질 개선된" '요즘 아이'들을 나무라면서 신식민주의를 경계했다. '엽전 학대죄와 의존경제 고무죄'로 기소된 달러는 자신이 후진국마다 '달러문화'를 이식했다고 우쭐거렸다.[22]

이렇듯 '역사상 인물 가상 재판'은 강력한 정치풍자로 학생운동이 주장하는 내용들을 학생들에게 또 사회에 분명히 전달했다. 이 행사는 고려대 석탑축전에서 가장 인기 있는 행사로 자리매김했다. 기성 언론도 그 내용을 자세히 소개하면서 건강하고 바람직한 축제 행사의 표본으로 높이 평가하였다.

연세대 축제에서 행해진 '가장행렬'도 같은 맥락에서 학생들은 물론 사회의 주목을 받았다. 1963년 축제 때 행해진 가장행렬에서 학생들은 '장례식'을 거행했다. 관 속에 드러누운 시신은 '구악' 공公이었다. 상여꾼들은 목소리도 구성지게 '구악' 공의 행적을 주워섬겼다. 그 밖에도 "아버지가 배울 때나 아들이 배울 때나 똑같은 대학교수의 노트", "79년간 강의실에 쌓인 담배꽁초", "허벅지까지 오르는 여대생의 스커트" 등이 장례의 대상이었다. 만장挽章 가운데는 서울대 학생으로서 군입대 후 자신을 괴롭히고 모욕한 상사를 살해하고 처형된 "최영오 일병을 쏜 소총"도 끼어 있었다.[23] 이 행사 또한 정치는 물론 학생들이 현실에서 고민하는 다양한 문제를 익살과 풍자로 표출한 것이었다. 1964년 가장행렬에서도 학생들은 "박사실업자에게 직업을 달라!", "5.16 대 1의 환율을 4.19 대 1로 인하하라!"는 등의 플래카드를 들고 데모를 했다. 그들의 구호 가운데는 "최루탄 살 돈 있으면 사람 입 풀칠하라!"는 민생고 타령이 있는가 하면 "불하만 하지 말고 사람 좀 살려라"는 애원도 있었다.[24] 아마 실제 시위였다면 경찰이 곧 강경 진압을 했겠지만, 축제의 가장행렬이었기 때문에 모두 웃고 즐기는 가운데 학생들은 자신의 정치적 의사를 잘 전달할 수 있었다.

축제 외에 농촌 계몽운동과 봉사활동에서도 문화 행사가 진행되었다. 대표적인 행사가 1963년 서울대 향토개척단이 개최한 '향토의식 초혼 굿'이었다. 대학에서 처음 보는 민속적인 행사라는 평을 받은 1회 '향토의식 초혼 굿'은 1963년 11월에 열렸다. 이 행사는 크게 세 부분으로 이루어졌다. 첫 순서로 농촌 현실에 대한 교수들의 강연이 있었고, 다음으로 탈춤과 풍물과 굿이 어우러진 '신판 광대놀이 원귀 마당쇠'(조동일 작) 공연이 있었다. 마지막으로 공연이 끝나고 모두 밖으로 나가 '향토의식 소생 굿', '사대주의 살풀이', '난장판 민속놀이', '조국 발전 다짐 굿' 등 농악 굿을 행했다.[25] 1964년 11월에 열린 2회 '향토의식 초혼 굿'에서는 '녹두장군진혼제'가 열렸다. 탈을 쓴 농민대표가 제문을 낭독한 뒤 동학농민혁명 당시 농민대표가 고종에게 보낸 호소문과 '녹두장군 전봉준'의 궐기하는 글이 이어졌다. 그리고 농악대의 공연에 맞추어 뒤풀이가 있었다. 1965년 11월에 열린 3회 '향토의식 초혼 굿'에서는 강연에 이어, 수농신守農神이 왜곡된 이론과 제도의 타파를 약속하며 강림하는 '농신제'가 행해지고, 탈춤과 판소리가 어우러진 '야 이놈 놀부야!'(허술 각색)가 공연되었다.[26]

'향토의식 초혼 굿'은 처음부터 농촌운동을 민족운동으로 발전시키고, 정부의 한일회담 강행을 반대하는 학생운동에 활력을 불어넣기 위해 기획되었다. 이 행사를 개최한 서울대 향토개척단은 5·16군사쿠데타 직후 군사정권의 영향력 아래서 탄생한 학생들의 농민운동 조직이었다. 이 행사의 기획자인 조동일에 따르면, 그는 향토개척단 간부들과 협의해서 '향토의식 초혼 굿'을 준비했다고 한다. 그는 대학에서 문화운동을 시도하는 차원에서 이 행사를 기획했지만, 다른 학생들은 이 행사를 한일회담 반대를 위한 정치적 선전의 장으로 이용했다. 즉 군사정권과 연결된 향토개척단의 보호막 아래 학생들이 연합하여 굴욕적인 한일회담의 반대라는 정치적 의사를 표출했던 것이다.[27] 군사정권은 대학생들의 농촌운동을 관리·통제하여 그들의 현실 참여 의지를 꺾으려 했으나, 오히려 학생들은 '향토의식 초혼 굿'과 같은 문화 행사를 개최함으로써 '농촌'으로 상징되는 민족적 정서를 자극했다. 그리고 이러한 대학문화의 정치풍자 행사들은 6·3 항쟁 국면에서 학생운동과 더욱 긴밀히 결합하여, 각종 집회와 시위에서 학생들의 의사를 표출하고 그 힘을 결집하는 수단으로 적극 활용되었다.

정치풍자 연행과 결합한 학생운동

1963년 12월 민정 이양 과정에서 합법적 권력을 획득한 박정희 정권은, 군사정권 때부터 적극적으로 추진한 일본과 협상을 조속히 마무리하고 정식으로 〈한일협정〉을 체결하고자 했다. 그러나 이를 위해 일본과 벌인 협상에서 많은 것을 양보하자, 야당과 언론, 그리고 지식인과 학생들을 중심으로 한일회담이 '굴욕적'이라는 비판이 터져 나왔다. 그중에서도 가장 적극적으로 '굴욕적'인 한일회담에 반대한 것은 바로 학생이었다. 학생들의 한일회담 반대는 1964년

3월 24일 서울대·연세대·고려대의 동시다발적 시위를 시작으로 본격화되었다. 이날 서울대 학생들은 시위를 벌이면서 당시 박정희 정권의 2인자이자 한일회담의 주역인 '김종필'을 상징하는 '이완용 인형'에 대한 화형식을 가졌다. 이후 '화형식'은 학생시위에서 가장 자주 등장하는 저항의 연행演行이 되었다.

1964년 5월 20일에는 서울대·동국대·성균관대·건국대·경희대 등 학생 3000여 명이 서울대 문리대 교정에 모여 '민족적 민주주의 장례식'을 거행하였다. 민족적 민주주의 장례식은 불과 반년 전 선거에서 민족적 민주주의를 통치이념으로 내세운 박정희 정권을 직접 겨냥했다. 대회장에는 "축祝 민족적 민주주의 장례식"이라고 쓴 만장이 펄럭이는 가운데, 건巾을 쓰고 죽장竹杖을 잡은 네 명의 학생이 민족적 민주주의를 상징하는 관을 메고 입장하였다. 학생들은 선언문에서 반외세·반봉건·반매판의 민족·민주 정신을 분명히 하고 5·16군사쿠데타를 민족·민주 이념에 대한 정면 도전이자 노골적인 대중탄압으로 규정했다. 또한 '반민족적 비민주적 민족적 민주주의 조사弔辭'를 통해 박정희 정권을 통렬히 풍자·비판했다. 장례식이 끝나자 학생들은 관을 앞세우고 교문을 향해 나아갔고 이화동 삼거리에서 경찰과 충돌했다.[28] 그 어느 때보다도 격렬했던 이날 시위는 많은 연행자와 부상자를 낳았다. 민족적 민주주의 장례식은 학생들이 박정희의 민족주의에 대한 마지막 기대를 접고 박정희의 민족주의를 전면 부정하며 그에 대한 도전을 선언한 상징적 행위였다.

민족적 민주주의 장례식은 그 어떠한 시위보다도 박정희 정권을 크게 자극했다. 상징성이 그만큼 컸기 때문이다. 원래 정치적 의사 표현의 수단으로 '장례'라는 형식이 처음 시도된 것은 1960년 3·15부정선거 때였다. 3월 15일 상상을 초월하는 부정선거가 자행되자 민주당 전남도당은 광주에서 '곡 민주주의哭民主主義'라고 쓴 만장을 앞세우고 부정선거 규탄시위를 벌였는데, 이를 흔히 '민주주의 장송 데모'라고 부른다.[29] 그러나 이 시위는 '장례식'이라고 하기에는 '곡' 자를 붙인 만장을 앞세운 것 이외의 특별한 형식이 없었다.

4월혁명 직후 '장례'를 정치적 의사 표시의 수단으로 적극 활용한 것은 학생이었다. 학생들은 계몽운동 과정에서 정치적인 목적으로 '장례식'이라는 문화적 연행을 거행했다. 1960년 7월 6일 결성식을 한 서울대 국민계몽대는 결성식을 마친 뒤, 과거의 낡고 썩은 정치세력이 다시 등장하는 것을 경계하는 의미에서 '고 반혁명세력지구故反革命勢力之柩'라는 상징적인 유해를 앞세우고 무언의 장례 시가행진을 하였다. 이 상징적인 관棺에는 "비현실적 선동을 일삼는 혁명 세력", "은둔 위장으로 참여하는 무소속 세력", "제1공화국의 아부자의 정치참여", "구 자유당 핵심 분자의 정치참여", "과도정부의 미봉책" 등의 글발이 적혀 있었다.[30]

1963년에는 앞서 살펴본 대로 연세대 축제의 '가장행렬'에서 '장례식' 연행이 다시 등장했고, 또 서울대 향토개척단의 '향토의식 초혼 굿'도 '제례'의 형식으로 진행되었다. 바로 이러한 맥락을 따라 6·3항쟁 때 민족적 민주주의 장례식이라는 문화적 연행이 이루어질 수 있었다. 그것의 상징성과 파급력은 4월혁명 때보다 훨씬 강력해졌다. 민족적 민주주의 장례식이라는 정치풍자 연행은 박정희 정권에 큰 충격을 줬지만, 일반 학생들에게는 그 어떤 논리나 주장보다 정치적 공감대를 형성하는 데 기여했다.

1964년 6월 3일의 대규모 시위 직전에 서울대 문리대 학생들은 '집단 단식농성'에 들어갔다. 이 집단 단식농성 과정에서도 다양한 정치풍자 연행이 이루어졌다. 성토대회 뒤에 열린 '최루탄 박살식'에서 "회개하라 최루탄아 죽음이 가까우니 생전에 이룩한 죄 능지처참 대죄大罪로다"라는 내용의 '최루탄조사'와, 〈새야 새야 파랑새야〉의 가사를 "탄아 탄아 최루탄아 8군으로 돌아가라 우리 눈에 눈물 나면 박가분朴哥粉이 지워질라"로 개사改詞한 〈최루탄가〉로 박정희 정권의 비민주적 시위 진압 방식을 풍자했다. '최루탄 박살식' 후 학생들은 "반매판 반외세 반봉건 반전제를 지향하는 오늘의 단식투쟁은 내일의 피의 투쟁이 될지 모른다"고 선언하고 요구가 관철될 때까지 집단 단식농성에 돌입했다.[31]

유례를 찾기 힘들었던 학생들의 집단 단식농성은 사회적으로 큰 파장을 불러일으켰다. 5월 30일 오후 1시 20여 명의 학생으로 시작된 단식농성은 시간이 지날수록 동참하는 학생 수가 늘었다. 특히 각 학교의 교내 방송뿐만 아니라 일간 신문이나 라디오 방송에서 단식 학생들의 상황이 수시로 전해지면서, 단식농성은 그 자체가 학생운동의 효과적인 수단이 되었다. 소식을 들은 많은 학생이 속속 단식농성에 동참하였다.[32]

그 자체가 새로운 시도였던 집단 단식농성은 계속 새로운 운동문화를 창조해 나갔다. 단식농성 이틀째인 31일에는 단식 24시간 돌파 기념으로 '반민주 요소 소각식'이 거행되었다. 여기서는 검은 안경을 쓴 황소와 매카시가 악수하는 그림이 불태워졌다. 동시에 학생들은

"사찰 폭력 사형私刑 기만", "통일대책 없는 무능", "소영웅적 민주정치", "조국 없는 매판자본", "주체 잃은 외세의존", "무르익는 일본예속", "불온문서 연구서적" 등의 항목을 써서 노끈에 나란히 걸어 놓고 하나씩 뜯어내 박수 속에 소각했다. 이날 밤에는 풍자극 '위대한 독재자'가 공연됐다. 여기에는 박정희를 연산군에 빗댄 박산군朴山君과 김종필을 상징하는 이완용이 등장했는데, 썩은 쌀, 민족적 민주주의, 한일회담, 4대 의혹사건 등을 비꼰 일종의 마당극이었다.[33] 다음날인 6월 1일에는 서울대 문리대에서 단식 중인 학생들이 '국민 총궐기 호소대회 및 학원 침입, 민생고 책임자 매장식'을 진행했다. 여기서 학생들은 짚으로 만든 학원 침입자와 민생고 책임자들의 허수아비를 불태우고 조사를 낭독하였다.

6·3항쟁에서 박정희 정권을 풍자하는 정치적 연행은 이외에도 수시로 등장했다. 1964년 6월 2일에는 서울대 상대 학생들이 교내에서 '매판 세력 성토대회'를 열어 "매판 세력 타도"를 선언한 다음, '매판 세력'을 신랑으로, '가식적 민족주의'를 신부로, '신제국주의'를 주례로 한 결혼식을 올렸다. 이 결혼식에서 주례는 "특히 신부는 매판자본과 사이좋게 학생을 기만하는 데 공을 세웠다. 또한 나 제국주의의 정체를 숨기는 데 충성을 다했으니 너의 결혼을 축하하노라. 신부는 목숨을 걸고 도전하는 학도들을 계속 협박하라. 안 되면 최루탄을 쓰라. 무엇보다도 나와 너희 부부의 정체를 잘 알고 있는 학생이 가장 두려우니라"라는 내용의 주례사를 하였다.[34]

학생시위가 최절정에 달한 6월 3일 동국대 학생들은 교내에서 피고인 '오일륙吳一陸'에 대한 재판을 진행했다. 이 자리에서 학생들은

5·16군사쿠데타 이후 저질러진 온갖 부정부패를 낱낱이 고발한 후, 피고 오일륙에 내란죄를 적용하여 그 허수아비를 화형에 처했다. 학생들은 화형식 이후 본격적인 시위에 돌입했다.[35] 같은 날 성균관대 시위대 1000여 명도 '박정희 씨'와 '민생고'라는 이름의 꼭두각시 인형을 앞세우고 중앙청 부근 종각으로 진출했다.[36] '화형식'과 '장례식'을 거쳐 '결혼식'과 '재판'까지 학생운동과 결합한 정치풍자 연행의 형식 및 내용은 대학 축제의 그것만큼이나 갈수록 다양해졌다.

1964년 6월 3일 박정희 정권이 〈계엄령〉을 선포한 뒤 한동안 소강상태를 보인 학생운동은, 이듬해 1965년 〈한일협정〉 체결이 임박해지자 재개되었다. 당연히 정치풍자 연행도 다시 등장했다. 대부분 일본의 제국주의와 식민주의를 경계하고 풍자하는 연행들이었다. 1965년 5월 4일 서울대 문리대 학생들은 학과 대항 체육대회 도중 교내 운동장에서 기습적으로 한일회담 성토대회 겸 '신제국주의 박살식'을 열었다. 이 자리에서 학생들은 박정희 대통령에게 보내는 성명서와 선언문을 낭독하고 일장기가 그려진 게다짝을 불태웠다.[37] 5월 18일 서울대 사범대 학생들도 한일회담 반대 성토대회를 벌인 후 "일본의 신제국주의와 침략 근성을 말살한다"는 뜻으로 '일장기 화형식'을 가졌다.[38]

학생들이 격렬히 반대했지만, 1965년 6월 22일 결국 〈한일협정〉은 체결되었다. 〈한일협정〉이 체결되던 날 홍익대 학생들은 '한일회담 유령 화형식'을 거행한 뒤 시위를 벌였다.[39] 연세대 학생들은 〈한일협정〉이 조인되는 시간에 맞춰 '매국노 황제 추대식'을 열고 짚으로 만든 '매국노 황제'를 성토한 뒤 화장해 버렸다.[40] 〈한일협정〉 체결 이후에도 학생들은 계속 이에 저항하는 운동을 벌였다. 연세대 학생들은 6월 24일 〈한일협정〉에 조인한 외무부 장관의 귀국에 맞춰 '매국노 황제 폐하 환영식'을 거행했다.[41] 〈한일협정〉이 여당인 공화당만의 일당 국회에서 날치기로 비준되자, 8월 21일 고려대 학생들은 교내에서 〈한일협정〉 비준 무효화 및 '공화당 일당 국회 화형식'을 개최해 공화당 일당 국회를 비판하는 조사를 낭독한 후 모형 국회의사당에 대한 화형식을 진행했다.[42] 학생시위를 진압하기 위해 군인들이 대학 캠퍼스 안까지 들어와 학생들을 마구잡이로 폭행하고 연행하는 사태가 발생하자, 9월 6일 서울대 상경대 학생들은 '〈한일협정〉 비준 무효 및 학원 방위 궐기대회'를 가진 뒤 '최루탄, 군화, 경찰봉에 대한 화형식'을 개최하였다.[43] 1964~1965년 6·3항쟁의 마지막을 장식한 이 화형식은 특히 '군화'를 불태움으로써 군부를 기반으로 한 박정희 정권의 심기를 자극하여, 관련 학생들이 수배되고 중징계를 당하는 등 큰 파문을 일으켰다.

1960~1970년대 학생운동의 문화적 우회로

6·3항쟁은 비록 좌절되었지만, 1960년대 후반에도 사카린밀수 규탄, 6·8부정선거 규탄, 3선개헌 반대 등 다양한 쟁점을 중심으로 학생운동은 계속 전개되었다. 학생운동에서 정치풍자 연행도 꾸준히 이루어졌다. '화형식'이 가장 많았고, 그 외에도 '결혼식',

'표창식', '모의 국민투표' 등 다양한 방식이 시도되었다. 1971년에는 '교련 반대'를 중심으로 하는 학생운동이 진행되었는데, 이때에도 정치풍자 연행이 수반되었다. 일례로 성균관대 학생들은 1971년 4월 19일 '4·19기념식'에 참석한 뒤 "교련 반대"라고 쓴 플래카드를 들고 시위에 돌입했다. 이들은 다음 날인 20일 아침 교내에서 '문교장관·국방장관 불신임'을 안건으로 하는 '대성민국 임시국회(모의국회)'를 개최하고, 거의 만장일치로 불신임안을 가결했다. 또한 학생들은 이날 오후 다시 집회를 열어 교련 반대와 관련한 구호를 낭독하고 '교련복 화형식'을 가졌다. 이 자리에서 학생들은 '문교장관·국방장관의 서자'라고 쓴 종이를 교련복에 붙이고 휘발유를 뿌린 후 태워 버렸다. 교련복이 타는 동안 학생 800여 명은 일제히 박수를 치며 "교련 반대"를 외쳤다. 곧이어 이들은 거리시위를 시도했다.[44]

학생운동의 정치풍자 연행에 박정희 정권은 민감하게 반응했다. 박정희 대통령은 여러 차례 '화형식'이라는 단어를 언급하며 불쾌감을 드러냈다. 1960년대 후반 이후 정부의 통제력이 강화된 상태에서 언론 또한 '화형식' 등 정치풍자 연행을 대학생답지 못한 반지성적 행태라고 비난했다. 그럼에도 정치풍자 연행이 학생운동에서 계속 이어지자 박정희 정권은 학생운동 탄압의 일환으로, 정치풍자적 성격의 행사가 대학에서 축제 등을 통해 진행되는 것 자체를 억제하고자 했다.

그러던 1969년 4월 18일 서울대 문리대 학생회가 4월혁명 9주년 기념행사 중 하나로 '초혼제'를 거행하였다. 초혼제는 과거 '향토의식 초혼 굿'처럼 민속적인 제사 형식으로 진행되었다. 우선 제사배

례를 하고 제문·진혼시·위령사 등을 낭독하였다. 다음으로 학생들이 '풍자 소인극素人劇'을 공연한 후, 남사당 굿거리를 펼쳤다. 그리고 초혼제에 모인 200여 명의 학생이 서울대 문리대 4·19기념탑을 횃불을 들고 도는 '횃불행진'으로 막을 내렸다.[45]

다음 해인 1970년 4월 18일에도 서울대 문리대 학생들은 4월혁명 10주년 기념행사로 다시 초혼제를 열었다. 형식과 내용은 1969년의 초혼제와 거의 동일했다. 이해에는 서울대 법대 학생들도 4월혁명 10주년을 기념하여 진혼제를 열었다. 단 서울대 법대의 '진혼제'는 문리대의 초혼제에 비해 민속행사로서의 성격은 약했다. 대신 법대 학생들은 그 직전에 발생한 '정인숙 살해사건'과 '와우아파트 붕괴사건'을 풍자한 두 편의 단막극(〈상감마마와 기녀〉, 〈가까운 나라의 근대화〉)을 공연한 뒤, 법대 본관 앞에 있는 정의의 종을 울린 다음 횃불시위에 들어갔다. 법대 학생들은 횃불을 들고 교문까지 진출하여 미리 출동한 기동경찰과 대치했다. 그들은 한 시간 동안 구호를 외치고 〈애국가〉 등을 부른 다음, 다시 학교 안으로 돌아가 다음 날 새벽 4시까지 철야토론을 벌였다.[46]

초혼제가 처음 열린 1969년은 대학가에서 민속행사가 점차 활성화된 해였다. 초혼제 이외에도 고려대 석탑축전과 서울대 농대 상록문화제에서 각각 차전놀이가 거행되었고, 서울대 문리대 학림제에서 남사당 초청 공연이 진행되었다. 1966년 이후 민속행사를 중단한 서울대 향토개척단도 1969년 4회 개척제부터 탈춤 및 농악 공연을 거행하였다. 같은 해 부산대 학생들은 대학 최초의 '탈반(탈춤반)'이라고 할 수 있는 '전통예술연구회'를 만들었다.

1970년대에 들어서 각 대학에서 탈춤을 직접 전수하고 이를 공연하고자 하는 학생이 늘어났다. 특히 민속에 열정을 가진 학생들이 노력하고 교류한 결과, 1970년 서울대 문리대 등 여러 대학에 '탈반'이 만들어졌다.[47] '탈반'의 확산으로 학생 일반에 민속에 대한 관심이 고조되었다. 이에 따라 캠퍼스마다 다양한 민속행사가 줄을 이었다. 가히 '민속 붐'이라고 부를 만한 현상이었다. 대학 밖에서도 민속에 관한 관심이 높아진 상황이었지만, 대학만큼 그 정도가 강하진 않았다. 이에 1970년대 이후 민속은 기성문화와 대학문화를 구별하는 역할을 했다.

1969년 초혼제는 학생운동의 맥락에서 계획되고 진행되었다. 이는 명목상 4월혁명 때 희생된 학생들의 넋을 위로하기 위한 행사였기에 형식적으로는 서울대 문리대 학생회가 주관하였다. 그러나 실제로는 이념서클에 기반을 둔 학생운동 주도 학생들이, 조만간 예상되는 박정희 정권의 3선개헌 추진에 맞서, 학생들의 정서적 통일성을 고양해 3선개헌 반대운동에 나설 수 있는 기반을 대중적으로 확충하자는 의도에서 벌인 행사였다.[48] 소인극에서 "처음에는 '4·19혁명'이던 것이 '4·19의거'로, 이제는 벌거숭이 '4·19'가 되었다." "'매스콤'은 오로지 조국근대화 시책에 호응하여 정부사업의 PR에 주력하고 국민의 계몽에 힘써야 할 터" 등의 현실을 풍자하는 말들이 이어진 것도 이러한 의도와 관련이 있었다.[49]

이 때문에 초혼제 진행 과정에서 초혼제를 주도한 학생들과 학생회, 그리고 학교 당국 사이에 충돌이 일어났다. 초혼제 주도 학생들은 애초 횃불행진을 계획했으나, 학교 당국이 이를 금지하는 바람에 일단 철회한 상태였다. 그러나 초혼제의 마지막 행사였던 남사당 굿거리가 끝나자 그들은 학교 당국 관계자들과 교수들의 만류에도 횃불 행진을 기습적으로 강행했다. 학생들이 4·19기념탑 주위를 돌면서 노래를 부르며 행진하자, 형식상 행사를 주관하던 학생회 간부들이 적극 제지하며 횃불을 꺼 버렸다. 그 바람에 학교와 학생 사이의 갈등은 물론, 학생 간 갈등도 고조되었다.[50]

당시 이념서클에 기반을 둔 학생운동 주도 학생들은 왜 굳이 초혼제라는 문화 행사를 통해 3선개헌 반대운동의 대중적 기반을 확충하고자 했을까? 이는 1968년 '통일혁명당(통혁당) 사건' 이후 조직적 '학습'을 통한 학생운동의 전개가 극도로 위축된 상황에서, '문화'를 통해 우회적으로 정치 문제에 접근하는 것이 더 효과적이라고 판단했기 때문이다.[51] 즉 학생운동에서 문화는 정치의 우회로가 될 수 있었다. 정치적 억압이 가중된 상황에서, 감시와 탄압을 피해 정치적인 모색을 할 기회가 '문화'에 있었다. 특히 민속의 경우 민족문화 진흥을 부르짖는 박정희 정권 처지에서 무조건 탄압할 수도 없는 일이었다. 지배 논리가 역설적으로 탄압을 어렵게 만든 것이었다. 게다가 문화 행사는 정치집회를 대신하여 학생들을 불러 모으기에 훨씬 용이했다. 1975년 〈긴급조치〉 9호가 발동된 지 열흘도 되지 않은 상태에서, 유신체제에 저항하며 자결한 김상진의 추도식이 탈춤반 학생들의 적극적인 참여 속에 민속문화제 형식으로 치러지고, 이를 계기로 대규모 학생시위가 일어난 것 역시 같은 맥락에서 이해할 수 있다.

따라서 1960~1970년대의 학생운동에서 문화가 정치의 우회로였다는 사실을 더 적극적으로 해석할 필요가 있다. 단순히 문화를 통해 정치적 비판의 속내를 감췄다든지 또는 강도를 약화했다는 차원이 아니라, 문화를 통해 근본적이고 지속적인 정치적 저항을 시도했던 것으로 봐야 한다는 의미다. 1970년대에 들어와 대학가에 민속 붐이 일어난 후 민속과 학생운동의 결합은 더욱 강해졌다. 특히 경제성장의 그늘에서 고통받는 민중에 대한 학생의 관심 고조가, 민중의 삶과 직결된 민속에 대한 애호로 표현되었다. 학생들은 '민족 주체성'과 '민족문화 진흥'과 같은 박정희 정권의 지배논리를 일정 정도 공유하면서도, 민속 연행에 직접 참여하면서 민속의 주체인 민중에 대한 문제의식을 심화했다. 민중에 대한 관심은 학생들을 복고주의가 아닌 현실 참여로 나아가게 했다. 그리고 이 같은 1960~1970년대 학생운동의 문화적 우회로는 1980년대 들어 대학 축제가 민속 중심의 '대동제'로 전환하고, 학생운동이 대학문화와 더 긴밀하게 결합하여 대중적으로 확산하는 데 기여하였다.

도시의 새로움, 정치의 새로움: 2008년 촛불집회[1]

남영호

2016년 10월부터 2017년 4월까지 진행된 박근혜 대통령 탄핵 촛불집회는 목표가 분명하고 참가 인원이 압도적으로 많았으며, 그 집회 열기 또한 뜨거워 소기의 목표를 달성하였다. 대한민국 헌정사에서 초유의 사건이었다. 이에 비하면 이명박 정권 초기인 2008년 5월 시작된 '광우병 위험 미국산 쇠고기 수입 반대 집회'(이하 2008년 촛불집회)는 그보다 낮은 수준을 목표로 해서 시작되었으며 어떻게 끝났는지도 불분명해 보인다. 또 이 집회가 대통령의 사과를 이끌었고 초기의 목표를 어느 정도 달성한 것도 어느새 잊힌 듯하다. 2008년 촛불집회와 같은 저항을 통해 쌓인 대중적 경험이 2016~2017년 촛불집회로 이어졌다는 의의도 있겠지만, 결국은 이도 정권에 저항한 그저 하나의 사건에 지나지 않은 것이었을까.

돌이켜 보면 2009년 5월이 되자, 1주년을 맞은 촛불집회가 2008년과 같은 규모로 다시 타오르리라는 기대도 있었고 "그 많던 촛불은 다 어디로 간 것일까?"[2]라는 아쉬움과 탄식이 퍼지기도 했다. 또 "사람들이 손에 촛불을 켜고 있을 때는 물론이고 그렇지 않을 때조차 존재론적 촛불은 살아 있는 사람들의 영혼 속에 켜져 있다"[3]는, 촛불의 지속성에 대한 주장도 있었다. 이명박 정권과 박근혜 정권 내내 서울 시내 요소마다, 특히 주말에는, 길게 늘어서서 차도를 점거한 경찰 차량의 존재는 역설적으로 저항의 항상성을 보여 주었다. 사실 2008년 촛불집회가 우리에게 새삼 일깨워 준 것도 바로 이것이다. 따라서 촛불은 이제 사라졌는가 하는 의심은 촛불집회의 규모와 효과에 대한 것이지, 항시적인 저항 자체에 대한 부정은 아니었다. 그러나 저항의 항상성이 촛불집회가 우리에게 상기하게 하는 교훈의 전부였을까? 당시 그토록 많이 회자된 촛불집회의 새로움의 정체는 무엇이었을까? 어떤 이는 2007년 12월의 대통령 선거 이후 팽배하던 사회의 보수화라는 통념을 뒤집은 것이 새로운 희망을 주었다고 한다. 다른 이는 쇠고기라는 일상생활의 문제가 정치의 중심 과제로 떠오른 것이 신선했다고 한다. 또 다른 이는 촛불집회의 진행과정에서 나타난 형식의 다양함과 발랄함에 주목한다. 그렇다. 이 모든 것은 2008년 이후 한국 정치의 새로움을 보여 준다.

하지만 이렇게 정의하는 것은 어쩐지 허전하다. 촛불집회를 과연 한국 '정치'의 하나의 양상으로만 정의할 수 있을까? 수백만에 이르는 참가자가 각기 다양한 의견과 방식으로 보여 준 것은 결국 '정치'인가? 그렇지 않다면 그것은 '정치'보다 더 넓은 의미의 문화라는 양태에 포괄되는가? 그래서 촛불집회는 일상의 억압에서 벗어난 축제의 시간이며, 그 축제에서 나타난 다양한 면모는 문화적인 특징인가? 인류학자들은 흔히 문화라는 단어로 다양한 삶의 방식을 연구한다. 그러나 문화로 인간 생활의 모든 측면을 아우를 수 있을까? 만약 그렇게 삶의 모든 측면이 단순히 문화로 용해되어 버린다면, 그 문화는 어떠한 의미가 있는가? 이미 문화란 국민국가 '내'에 존재하며, 다른 국가와 차이를 드러내거나 국민국가의 하나의 발전 단계를 지칭할 뿐이라는 지적은 이미 존재했다.

이 글에서는 문화 대신 정치, 그리고 '정치적인 것'이 촛불집회에서 어떻게 나타났고 실현되었는지를 살펴보려 한다. 촛불집회에서 나타난 정치의 새로움은, 정치를 새로 정의하는 새로움이다. 그리고 그와 동시에 전통적인 의미의 '정치'가 대중 사이에서 다시금 의미를 획득하는 새로움이다. 이 두 축의 새로움은 서로 맞닿아 있다. 후자의 축은 1987년 이후 한국에서 발전된 자유민주주의적 제도와 관행, 그리고 그것의 정점으로서의 선거의 의미를 새삼 인식하는 과정이다. 그에 비해 전자의 축은 전통적인 자유민주주의의 근본적인 대립-대의민주주의와 자유주의의 상호모순-과 관련이 있다. 촛불집회의 각종 형식과 스타일은 대의민주주의가 과소 표현하는 자유를 보여 주면서 자유주의가 담아내지 못하는 민주주의에 대한 요구를 반영하였다. 촛불집회에서 보인 대중의 역동성과 자발성, 그리고 다양하게 표출된 요구와 방식은 위의 두 축 가운데 어느 하나만으로는 설명할 수 없다.

그런데 2008년 촛불집회에서 이 두 가지 새로움이 물질성을 확보하는 공간은 도시였다. 물론 촛불집회는 전국 각지에서 동시다발적으로 진행되었지만, 대도시 특히 서울의 촛불집회가 상징성을 띠었고 규모 면에서도 다른 지역의 집회를 압도했다. 그리고 위의 두 가지 차원의 새로움은 도시의 성격을 바꾸는 새로움이기도 했다. 이렇게 촛불집회의 정치적 성격과 촛불집회가 발을 딛고 서 있는 공간의 성격은 불가분의 관계이고, 이것을 가장 잘 볼 수 있는 것이 서울의 촛불집회였다.

촛불집회가 제기한 문제들은 2009년에 들어 여러 각도에서 더욱 활발히 평가되었다. 조정환은 촛불'봉기'를 삶정치-삶권력의 관점에서 분석하였고,[4] 김광일은 '고전적 마르크스주의'의 관점에서 평가하였으며,[5] 촛불집회의 한계를 도발적으로 제기한 논자도 있었다.[6] 이와 상반된 입장에서 촛불'시위'의 성과와 후유증을 주장하는《조선일보》기자들의 저서도 등장하였다.[7] 이들 평가는 크게 촛불집회의 참여자와 주체의 문제, 촛불집회의 형식, 촛불집회의 성과와 한계 등을 둘러싸고 각기 다른 견해를 보인다. 하지만 이들의 주장은, 통찰력과 설득력을 가지고 있을 때조차도, 대체로 자신의 견해에 맞추어 촛불집회의 여러 측면 가운데 특정한 부분만을 부각한 경향이 있다. 촛불집회에 대한 수많은 평가가 이미 나온 상태에서, 이 글에서 새로운 점이 있다면, 아마도 촛불집회 참가자 사이에서 이해하고 해석하며 향유한 정서와 관점, 즉 '내부자의 목소리'를 바탕으로 했다는 점일 것이다. 물론 이 글에서 드러나는 '내부자의 목소리'는 나의 해석을 거친 목소리이며, 참가자 개개인의 생각과 정서와 반드시 일치하지는 않을 것이다. 하지만 나는 무엇보다도 '내부자의 목소리'를 내 주장의 근거로 삼으려 했다.

여기서는 먼저 어떻게 쇠고기와 같은 먹을거리의 문제에서 대중의 정치적 요구가 발전해 나갔는지를 살펴볼 것이다. 그다음으로 촛불집회가 진행되면서 나타난 다양한 요구와 방식이 왜 '문화'로 환원

되지 않으며, '정치'의 다양함과 풍부함을 보여 주는지를 알아볼 것이다. 이 글에서 촛불집회는, 2008년 5월 2일에 시작되어 2009년 말까지 지속된,[8] 문화제와 거리시위, 집회, 지역집회 등의 다양한 형태를 띠며 스스로를 '촛불'로 부른 모든 모임을 지칭한다. 이 글은 2008년 5월 10일부터 12월 31일까지 각종 촛불집회에 참여하여 관찰하고 참여자를 면담한 내용과 그 외 온라인과 오프라인에서 조사한 문헌 등에 바탕을 두었다. 참여관찰한 집회가 서울 지역에 국한되었다는 점에서 한계가 있지만 조사지역의 한계가 이 글의 논제를 전개하는 데 지장을 주지는 않을 것으로 판단된다. 여기서 등장하는 이름은 구속되었다가 보석으로 석방된 백은종을 제외하면 모두 가명이다.

쇠고기와 정권 퇴진 사이에서

촛불집회와 그 참여자의 성격을 살피기 위해서는, 일단 '광우병 위험 미국산 쇠고기 전면 수입에 반대하는 촛불문화제'에 참여한 시민은 미국산 쇠고기 전면 수입에 반대하기 위해 모였다는 것에서 시작해야 한다. 이는 단순한 동어반복이 아니다. 미국산 쇠고기 수입 문제를 제외한다면 이들의 '정치적' 스펙트럼은 매우 폭넓기 때문이다. 내가 만난 사람도 2008년 대통령 선거 때 이명박 후보를 찍었다는 이, 이회창 후보를 찍었다는 이, 진보신당 당원, 민주노동당 당원, 아나키스트적 성향 등등 매우 다양했다.

제가 보수적이어 가지고, 어느 정도 그런 면이 있어 가지고 … 솔직히 저는 이회창을 찍었거든요. 여러 가지 … 저도 모르는 게 많았다구요. 보수가 나오면은 정통 보수가 나오는 게 좋겠다. 어차피 엘리트를 여러 사람이 따르는 거니까.

- 김해균(회사원, 27세)

(쇠고기 문제 하나만으로 5월 2일에 처음부터 많이 나왔을까요?) 근데 제 생각으로는 일반적으로 거의 사람들이 거리에 나오게 된 원인이 소고기 문제라고 생각하고, (10대의 경우에도요?) 네. 그 문제로 거리에 나왔는데 점점 배운 거죠. 그러고 보니까 민영화도 문제 있다. 대운하도 문제 있다. 처음에는 쇠고기 반대로 모였다가, 결국에는 저희가 점점 배우면서 이명박을 반대하는, 이명박과 싸우는 걸로 된 거죠.

- 이해원(고등학생, 17세)

특히 초기에 다수를 차지했던 10대와 20대의 상당수는 정치에 관심이 없었던 경우가 많았다.

예전에는 제가 정치에 대해서 입장을 안 가지는 게 굉장히 합리적인 거라고 생각했거든요. 근데 촛불집회 나와서 제가 옛날에 가졌던 생각이 얼마나 터무니없는 생각인지 알게 된 거 같아요.

- 김수혜(대학생, 21세)

이렇게 촛불집회에 참가한 사람 가운데 상당수는, 정치에 관심이 없거나 여당을 지지하는 입장이었다가 자신의 생각이 변했다고 이야기했다. 물론 여기에도 예외는 존재한다. 2008년 9월 7일 마로니에 공원에서 열린 촛불연합집회에서 만난 50대 남자는 자신이 박사모의 회원이며 여전히 박근혜를 지지한다고 말하기도 했다. 8월 15일 이후 촛불집회의 참여자가 줄고, 경찰의 대응이 봉쇄와 적극적 연행으로 변화하면서, 집회에 참여하는 데 종전보다 더 큰 각오가 필요해졌다. 이런 상황에서 참가를 계속한다고 해서, 또 이명박 정권에 행동으로 반대한다고 해서, 반드시 '진보적인' 입장의 정립이나 '진화'를 전제로 하는 것은 아닌 셈이다. 하지만 어느 경우든, 촛불집회가 진행되면서 참여 대중의 요구는 초기의 광우병 위험 쇠고기 문제뿐 아니라 방송장악 중지, 공기업 민영화 반대, 대운하 반대 등으로 확대되었다. 이와 동시에 상징적인 구호로 주변에 머물러 있던 '이명박 대통령 퇴진' 구호에도 점점 더 힘이 붙었다.

어떻게 미국 쇠고기 수입 문제가 정권 퇴진 구호로 이어졌을까? 물론 정권 퇴진의 목소리는 당선 직후부터 존재했다. 2008년 5월 2일의 촛불문화제를 처음 시작한 단체는 다음 카페 '이명박 탄핵을 위한 국민운동본부'(이하 안티MB)이다. 이 단체는 대통령 선거 직후 당선무효와 이명박 대통령 탄핵을 위해 서울과 지방에서 거리 홍보를 진행했다. 하지만 사람이 많이 모여 성공적이라고 자평한 2008년 4월 29일의 집회에도 400여 명이 모였을 뿐이었다. 5월 2일의 촛불문화제는 그때까지 이어진 거리 홍보로 피로가 누적되어 휴식기를 가지자고 한 시점에 시작되었다.

4월 29일 날 집회를 청계천에서 하고, 그때 마침 소고기 문제가 이슈가 되었단 말이야. 이제 좀 쉬자 그랬는데, 이게 막 요동치기 시작하더라고. 동학사에 정모를 하기로 하고 예약을 갔는데, 5월 18일날 (집회를) 하자고 하고, 원래 그날(5월 2일)은 쉬기로 했단 말이야.

- 백은종(안티MB 수석부대표, 55세)

문화제를 마치고 해산하는 것이 아니라 문화제 이후 거리에 진출하는 방식으로 바뀐 5월 24일은 촛불집회의 성격이 변화한 중요한 시점이다. 경찰이 최초로 물대포를 발사한 것도 언론에 보도된 것처럼 5월 31일 밤이 아니라, 그 일주일 전인 5월 25일 새벽이었다. 최초의 거리시위를 준비한 한 누리꾼(46세)은, 촛불집회가 시작되기 전인 4월 하순경부터 광화문에서 이명박 퇴진을 촉구하는 촛불집회를 시작하자는 글을 다음 아고라에 올려 몇몇 사람의 호응을 얻기도 했다.[9] 촛불집회 참가자들에게 매일 간식과 잠자리를 제공한 김무성(52세)은 4월 중순부터 몇몇 사람과 함께 시청 앞과 대한문 앞에서 촛불을 들었다. 2007년 12월 19일 이명박 대통령이 압도적인 표차로 당선되기는 했지만, 그의 당선을 애초에 인정할 수 없었던 사람이 상당수 존재했고, 이러한 불만이 촛불집회의 한 흐름을 형성했다. 이러한 흐름은 인수위원회 시기를 거치고 정권이 출범하면서 증폭해, 촛불집회를 통해 폭발했다. 그 단적인 예는 안티MB의 한 고등학생 회원(ID: 안단테)이 4월에 시작한 온라인 탄핵서명이 5월 초에 100만 명을 넘어선 사건이다.

하지만 먹을거리의 안전성에 대한 의심과 관심, 미국산 쇠고기 수입 협상 과정의 굴욕성과 졸속 처리가, 정권의 정당성 자체 또는 각종 정책에 대한 여러가지 불만을 가진 이들을 하나로 불러 모으는 계기가 된 것은 의심의 여지가 없다. 음식의 안전성 문제는 제도정치에서 그동안 수렴되지 않았으되, 국민이 일상적으로 가진 공통된 정서였다. 이를 단적으로 보여 주는 것이 통계청이 2008년 10월 17일 발표한 사회통계조사이다. 이 조사에서 먹을거리에 대해 불안을 느낀다는 사람이 전체의 69퍼센트로 분야별 불안 정도에서 1위를 차지했다.[10] 먹을거리에 대한 문제는 생활의 근본적인 관심사이면서, 생활에서 위험이 증가하는 오늘날, 그 자체로 정치적인 성격을 띠는 사안이기도 하다.[11] 그리고 이는 한국뿐 아니라 전 지구적으로 그러하다. 2008년 11월 1일 문화방송이 방영한 〈뉴스후〉에서 저우칭周勍이라는 중국 사회운동가는 다음처럼 말하였다.

> 정치영역, 경제영역 속에서 개방을 하는 것이 정권에 두려운 일이라면, 식품안전 속에서 매체를 개방해야 합니다. 그렇지 않으면 식품안전은 그다음으로 정치를 위협할 직접적인 원인이 될 것입니다.

그래서 먹을거리에 대한 불안은 '먹고 살 만한' 선진국에 국한된 문제도 아니며, 일부 계급이나 계층, 지역에 한정된 심리도 아니다. 또 이 문제는 여성이 더욱 민감히 받아들이는 문제인지도 모르겠다. 촛불집회에서 여성 청소년과 성인 여성의 참여와 역할이 두드러진 것을, 이들이 현실적으로 가족의 건강을 배려하며 식품에 더욱 직접적으로 연관되어 있기 때문으로 풀이하는 일반적 시각도 일리가 있다.

그러나 2008년 촛불집회는 먹을거리에 대한 불안처럼 국민에게 보편적인 호소력을 갖춘 주제를 통해 광범위하게 대중을 불러 모을 수 있었고, 그래서 촛불집회가 결국 중간계급 중심의 운동이었다고 평가하는 것[12]은 정확하지 않다. 이미 위에서 밝혔듯이, 2008년 5월 2일 촛불집회가 시작되기 전부터 정권의 탄생 자체에 반대하는 여론이 수면 밑에서 들끓고 있었으며, 초기 참가자의 상당수도 쇠고기 수입 문제 이외에 정권의 각종 정책에 대한 불만을 표출했기 때문이다. 10대 참여자를 조사한 바에 따르면,[13] 이들은 처음 촛불집회에 나온 가장 중요한 이유로 '광우병에 대한 두려움'(14.0퍼센트)보다 '이명박 정부의 정책에 대한 분노'(56.1퍼센트)를 꼽았다. 2008년 6월 14일 서울광장에서 실시된 이 조사에서 평소 자신의 관심 정도를 묻는 질문에 먹을거리에 대한 안전은 매우 높음 30.1퍼센트, 높은 편은 37.3퍼센트이기는 하지만, 이는 학교 성적 41.3퍼센트, 34.3퍼센트보다 낮았고, 사회 현실 36.4퍼센트, 34.3퍼센트와 비슷한 정도였다.[14]

또 위의 통계청 사회통계조사는 미국산 쇠고기 수입 문제가 한창 불거진 시기에 실시되었다는 것을 염두에 두어야 한다. 오철우가 올바르게 지적했듯이[15] 미국산 쇠고기의 광우병 위험이라는 과학적 평가의 대상과, 위험에 대한 사회적 관리는 구분해서 생각하여야 한다. 국민적인 분노를 불러일으킨 것은 미국산 쇠고기의 수입 그 자체보다 협상 과정에서 보여 준 정부의 비굴하고 졸속으로 처리한 태도와 국민 정서와 동떨어진 대통령과 정부 관료 등의 발언이었으며, 이는 정부의 다른 각종 정책과 마찬가지로 국민을 무시하고 특정 계급, 계층의 이익만을 염두에 둔 것으로 보였다.

광우병 쇠고기 수입을 비롯하여, 0교시 수업, 대운하, 수돗물 민영화, 의료 민영화 등의 여러 정책에 반대를 표하던 5월 말까지의 촛불집회는 아직 말 그대로 집회였으며, 참가자들의 다양한 요구가 분출하는 시기였다. 촛불문화제 참가자들은 각기 자신의 입장에서 현 정권의 밀어붙이기식 여러 정책에 불만을 토로하고, 이를 각종 공연으로 보여 주곤 했다. 내가 관찰한 범위에서 여자 고등학생들과 초등학생들의 발언이 참가자들의 박수갈채와 웃음과 호응을 가장 광범위하게 얻어 냈다. 그 이유는 이들이 토로하는 교육정책에 대한 불만이 공감대를 가장 폭넓게 형성할 수 있었다기보다는, 이들이 연단에 섰다는 사실 자체, 또 '꾼같지 않게' 말하는 방식 때문인 것으로 보인다. 참가자들은 형식에서 재미를 느끼고, 그 형식을 즐길 수 있다는 연대감을 형성했다.

이들의 요구가 더욱 분명히 (좁은 의미에서) '정치적인' 색깔을 띠며, 참가자들의 규모가 폭발적으로 증가한 것은 5월 24일의 거리시위와 그것의 인터넷 현장 중계였다. 참가자들의 이야기를 종합해 보면, 5월 24일 집회 참가자는 5월 2일 첫 집회 참가자보다 결코 많지 않았다. 오히려 정해진 장소에서 일정한 시간까지 발언하거나 공연한 뒤 해산하는 촛불집회가 3주 이상 진행되면서, 참가자 숫자와 집회 분위기는 답보 상태였다. 이를 돌파한 것이 거리 시위였고, 거리 시위를 통해 정치적인 구호가 도드라졌으며 참가자 숫자가 폭발적으로 늘어났다. 위에서도 언급했지만, 대통령 당선 직후 이를 인정할 수 없다는 흐름은 이미 존재했고, 이 흐름 가운데 한 축이 촛불집회를 시작했다. 하지만 '2MB OUT'이라는 구호는 주로 손팻말의 글자로 존재했을 뿐이다. 5월 24일까지 문화제라는 형식 때문에 구호를 외치는 일도 거의 없었다. 거리로 진출해, 행진과 시위의 형식을 갖추자, 그동안 참았던 구호가 자연스럽게 터져 나왔다. 그리고 이는 인터넷으로 중계를 보거나, 언론으로만 촛불집회를 알던 훨씬 많은 숫자의 사람을 불러 모았다. 집회 형식의 변화가 주장의 변화를 불러일으켰으며, 숫자의 증가로 나타났다.[16]

2008년 5월 31일 토요일, 전주보다 훨씬 많은 사람이 거리로 쏟아져 나왔다. 그러자 경찰의 대응도 군중을 해산하고 진압하는 것으로 바뀌었다. 경찰의 이러한 대응은 오히려 저항이 질적·양적으로 성장하게 했다. 촛불집회에서 만난 사람 상당수가 특히 5월 31일 밤과 6월 1일 새벽에 일어난 경찰의 폭력진압에 분노해서 나왔다고 말했다. 한 지역 촛불 온라인 카페의 운영자는 6월 28일 오후 경복궁 부근 인도에서 유아차에 소화기를 뿌리는 경찰을 보며, 이 정권이 끝날 때까지 싸우겠다는 다짐을 했다고 나에게 말했다. 촛불집회 참여자들은 경찰이 진압하면서 보인 모습을, 정부의 성격을 물리적으로 상징하는 것이라고 받아들였다. 국민 다수의 요구에는 물리력으로 대응하며 진압하는 반면, 국민의 기세가 조금만 약해지면 자신들의 마음대로 일부 계층을 위한 정책을 고집한다는 것이었다. 6월 10일의 집회를 앞두고 서울 광화문네거리에 출현한 컨테이너는 '명박산성'으로 명명되어, 이 정권과 국민 사이에 결코 좁혀질 수 없는 거리를 상징적으로 보여 주었다. 5월 하순부터 시위는 지속적으로 확산해 경찰의 진압을 불러왔고, 이는 다시 더 큰 저항으로 이어졌다. 한마디로 저항의 형태와 요구의 변화가 대중 사이에서 정권의 성격을 재규정하는 원동력이 되었다.

촛불과 민주주의

먹을거리에 대한 보편적 관심이 정치와 연결되는 것을 보며, 생활정치라는 새로운 장이 열렸다고 평가하는 의견이 있다. 촛불집회는 "거시적이기보다 미시적인 생활정치적 성격을 드러내고 있"[17]다거나, "'미국반대'나 '노동해방'이라는 거대한 이념적·담론적 주제보다 생활세계적 주제가 저항의 주요한 이유가 되고 있다"[18]는 견해가 바로 그것이다. 그래서 이제 "현대문명의 한계를 겨냥하는 '생활정치'에 깊은 관심을 기울여야 한다"[19]는 과제도 제시되었다.

그러나 내가 만난 상당수의 촛불집회 참가자는 처음에는 쇠고기와 같은 이른바 '생활정치적' 문제에서 참여하였지만, 그후 자신의 관심의 폭이 좁았음을 반성하면서 공부를 많이 했다고 말하곤 했다. 스스로 "된장 촛불"(된장녀에서 나온 단어)이라고 부른 32세의 한 여성은, 정치에 대해 관심이 전혀 없었지만, 이제는 해방 후 친일파 청산이 제대로 이루어지지 못한 데서 이 모든 문제가 비롯되었다며, 한국현대사를 새로이 인식했다고 했다. 촛불집회가 지속되면서, 많은 참여자는 차츰 쇠고기, 공영방송, 대운하, 공기업 민영화, 교육정책, 의료보험과 수돗물 민영화 등 여러 문제가 모두 연결되어 있으며, 이 모두가 정치적 문제, 좁게는 정권과 관련한 문제라고 인식했다. 6월 13일 밤 수만 명의 참가자가 서울 시청에서 출발해 마포대교를 건너

여의도 KBS, 국회, 한나라당사까지 10킬로미터를 행진한 것이 단적인 증거이다.

그래서 2008년 촛불집회의 성격을 생활정치로 파악하는 것은 집회의 초기에는 타당한 면도 있지만, 5월 하순 이후 역동적인 전개를 규정하기에는 부족하다. 이러한 점에서 촛불집회는 정치학교이다. 여기서 생활정치와 '일반'정치의 구별은 점차 해소된다. 양현아가 주장하듯이, "생활"이란 개념은 "그간 정치적인 것으로 다 포섭하지 않았던 현실적 내용들에 대한 이해이면서 오해"일 수 있다.[20] 촛불집회가 보여 준 것은 "언어(법과 정치)체계에 의해 재현되지 않았던 차원의 쟁점들에 대한 정치화",[21] 즉 현실(the real)정치일 것이다.

촛불집회에서 만난 많은 사람은 참가하면서 '공부를 했다'고 말했다. 6월 초순경부터 등장한 낙서는 이를 직접적으로 보여 준다. "거리를 교실로."[22] 이러한 과정을 거쳐 쇠고기 문제는 현실정치, 선거, 정당에 대한 관심, 또 각종 사회 현안에 대한 인식으로 이어진다. 먹을거리와 같은 '새로운' 주제가 '낡은' 주제와 연결되었다고 느끼는 것이다. 촛불집회를 생활정치로 파악하는 관점의 연장에서 대운하 건설이나 공기업 민영화와 같은 문제에 대한 강한 반대가 일각에 존재한다 하더라도, 쇠고기 문제만큼 전 국민의 관심을 불러일으키지 못할 것이라는 의견도 촛불집회 안팎에서 들리곤 했다. 왜냐하면 이들 문제는 먹을거리 문제만큼 개개인의 삶에 직접 위협을 가하는 것이 아니기 때문이라는 것이다. 하지만 이미 위에서 지적했듯이 이는, 적어도 정권의 정책에 대한 광범위한 반대의견을 배경으로 시작된 촛불집회의 전개 자체에는 해당하지 않는 견해로 보인다. 물론 박영

균의 지적대로,[23] 특정한 정세에서 대중의 의식은 지도부를 뛰어넘어 나름대로 전략과 전술을 만들어 내기 때문에, 이를 침소봉대하는 것은 위험할 수도 있다. 그렇다면 차라리 촛불집회를 특정한 시기에 나타난 특정한 현상으로 파악하며 그 자체의 역동성을 인식하려 하는 것이 더욱 타당한 태도가 아닐까.

2008년 7월 초 민주노총은 총파업과 촛불집회 참가를 결의했다. 이때 한 포털사이트에는 "내 생전 민주노총이 하는 일을 지지하는 것은 처음이다"라는 댓글이 달리기도 했다. 이 시기는 촛불집회의 열기가 정점을 이룬 6월 10일 이후 참가자의 숫자가 이미 줄어든 상태로, 촛불집회 참가자 사이에서 민주노총의 파업이 다시 집회에 불을 댕길 수 있지 않을까 하는 기대가 퍼지던 때이다. 7월 중순 인터뷰한 한 20대의 남자는 자신이 LG화학의 하청업체에 다닌다며, 민주노총 소속인 LG화학 노조가 파업한다면 자신과 자신의 회사는 경제적 손실을 입겠지만 (망설이면서도) 파업을 지지하겠다고 말했다. 실제로 화물연대의 파업은 촛불집회 참가자들의 절대적인 지지를 받았다. 이는 물론 화물자동차 노동자들의 열악한 노동조건과 정부의 무대책을 언론이 이미 광범위하게 알린 덕분이기도 했다. 하지만 이러한 노조의 (정치)파업에 대한 지지는, 이명박 정권에 타격을 가하며 '촛불'에 힘을 더해 줄 것이라는 믿음을 전제로 한 것이었다. 이렇게 촛불집회 참가자들에게 정치란 일차적으로 정권과 관련한 것이었다.[24]

이러한 맥락에서 정권을 연장하기도 하고 바꿀 수도 있는 선거의 중요성은 촛불집회 내내 참가자들이 자주 강조하는 것이었다. 참가자 사이 대화에서, 또 당시 '토론의 성지'로 떠오른 다음 아고라에서,

"투표 한 번 잘못해서 이 고생이다"라는 푸념이 끊이지 않았다. 누구를 대통령으로 뽑는가, 국회의원을 어느 정당 소속으로 선출하는가 하는 것의 중요성은 많은 참가자가 새로이 깨달은 정치의 의미였다.

> 저는 사실 그때 상당히 부끄러운 게 투표를 안 했어요. (주위 사람1: 이런, 이런, 이런 …) 저는 태어나서 투표권을 얻고서 투표를 해 본 게 이번의 (서울시) 교육감 선거가 이었어요. (주위 사람2: (촛불집회가) 사람 하나 만들었네.)
>
> - 이원호(자영업, 32세)

> 대의민주주의랑 직접민주주의를 생각을 해 본 적이 없었거든요. 근데 대의민주주의가 그냥 우리가 이룩해 놓은 거니까 당연히 대의민주주의가 옳고 바르고 잘 나가겠지 하고 막연히 먼 나라 얘기처럼 생각을 해왔는데, 이번에 보니까 … 거기에 대해서 (우리가) 직접민주주의를 통제할 수단이 없다면 그게 문제더라구요. 그러니까 예를 들어 대통령이 한나라당이고 한나라당이 다수를 차지해 버리면 아예 통제할 수단이 전혀 없잖아요. 거기에 대해서 국민투표제도 사실 너무 복잡하잖아요. 그니까 정치에 직접민주주의로 참여할 수 있는 수단이 너무 없다는 거예요. 그래서 (촛불집회가) 수단으로 나타난 것 같기도 해요.
>
> - 박혜림(대학생, 22세)

촛불집회로 표출된 직접민주주의는 대의민주주의가 제대로 작동하지 않을 경우 저항권으로 행사하는 것이며 대의민주주의를 보완하는 것이다. 하지만 그것이 대의민주주의를 대체할 수 있는 성질의 것은 아니다. 이러한 생각이 참가자들의 대체적인 의견으로 보였다. 그럼에도 촛불집회의 요구와 성과가 특정 정당으로 수렴하지 않도록 경계하는 것이 촛불집회의 전반적 분위기였다. 초기와 달리 점차 정당의 깃발도 허용되고, 정당의 조직적 참여가 환영되기도 했지만, 정치인의 자격으로 집회에서 발언권을 얻은 사람은 거의 없었으며, 참가자 대부분은 어느 정당에도 기대를 표하지 않았다.

촛불집회 참가자들의 요구와 생각, 구호는 물론 매우 다양했다. 하지만 정권의 기본적인 방향이 민주주의의 기본원칙과 '상식'에 어긋난다는 분노가 일반적인 정서였으며, 일부에서 민족주의적인 관념이 빠르게 유포되기도 했다. 이를테면 당시 정권의 주축으로 여긴 뉴라이트를 겨냥한, 해방 이후 반민특위의 무산으로 친일파 청산이 제대로 이루어지지 못한 것이 모든 문제의 근본이라는 주장이 호응을 얻기도 했고, 황우석 박사가 연구를 재개할 수 있게 승인하라는 주장을 펴 온 이들(이른바 '황빠')이 끈질기게 집회 마지막까지 자리를 지키기도 했다.[25] 따라서 주장의 내용이라는 측면에서, 촛불집회에 새로움은 없다. 외부의 관찰자들은 촛불집회 참가자들을 정치적 의식 수준이 낮고, 결국 낡은 자유민주주의의 틀을 벗어나지 못한 것으로 볼 수도 있을 것이다. 하지만 참가자들은 촛불집회에서 터져 나온 많은 요구를 통해 정치의 중요함을 새로이 인식했으며, 민주주의의 의미를 새로이 여겼다. 이것이 이 글에서 말하는 첫 번째 정치의 새로움이다.

수도 서울의 정치학

전국에서 사람이 가장 많이 모인 것은 2008년 6월 10일 집회이다. 주최 측 주장으로 전국에서 100만 명, 서울에 모인 사람은 70만 명이라고 한다. 주최 측, 경찰 측, 언론사별로 추산이 각각 다른 가운데, 숫자를 둘러싼 논란에 결론을 내리는 것은 힘들다.[26] 하지만 전국에서 모인 참가자 가운데 과반수를 훨씬 넘는 숫자가 서울에 집중되었다는 것은 분명하다. 6월 10일뿐 아니라, 촛불집회가 진행된 시기 내내 한국 제2의 도시인 부산이나, 인천·대구·광주에 모인 사람의 숫자를 다 합쳐도 서울에 모인 사람의 숫자를 능가하지 못했다. 촛불집회는 전국에서 열렸지만, 서울 집중은 뚜렷했다. 한국 전체 인구의 절반 가까이가 수도권에 거주하지만, 수도권 촛불집회의 규모는 인구분포의 비율을 넘어서는 것으로 보였다. 또 수도권에서도 사람들은 인천이나 수원 같은 다른 대도시에서 집회를 열기보다는 서울로 모이는 경향을 보였다.

1987년 6월민주항쟁 시기에도 숫자 면에서 서울에 가장 많은 사람이 모였다. 하지만 2008년 촛불집회 같은 정도로 집중되지 않았다. 오히려 6월민주항쟁이 소강기에 접어들었을 때 불을 붙인 것은 지방의 시위였다. 1987년 6월 10일 마산과 진주에서 각각 2만여 명의 시민과 학생이 모인 데 이어, 6월 17일 서울의 시위가 잠시 소강상태를 보였을 때 진주의 경상대 학생들은 고속도로를 점거하고 LPG 운반 트럭을 빼앗아 시위를 벌였으며, 경전선도 48분간 불통되게 했다. 같은 날 부산과 대전의 시위는 심야까지 이어져 상가가 철시하였다. 이

는 서울의 시위를 촉구하는 자극제가 되었고 정권이 정세를 인식하는 데도 영향을 미쳤다.[27]

하지만 이번 촛불집회에서 지방의 집회와 시위는 상대적으로 차분했고 규모도 작았다. 지방의 참여를 독려하기 위해 서울에서 지방 대도시로 버스를 대절해 내려가는 움직임도 있었지만, 그보다는 지방에서 서울로 올라오는 움직임이 더욱 컸다. 서울에 집회 참가자가 집중되는 것은 2008년 촛불집회 내내 뚜렷했다. 2008년 6~8월에는 여러 지역에 사는 사람을 모아 함께 서울로 올라간다는 공지가 인터넷에 올라오곤 했다.

서울 도심에서 열리는 촛불집회 참가자 대부분이 서울이나 인근 도시에서 온 사람인 것은 당연하다. 하지만 새벽까지 남아 있는 사람 가운데 상당수는 지방에서 온 이들이었다. 이들은 형편이 닿는 대로 주말마다 개별적으로 또는 차량을 대절해 집회에 참가하고 밤을 새운 뒤 돌아 가곤 했다. 온라인이 토론하고 집회에 참가하게 하는 주요한 수단이 된 시대, 그리고 온라인 시위와 온라인 서명이 자신의 의사를 표명하는 흐름이 된 시대에 이들은 왜 지방에서 서울로 모일까.

> 일단 지방은 사람이 없잖아요. 청주는 몇십 명 가지고 뭘 해 … 청주에 나오는 사람들이 조직에 있는 사람들이 나와요. 그니까 자기가 나가고 싶어도, 뻘쭘해서 나가지를 못해요. 혼자 나간다는 게 보통 강심장이 아니거든. 사람들이 다 생각은 해요. 하지만 혼자 나온다는 게 쉬운 게 아니거든. 근데 여기 나오면은 소속감이 없으니까 굉장히 편해요. 굉장히 자유로워요. 여기저기 가서 이야기하는 데 끼고.

- 허인호(회사원, 43세)

허인호의 발언은 촛불집회가 대도시를 배경으로 발생해, 대도시에서 지속되는 원인 가운데 하나를 정확히 지적한다. 2008년 촛불집회 이전에는 일반 시민이 시민단체나 운동단체에서 주최하는 집회에 참가하는 것은 의사가 있더라도 쉬운 일이 아니었다. 그러나 대도시의 익명성은 개인의 개별 참가를 쉽게 하면서, 조직 차원으로 참가했을 때와 다른 자유로움을 보장한다. 자신이 내키는 방향대로 움직이면서 사람들과 어울릴 수 있고, 행진을 하다가도 눈치를 보지 않고 대열에서 빠져 쉬거나 음료수를 마시고, 친구들과 약속을 정할 수도 있다. 그러기 위해서는 일정 규모의 인원이 항상 존재해야 하는데, 서울이 그러기에 가장 좋은 장소였던 것이다.

허인호는 8월 15일 집회에 참가하고자 청주에서 버스를 대절해 단체로 서울에 왔다 내려간 뒤, 다음 날 다시 혼자서 고속버스를 타고 서울로 올라와 명동성당에서 밤을 새웠다. 8월 17일 밤 허인호와 인터뷰하던 명동성당 앞에서, 몇몇 사람은 경상북도 상주에서 올라온 남자 고등학생을 몇 시간 뒤 어떻게 집에 보낼 것인가를 두고 논의하고 있었다. 7월 중순 서울역에서 인터뷰한 안경수(28세)는 대구 출신으로 매주 금요일이면 서울에 올라와 집회에 참가한 뒤, 친구 집에서 자고 토요일은 밤을 새우고 아침에 집으로 가는 일을 반복했다고 했다.

이들의 이야기에서 공통적으로 드러나는 것은 수도권의 인구집중과 대도시의 익명성에 더해 최근 10여 년간 더욱 확충된 편리한 교통망이, 서울로 결집하게 했다는 점이다. 내가 만난 범위에서, 지방에서 올라온 이는 거의 대부분 직장인이었는데, 이들의 서울집회 참여가 일상생활은 희생되더라도 직장생활에 커다란 지장을 주지는 않는 것으로 보였다. 이들은 혼자 집회에 참여한다고 하더라도, 참가자 대부분이 조직이 아닌 개인이기 때문에 소외감을 느끼지 않고 서로 어울릴 수 있다고 했다. 서울의 집회는 익명성의 자유로움과 규모의 재미를 동시에 선사했다. 촛불집회가 거듭될수록, 집회에서 낯을 익힌 이들이 생겨나면서 자발적으로 많은 모임이 조직되었지만, 촛불집회 참가자의 다수는 여전히 개인이었다. 직장과 집이 모두 부천에 있다며, 시간이 나는 대로 서울에 와 촛불집회에 참가한다는 한 직장여성(26세)은 "저희 회사에 같은 부서에 계신 분들이 다 이명박을 싫어하기 때문에 (촛불집회 참가를) 이해해 주는 분위기에요"라고 했지만, 마찬가지로 혼자 참가한다고 했다. 45세의 한 가정주부는 주위에 말이 통하는 사람이 없어서 혼자 나온다고 했다.

이렇게 촛불집회의 참가는 기존의 사회관계를 끌어들이는 방식이 아니라, 자신과 특정 영역에서 맞는 사람을 현장에서 새로이 만나 그 지점에서만 관계를 형성하는, '도시적 방식'의 관계 맺기이다.[28] 그러나 이것은 물화한 방식의 관계 맺기와는 구별된다. 발터 베냐민은 대도시의 군중은 옛 시대에서 벗어난 상실과 과대한 충격 속에서 '체험Erlebnis'을 할 뿐이지, '경험Erfahrung'을 하는 것은 아니라고 말한다. 이데올로기적이지 않은 진정한 '경험'에 대비되는 '체험'은, 마치 노동자들이 대공장에서 기계의 획일적 운동에 맞추어 일하는 노동처럼 물화한 것이다. 그런데 촛불집회에서 사람들이 맺은 관계는,

흔히 도시에서 그런 것처럼 '무형의 무리'로 무관심하게 서로 스쳐 지나가는 것도 아니며, 전근대의 농촌과 같은 공동체적 관계도 아니다. 이것은 직장이나 가정에 뿌리를 둔 관계도 아니면서 경찰의 연행 위험에 공동으로 대처하고 서로 도우며, "참여 세력 전체와 자신들을 동일시"[29] 하는 관계이다.

이와 함께 참가자들이 강조한 것은 '지방은 재미가 없다'는 점이었다. '한 다리만 거치면 서로 아는 처지이기에' 경찰이 집회와 행진을 서울처럼 강력히 막지 않았고, 또 몇 시간 집회를 하다 보면 할 일이 없어 스스로 해산한다는 것이다. 반면 서울은 주요 행정기관이 있어, 이를테면 청와대라는 행진 목표가 정해지면 그것을 둘러싸고 참가자들과 경찰이 대치하고 긴장하는 상황이 조성된다. 이러한 긴장 상황은 흔히 강제 해산과 연행으로 귀결되는데, 이것이 오히려 사람들이 집회에 참가하고자 하는 열의를 북돋우며, 지방의 사람도 불러 모으는 힘이 되곤 했다. 조정환이 "군사적 수준에서의 대치"[30] 라고 부른 이것은 정권과 집회 참가자 사이의 관계를 몸으로 느끼게 하는 촛불집회의 중요한 요소이다. 그리고 군사적 수준의 대치가 실질적이며 상징적으로 의미를 갖는 공간이 수도 서울이다. 그래서 다양한 문화행사와 각계각층의 발언, 기발한 이벤트가 촛불집회에 활력을 불어넣은 것처럼 보이지만, 사실 촛불집회가 장기간 지속된 밑바닥에 군사적 수준의 대치가 주는 긴장이 깔려 있었던 것이다. 여기서 우리는 전쟁은 정치의 연장이라는 오래된 격언을 다시 한번 상기하게 된다. 촛불집회의 본질은 '문화'가 아니라, '정치'인 것이다.

그런데 특히 8월 초순까지의 촛불집회는 잘 훈련되고 조직화된 경찰이 경험이 없고 비조직적인 촛불집회 참가자들을 결코 군사적으로 능가하지 못했다. 흔히 이야기하는 대로 '막히면 돌아가면 되는' 행진 대열, 참가자들도 스스로 어디로 향할지 모르는 예측할 수 없는 행진 대열을, 조직에서 보고-명령-시행의 단계를 거쳐야 하는 경찰들이 효율적으로 막아 내기란 역부족이었다. 경찰은 대와 오를 갖추어야 하며, 상부의 지시가 있어야만 움직인다. 반면 '촛불'은 행렬을 정비할 필요가 없으며, 누구의 지시도 없이, 자발적으로 그때그때 상황에 따라 신축성 있게 움직인다. 주로 도보에 의존하는 '촛불'이지만 무전기와 CCTV, 경찰 차량에 의존하는 경찰보다 기동성이 더 뛰어나다. '촛불'은 시간에서 주도권을 장악했다. 5월 31일 새벽 세종로에서 돌파된 경찰은 그 뒤부터 새벽 5시까지 진압을 포기하고 공간을 차단하는 것으로 전략을 전환했다. 서울의 심장부라고 할 수 있는 세종로 네거리 일대를 차로 막아 통행을 일절 차단하는 것이었다.

이것은 세르토가 시간을 개인적이고 다원화된 방식으로 수취하는 것을 도시에서 약자의 전술이라고 부른 것과 일치한다.[31] 권력은 공간을 장악하고 움직임을 한눈에 파악해 체계적인 전략을 구사한다. 공간을 장악함으로써 다음 행동을 예측할 수 있고, 확산에 대비하며, 사령부를 침입에서 지켜 낼 수 있다. 반면 도시에서 약자는 장기적 전략을 펼칠 수 없다. 그때그때 상황에 따라, 권력의 영역 안에서, 재빠른 변신으로 행동의 자유를 확보한다. 강자는 공간을 장악하지만, 약자는 시간을 확보한다. 그러나 약자의 힘이 강성해지며, 세르토가 도시의 일상생활에 대해 논의한 수준을 넘어서자, 권력은 공간의 일정 부분을 일정 시간 양보하기에 이른다. 이 순간 약자와 강자의 위치는 뒤바뀐다.

물론 경찰은 결코 수성하는 데만 만족하지 않았다. 경찰은 주어진 공간을 지키는 것을 넘어서 선제적으로 시위대를 완전히 해산함으로써, 공간 전체를 장악하려 애썼다. 하지만 7월 중순이 되기 전까지 경찰의 이러한 시도는 방관자들의 분노를 불러일으켜 오히려 시위대의 규모가 축소되는 것을 막았을 따름이었다. 그전까지 비교적 자유로이 오가던 거리를 차단하고 강제로 연행한 것은 인터넷 생중계를 시청하던 많은 이의 참여를 북돋았다. 대치가 가장 치열했던 6월 28일 이후 경찰은 수많은 사람을 연행했지만, 이는 천주교정의구현전국사제단이 시청 앞에서 올린 미사에 많은 시민이 참여하게 했고, 7월 5일에 대규모 집회가 열리는 결과만을 낳았을 뿐이다.

꾸불꾸불 돌아가며 새벽까지 서울 도심을 누비는 '촛불'의 행적을 선분으로 표시하는 것은 무의미하다. 이들의 행적은 선분으로 표시되는 도시 구획의 질서 안에 존재하되, 그 질서에 순응하지는 않는다. "조직된 공간이 모든 것을 다 내려다보더라도 마치 긴 시詩와도 같은 도보는 조직된 공간들을 능숙하게 다룬다. 그렇다고 해서 도보는 조직된 공간 바깥에서 벌어지는 것도 아니며(도보는 조직된 공간에서만 가능하다) 조직된 공간에 순응하는 것도 아니다(도보는 조직된 공간에서 정체성이 부여되지 않는다)."[32]

서울의 밤거리는 '촛불'에게 그전과도 다르며 낮과도 다른 새로운 의미를 부여한다. 밤에도 사람이 많이 모이는 동대문시장 부근이 때로는 주요한 목적지가 되기도 하며, 밤에는 인적이 드문 안국동이 청와대와 가깝기 때문에 목적지로 선호되기도 한다. 도시의 지리는 촛불집회 참가자들에게 다른 방식으로 전유되어 재구성된다. 화장실을 선선히 내어 주는 건물의 이름이 회자되고, '촛불'에게 친절했던 상점을 이용하자는 운동이 전개되기도 한다. 비가 오는 밤이면 비를 피할 만한 처마가 있는 건물 앞에 쪼그리고 앉아, 사람들은 두런두런 이야기를 나누며 경찰과 대치하면서 촛불을 끄지 않았다.

제임스 스콧이 보여 주듯이, 근대 도시는 그 자체로 대중을 훈육하고 감시하는 역할을 한다.[33] 바둑판처럼 정리된 시가지, 용도에 따라 구분되는 거리, 차도와 인도의 구분, 곳곳에 설치된 CCTV는 행인들이 자신이 걷는 곳에 부여된 용도에 따라 공중도덕을 지키며 예의 바르게 행동하도록 틀을 짜 놓는다. 하지만 촛불집회에서 차도와 인도의 구분은 종종 무시되며, 도시의 질서에 따라 설계된 각종 건물과 장치는 새로운 용도로 탈바꿈한다. 한편으로 집회가 끝날 무렵이면 쓰레기를 모으며, 사방을 정리하는 사람들이 반드시 있는가 하면, 다른 한편으로 '우리의 공간'으로 탈바꿈한 중심가의 차도에서 각종 공연을 벌이기도 한다.

제임스 스콧은 근대적 도시계획의 기원 가운데 하나가 외부인이 한눈에 공간을 파악할 수 있게 공간을 단순화하는 일이었다고 주장한다. 1789년 프랑스혁명 이후 봉기가 빈번했던 파리는 거리를 직선화함으로써 병력을 투입해 봉기자들을 진압하기 쉽게 했으며, 도시를 직업별·기능별로 구획함으로써 효율적으로 통치하고 관리할 수 있게 했다. 하지만 도시개발 과정에서 밀려난 노동자계급이 재정착한 벨빌 지구는 불온한 공기가 항상 감돌지만 경찰이 쉽게 들어올 수 없는 일종의 요새가 되었다. 아무리 철저히 추진한다고 하더라도 근대적 도시계획은 결코 완성될 수 없으며, 파리나 서울처럼 오래된 도시들은 직선화하기 힘든 거리들과 수많은 골목을 남겨 놓기 마련이다. 이 골목들은 경찰이 접근하기 힘든 대피장소로 활용되며, 휴식공간으로 탈바꿈하기도 한다. 공간의 구분에 따라 분별력 있게 처신하게 하는 것이 푸코적 의미의 권력 행사라면, 촛불집회는 이러한 공간적 구분을 무력화하며 공간의 의미를 재구성한다.

촛불집회에서 최초로 거리로 진출한 5월 24일, 서울 광화문 동화면세점 앞 집회에서 '우리가 있어야 할 곳은 여기가 아니라 (손가락으로 차도를 가리키며) 바로 차도입니다'라는 발언이 나왔다. 차도로 진출하는 것은 국면의 돌파구로 여겨졌다. 막상 진출한 차도는 참가자들에게 엄청난 해방감을 선사했다. 나는 그 해방감에 다중이 위력을 행사한다는 것과 동시에 근대적 도시 질서의 구분을 넘어섰다는 흥분이 포함되어 있는 것으로 느꼈다. 차도로 진출하면서 문화제와 집회 사이의 모호한 법률적인 경계는 사라지고, 정권과의 대치에서 오는 긴장이 군사적·문화적으로 더욱 두드러졌다. 거리로 진출한 뒤로 촛불집회는 정권과 대치하는 자신의 입장을 분명히 했을 뿐 아니라, 근대적 도시 질서 자체를 한정된 시간이지만 재구성할 수 있었다. 이렇게 촛불집회는 새로운 방식의 '도시적 관계 맺기'를 대중화하고 공간 질서를 재구성해 도시의 새로운 면모를 드러냈다. 거꾸로 이러한 새로움이 탄생할 수 있었고 또 실제로 탄생한 공간은 도시이며, 그것도 수도 서울이었다.

풍자를 넘어서

한 열성 참가자는 촛불집회의 신기한 점은 집회가 지루해질 무렵이면, 꼭 누군가가 재미있는 일을 터트린다는 데 있다고 했다. 문화제의 자유발언이 시들해질 무렵 거리시위가 시작되었고, 경찰의 연행이 본격화하자 이를 풍자한 '포돌이 투어'가 나왔으며, 예비군부대·유아차부대가 등장해 참가자가 다양해졌음을 보여 주었고, 가면을 쓴 불꽃놀이나 각종 공연이 벌어져 분위기를 고조했다. 여중고생의 참여가 두드러진 것이 눈길을 끈 만큼, 참신한 구호와 낙서가 참가자들에게 웃음을, 그리고 비참가자들에게 부러움을 자아냈다. 이를테면 '이제 우리 100일이다. 그만 헤어지자'와 같이 일상생활의 경험을 그대로 전이한 정치 구호와 낙서가 많이 등장했다. '명박산성'이라는 이름이 붙은 세종로 네거리의 콘테이너에는 각종 낙서가 붙어 있었는데, 많은 이는 그 낙서를 읽고 웃기 위해 콘테이너를 쭉 돌아보기도 했다.

낙서와 구호의 특징 가운데 하나는 형식의 자유로움이다. '이명박을 점지하신 삼신할미 각성하라'와 같은 구호는 전통적인 4·4조의 운율을 띤다. 하지만 많은 경우 새로운 박자를 바탕으로 한 것이 많았다. 이를테면 한 사람이 '조중동은 …'이라고 외치면, 다른 이들이 '찌라시'라고 합창하는 것 등이었다. 또 낙서와 구호는 그 상황에서만 이해될 수 있고 참가자들만이 공유할 수 있는, 즉흥적인 문화적 성향과도 닮아 있었다. 6월 말 행진대열이 남대문을 향할 즈음, 누군가가 '이명박이 태웠다!'를 외치자, 다른 수많은 이도 웃음을 참지 못

하며 따라 하곤 했다.[34]

어떤 아버지는 한 손으로 아들 손을 붙잡고, 다른 손으로 컴퓨터 마우스를 길게 늘어뜨려 끌고 다녔으며(이명박 대통령을 쥐에 비유한 풍자), 어떤 이들은 휴지통을 등에 메고 구호를 붙인 채 돌아다녔고, 다른 이들은 자전거에 증폭기를 싣고 전자기타로 연주하며 걸어 다녔다. 참가자들로 조직된 '시민악대' 한 사람의 악기는 빈 페트병이었고, 승합차 여러 대를 가져와 시민들과 함께 연주하며 구호를 외치게 유도한 무리가 큰 인기를 끌었다. 페이스 페인팅이 여기저기서 벌어졌고, 조각상도 전시되었으며, 영화 〈브이 포 벤데타〉의 주인공 가면을 쓰고 망토를 걸친 무리의 행렬은 사람들의 눈길을 사로잡았다. 이러한 표현의 다양함과 상상력의 참신함은 촛불집회가 거듭될수록 문화적 새로움을 더해 주었다. 하지만 여기서 문화적 새로움은 언제나 정치와 관련한, 그 긴장 관계에서만 영감을 얻는 종류의 것이다.

> 저는 어떤 정치적인 이슈 때문에 나온 게 아니라, 사람들 때문에 나왔어요. 제가 〈오마이뉴스〉를 통해 본 촛불집회에 참여하는 사람들은 이전하고 다른 게 두 가지가 있었어요. 여유라는 측면하고 위트라는 측면 … 예를 들어서 물대포를 맞는 상황은 상당히 급한 상황이잖아요. 실제로 진압을 받는 상황이잖아요. 저는 상당히 감동했던 것은 뭐냐면, 그 상황에서 학생들이 '온수!'라고 외칠 수 있다는 여유를 가지고, '세탁비'라고 외칠 수 있는 위트를 보인다는 거.
>
> – 유해군(회사원, 34세)

닭장차 투어, 가로등 시위, 온수 쏴, 그다음에 여경, 방송녀, 개를 막 놀리고, 결혼했냐, 애인 있냐, 애인 없으면 나랑 사귀자. (옆에서 '저는 그 면이 좋아서 나온 거예요') 그건 뭐냐면 그 이전까지 집회 경험이 없었어요. 과거에 집회는 엄숙해야 되고 그런 면이 있었어요. 뭐냐면, 우리 한민족은 위트, 해학 그런 것을 가지고 태어난다고 보거든요. … 집회 경험이 없는 사람들이 왔는데 갑자기 물대포를 쏘는 거예요. 그러다 보니까 우리의 기본적인 정서가 발현이 돼요.

- 김창호(회사원, 36세)

이 두 사람의 이야기에서 알 수 있듯이 재치와 익살이 힘을 얻고 사람들을 끌어들이는 동력은 정치적인 긴장 상황과 군사적인 대치 상황이라는 맥락이다. 대치하는 전경 앞에서 또는 경찰이 방송차로 해산을 종용할 때, '노래해'라고 외치는 것은 사람들에게 웃음과 함께 힘을 준다. 참여자들은 경찰의 진압에 항상 도망하는 억울한 경험과 웃음과 감동을 나누는 경험을 한다. 이것은 권력과 대치하는 상태에서 자신들이 도덕적으로 우위에 있으며, 물리적으로는 약하지만 정치적으로는 결코 약한 존재가 아니라는 믿음에 기초한다.

7월 20일 새벽 시위대는 빗속을 뚫고 청계천-명동-종로-서대문-독립문을 거치는 기나긴 여정 끝에 서울역에 도착했다. 전경이 역 주위를 포위하며 다가오자 시위대는 군가를 합창하더니, 이어서 김광석의 〈이등병의 편지〉를 불렀다. 비를 다 맞아 가며 무거운 제복을 걸치고 잠도 제대로 자지 못하는 전경을 대상으로 하는 노래였다. 전경 가운데 일부는 이 노래를 들으면서 시위대와 마찬가지로 웃음을 참지 못하기도 했다.

7월 27일 새벽 종로 보신각 앞에서 '10대 연합'[35]이 그동안 준비한 율동을 집회 참여자들에게 선보인 뒤, 한창 유행하던 원더걸스의 〈텔 미〉를 전경들을 향해 크게 틀어 놓고 율동을 하기도 했다. 이 일은 그 뒤 참여자 사이에서 재미있는 사건 가운데 하나로 종종 입에 오르내리는 일화가 되었다.

6월 초순부터 하순까지 시위 대열에서 앞은 경찰과 대치, 가운데는 각종 문화행사와 공연, 뒤는 토론이라는 형태가 유지되었다. 하지만 경찰의 진압이 점점 더 강경해지자, 시위대도 전투력을 높여야 한다는 분위기가 고조되었다. 1980년대식 시위 경험이 풍부한 전대협 출신들이 환영을 받으며 시위에서 대오를 이끈 것도 이 무렵이다. 동시에 '빡시게(빡세게)!'라는 구호가 촛불집회 참가자 사이에서 퍼져나갔다. '빡시게!'는 당초에 전경들이 군기를 잡으며 사기를 진작하기 위해 쓰는 구호였지만, 이제 시위 참가자들도 따라 배웠다.

하지만 집회 참가자들이 외치는 '빡시게!'는 물리력과 조직력을 가진 쪽에서 외칠 때와 다른 의미를 더한다. '빡시게'는 권력을 가진 쪽의 언어자원을 전유하여, '촛불'들의 사기를 올리고자 쓰는 단어이기는 하지만, 그 자체로 권력을 비웃는 어감을 포함했다. 전경들이 외치는 '빡시게'는 참신한 상상력이 넘치는 촛불집회에서 어쩐지 촌스럽고 시대에 뒤떨어지는 것으로 들렸다. 무거운 장비를 들고 칙칙한 제복을 입은 채 땀을 뻘뻘 흘리며 대오를 맞춰 이리저리 뛰면서 구호를 외치는 전경들은, 자유로운 복장과 발랄한 구호, 익살과 토론은 있지만 대신 명령과 지휘계통이 없는 '촛불'들과 선명한 대조를 이루었다. '빡시게!'는 시위대도 군사적 대치에서 이겨야 한다는 바람이 담긴, 사기를 진작하는 구호이다. 하지만 이와 동시에 시대에 뒤떨어진 것으로 보이는 권력, 그리고 그 권력의 담지체인 눈앞의 전경에 대한 조롱을 담은 구호이기도 하다.

촛불집회에서 나타나 사람들의 호응을 광범위하게 얻은 '문화적' 양식들은 모두 '빡시게!'와 마찬가지로 권력과 대중의 비대칭성을 표출한 것이다. '촛불'은 권력과 대치했다. 하지만 권력과 같은 방식으로 대치하지 않고, 그것을 넘어섰다. 공간의 점유에 대해 시간의 기동성으로 대치했으며, 권력의 물리력에 물리력으로 맞서지 않고 정치적으로 맞섰다. 이 정치적 맞섬을 '문화적으로' 설명하는 방식은 현존하는 정치적 긴장 관계를 나른히 파악하고 이내 해체해 버린다. 그러나 촛불집회의 '문화'는 정치 위에서 꽃을 피운 문화이다. 또 촛불집회에서 정치적 대결은 근대적 정치 질서 안에서 발생했지만, 근대적 정치 질서의 방식으로 이루어지지 않았다. 그것은 정치를 넘어선 정치, 근대적 제도로 수렴할 수 없는 정치이다. 촛불집회의 새로움은 형식의 새로움, 스타일의 새로움이며, 이는 개별자를 집단으로만 파악하고 조직하는 근대정치와 대비되는 새로움이다. 여기서 스타일이란 세대별·성별·계급별 취향에서 비롯된 사회적 아비투스habitus가 아니라, "참여자들의 소수집단성을 표현해 … 타자를 설득하려는 행동들을 구체화"하는 것으로, "주체들의 분자적 조직화, 시위를 표현하는 문법의 다의성, 그리고 시위와 행동의 정체성을 둘러싼 언어투쟁과 취향의 차이들을 생산한다."[36] 그리고 "스타일은 상징적 차원에서 스스로 선언하는 언어적 구조를 의미하며, 개개인이 세계에 존재하는 근본적인 방식이다. 스타일은 단독자임을 가리킨다."[37] 만약 정치가 단독자 존립의 근본적인 차원, 단독자가 다른 단독자와 맺는 관계 일체를 가리킨다면 촛불의 정치가 표현한 것은 바로 이것일 것이다.

이 대목에서 이택광은 "촛불은 도시의 환등상phantasmagoria"일 뿐이며, "많은 이는 이를 '구경'하기 위해 거리로 나"선 것이어서 여기에 새로움이 있다기보다 "근대적인 매혹"에 사로잡힌 것에 지나지 않는다고 말한다.[38] 그러나 위에서 살펴보았듯이, 촛불집회에서 표현된 재치와 해학은 언제나 군사적 대치와 일정한 긴장을 전제로 한 것이었다. 집회에서 벌어진 각종 공연과 토론은 설령 참가자가 대열의 후미에 있을 때에도 선두의 대치 상황에 주의를 기울였고, 또 그 대치 상황에 따라 전진과 후퇴를 하는 유동성을 발휘할 수밖에 없었다. "(축제에서) 살아 있는 순간들은 어찌 되었든 일상생활의 소외를 없애는 것이 틀림없으며, 이것들이 집단적이며 개인적인 저항과 관련된다"면, 그것은 그 자체로서 "관료적 지배와 질서의 실제적인 반정립"이다.[39] 촛불집회에서 저항은 축제와 한 덩어리였지만, 여기서 축제는 저항의 농도를 희석하는 것이 아니라, 그 정점을 의미한다. 르페브르Lefebvre가 이야기했듯이, 이것은 과잉의 하루이며 한계도 규칙도 없고, 빛나는 '사람들의 축제'이지만, "동시에 사회적 연대를 강화하고 집단적 규율과 일과의 필요에 감금된 모든 욕구를 해방하는" 일이다.[40]

하지만 이러한 재치와 해학의 예술적 표현만으로는 역시 부족한 것일까? 김광일은 리더십 없이 자발성만을 강조하는 '자발성주의'를 비판하면서, 대중의 자발성과 독창성은 2008년 촛불집회만의 특징은 아니라고 서술한다.[41] 촛불집회가 대중의 재치와 해학, 예술적 표현이 촛불집회에서 폭발적으로 표현된 것은 대중의 창조성을 드러낸 사례라고는 하더라도, 이는 모든 저항과 혁명의 일반적 특성이며, 지도성과 연결되지 않는 자발성만으로는 운동의 목표를 달성할 수 없다는 것이다. 이렇게 촛불집회를 운동의 목표를 달성하기 위한 수단으로 본다면, 촛불의 정치는 일정한 성과와 한계가 있는 사회현상이다. 하지만 정치에서 친구와 적의 관계는 가장 기본적인 구도이고 목표의 완전한 달성이란 존재하지 않는다고 본다면, 한계가 있는 사회정치적 차원의 촛불과 달리 존재론적인 의미에서 촛불은 영원할 수밖에 없다.[42] 촛불집회에서 사람들이 향유한 정치의 새로운 또하나의 차원은 바로 여기에 연결되어 있는 것이다.

상탈 무페는 카를 슈미트를 인용하며 자유민주주의에 내재한 자유주의와 대의민주주의는 서로 양립할 수 없다고 주장한다. 민주주의는 동일성의 원칙을 기초로 하는데, 대의제에서 대표가 선출자의 의사를 표현하도록 위임되었다고 해도 대표와 선출자의 의사가 반드시 동일하지는 않다는 것이다. 만약 둘의 의사가 동일하다면 대의민주주의 대신 시저주의로도 인민의 의사를 대리할 수 있을 것이다. 따라서 대의제는 인구의 규모를 고려한 민주주의의 현실적 실천이라기보다 "의견들 간의 자유로운 투쟁을 통해 진리에 도달할 수 있다"는 자유주의적 원칙의 실현이 된다.[43] 그래서 정치가 대의제라는 제도를 통해 실현되는 하나의 과정이라 하더라도 이것은 민주적이지 않은 불완전한 과정이며, 결국 이와 다른 근본적인 차원의 정치 즉 정치적인 것(the political)을 상정해야만 한다. 왜냐하면 정치적인 것은 한 유형의 제도나 사회의 특정 분야나 차원이 아니라, "모든 인간 사회에 본래부터 있으며 우리의 존재론적 조건을 결정하는 하나의 차원으로 생각해야"[44] 하기 때문이다.

아감벤이 푸코의 정치철학을 비판하며 고전 그리스 시대부터 인간의 삶 자체에 이미 내재된 정치적인 차원을 주장한 것[45]도 현존 정치제도의 불완전성에 대한 비판이었다. 위에서 인용한 대학생 박혜림의 발언처럼, 2008년 촛불집회 참가자들은 대의민주주의가 제대로 작동하지 않는다고 느꼈다. 물론 이는 특정 시점, 특정 국가에서 발생한 사건이지만, 샹탈 무페의 견해에 따르면 자유민주주의의 근본 문제가 표현된 것에 지나지 않는다. 그래서 정치적인 것은 대의제를 근간으로 하고 자유민주주의에 국한되지 않는, 인간 존재의 항상적인 형식이다.

행복의 불안 또는 불안한 행복

촛불집회에서 표출된 요구들은 거의 모두 자유민주주의의 질서에서 통용할 수 있는 것들이었다. 집회 참가자들은 스스로 생각하는 자유민주주의의 틀에서 행동했으며, 오히려 정권 측이 자유민주주의의 규칙을 어긴 것에 분노했다. 규칙이 어그러졌을 때 이를 바로잡는 행동 또한 민주주의라고 생각했다. 그리고 대의민주주의와 동시에 직접민주주의가 존재해야만 제대로 된 민주주의가 작동할 수 있다고 인식했다. 물론 대의민주주의와 직접민주주의 가운데 어느 쪽에 더 비중을 두는가에 대해서는 참가자 사이에도 다양한 의견이 존재했다. 어느 경우든 "운동만으로는 민주주의를 수호하고 발전시키는 일은 불충분하다"[46]는 의견에는 공감하는 분위기였다. 그러나 이상에서 살펴 본 바와 같이, 촛불집회 참가자들이 보여 주고 행동하며 느낀 것은 "무엇보다 현대 민주주의는 대의민주주의"[47]만은 아니라는 점이다. 대의민주주의는 직접민주주의와 공존해야 하며, 필요한 경우 저항권을 적극 행사해야 한다는 것이다.

민주주의의 소중함이 참가자들이 느낀 첫 번째 정치의 새로움이라면, 자신들이 느끼고 주장하는 것을 표현하는 방식의 새로움이 그 두 번째이다. 바로 이 점에서 촛불집회는 대의민주주의가 위기에 처했을 때 나온 일종의 구원투수[48] 역할을 넘어선다. 정권과 촛불집회 참가자 사이에는 견해의 차이를 훨씬 뛰어넘는 스타일의 차이가 존재했다. 촛불집회 참가자 사이에도 엄연히 정치적 견해와 스타일의 차이가 존재하지만, 이는 공감대를 형성하거나 소통할 수 있는 차이이다. 그러나 정권과 참가자 사이의 차이는 소통할 수 없는 차이이며, 이러한 새로운 스타일과 방식이 촛불집회의 내용을 규정했다. 촛불집회는 요구의 급진성이 아니라, 형식의 급진성으로 정치를 새로이 정의했다. 지금까지의 많은 분석은 정치적 요구의 내용으로 좌우를 가르거나, 정치의식을 설명하곤 했다. 하지만 2008년 촛불집회 참가자들의 의식은 이런 분석으로 이해하기 힘든 역동적인 힘이 있다.

근대정치는 그 입장이 어떠하든 관계없이 정치를 모두 비정치적인 목적(행복)을 달성하는 수단으로 간주한다. "마르크스적인 유토피 아주의이든지, 자유주의적 사생활주의자이든지, 집단주의적 신학주의이든지, 공리적인 실증주의자이든지, 절차민주주의자이든지, 소통윤리주의자이든지, 파시스트 국가주의자이든지 간에, 푸코는 이들 다양한 정치적 프로젝트의 옹호자들은 정치를 분명히 비정치적인 목적을 위한 수단으로 만듦으로써, 정치를 벗어나려는 역설적인 추구를 한다는 점에서 공통점이 있다고 보았다."[49] 여기서 행복은 근대정치의 영역 바깥에 존재하는 것이 된다.

그러나 촛불집회 참가자들이 누린 것은 바로 근대정치에 결여된 정치 즉 '정치적인 것'의 차원이다. 이들은 근대정치의 구분에 따라 자유주의자일수도 있으며, 민족주의자일 수 있고, 보수주의자나 급진적 민주주의자일 수도 있다. 하지만 정권과 대항하고 더 큰 민주주의를 요구하는 과정 자체에서, 이들은 연대하며 행복을 느꼈다. 자신과 직업·나이·지역이 너무나 다른 사람들이 자신과 같은 구호를 외치며 함께 있다는 것에서 하나됨을 '경험'했다. 나날의 집회가 항상 다르다는 데서 재미를 느꼈고, 경찰의 진압에 함께 분노했다.

7월 19일 밤 장대비를 뚫고 독립문을 거쳐 광화문을 돌아 서대문으로 향하던 사람 가운데 한 명이 갑자기 일행에게 '난 너무 행복해!' 라고 외쳤다. 그러자 그 외침을 듣던 다른 무리의 사람 가운데 한 명도 '나도 너무 행복해!'라고 화답했다. 그 뒤 이 이야기를 나에게서 들은 또 다른 열성 참여자는 자신은 그런 이야기를 너무나 많이 들었다고 했다. 근대정치에서 정치가 행복을 위한 수단으로 여겨졌다면, 촛불의 정치는 참여 그 자체가 행복을 주며, 정치 그 자체가 목적인 정치이다. 하지만 촛불의 행복은 지극히 연약하다. 위에서 언급한 행복의 외침 바로 다음에는 경찰의 연행이 시작되어 '촛불'들은 도망가기 바빴고, 예비군복 차림의 한 사내는 동료를 지켜 주지 못했다는 자책감에 도로 한복판에 앉아 통곡했다. 제도권이 보장하지 않는 정치, 그러나 제도 안에서 작동할 수밖에 없는 촛불의 행복은 이렇게 불안하고 쉽게 깨어질 수 있다. 촛불의 행복이 일상과 구별되는 축제의 행복인지, 일상을 바꾸는 지속적인 봉기인지는 모르겠다. 하지만 이러한 불확실성은 바로 우리 현실의 불확실성이 아닐까.

파리코뮌과 공동체적 인간의 자유 I

김종원

사건과 기억

많은 사람이 1871년 파리코뮌을 바리케이드 전투로 기억한다. 바리케이드는 코뮌의 상징처럼 되었다. 하지만 바리케이드 싸움은 파리코뮌의 극히 일부분이며, 1871년 파리만의 고유한 것도 아니다. 그리고 코뮌을 투쟁이나 전투로 기억할 때 결국 그것은 패배의 역사가 되고 만다. 그렇게 코뮌을 실패한 실험으로 만든 뒤에, 거기에서 사람들은 역사의 교훈을 끌어내려고 한다. 그때는 이렇게 해야 했고, 그것은 하지 말았어야 했다는 식이다. 파리코뮌을 단순히 계급 '투쟁'으로만 평가해서는 안 된다. 코뮌에서 어떤 단일한 상징 요소를 찾으려고 하는 것은 선부른 시도이며, 역사의 교훈을 끌어내려 하는 것도 헛된 노력이 될 것이다. 파리코뮌은 그저 우리의 상상력의 원천이다. 코뮌 참여자들은 자유의 공간을 창출하고 그 안에서 새로운 방식의 삶을 살았다. 그들은 새로운 문화를 향유했고, 새로운 정치의 가능성을 보여 주었다. 1871년 3월 18일부터 5월 28일까지 겨우

1871년 3월 18일 파리 11구에서 20구로 이어지는 도로에
세워진 바리케이드, 카르나발레박물관 소장

70일 남짓 생존한 파리코뮌은, 그렇게 해서 평등한 미래를 꿈꾸는 사람들에게 영원한 시간이 되었다.

파리코뮌의 발단이 된 사건은 프랑스의 군사적 패배였다. 1870년 7월에 프랑스는 프로이센에 전쟁-보불전쟁이라고 한다-을 선포했으나, 9월 초에 주력 부대가 패배함에 따라 파리는 오랫동안 고립되어 포위상태에 있었다. 9월 4일에 새로이 국가방위 정부가 구성되었지만 새로운 정부도 프랑스를 방어하지는 못했다. 결국 1871년 1월 28일에 프랑스 정부는 항복하고 〈휴전협정〉을 체결한 후에 굴욕적인 〈평화조약〉을 준비해야만 했다.[2] 파리 인민은 프로이센의 오랜 포위 공격에 지쳐 있었지만, 그보다 정부의 무능에 분노했다. 프랑스와 파리를 수호하자는 애국주의와 더불어 새로운 정부 형태를 모색하는 급진주의가 파리를 지배했다.

1871년 3월 18일 새벽에 정부군이 파리를 무장해제하기 위한 작전을 개시했다. 이 작전은 파리의 시민과 국민방위군의 저항으로 실패했다. 국민방위군 중앙위원회가 즉각 정부 청사와 전략적 요충지를 점령했고, 대중은 거리와 광장을 장악했다. 도시의 주요 건물마다 보편적 해방과 반제국주의를 상징하는 적기가 올라갔다. 곧바로 국민방위군 중앙위원회는 코뮌을 구성하기 위한 선거인단을 소집하고 3월 26일에 선거를 실시했다. 선거를 통해 3월 28일에 코뮌 집행위원회 등이 구성되고 코뮌이 선포되었다.

프로이센 군대는 〈휴전협정〉을 체결한 상태로 여전히 파리 외곽에 머물러 있었다. 하지만 이제 사태는 프로이센과 프랑스의 전쟁이 아니라, 베르사유에 위치한 프랑스 정부와 파리코뮌 사이의 내전으로 바뀌었다. 5월 21일 베르사유의 군대가 파리 시내로 진입했고, 5월 28일까지 일주일 동안 시내 곳곳에서 치열한 전투가 벌어졌다. 5월 24일에는 시청사가 불타고 파리 중앙부가 함락되었으며, 27~28일에는 파리 20구에 위치한 공동묘지 페르라세즈Père Lachaise에서 전투를 벌인 끝에, 이제는 '코뮈나르의 벽'이라고 불리는 곳에서 코뮈나르Les Communards-코뮌 참여자와 지지자-가 대량 학살되었다. 이렇게 5월 28일 마지막 바리케이드에서 코뮌은 최후를 맞았다. 3만 명 정도가 학살된 이 기간을 '피의 일주일'이라고 부른다. 이 일주일 동안 베르사유 군대는 코뮌 참여자와 지지자를 상대로 잔인한 복수극

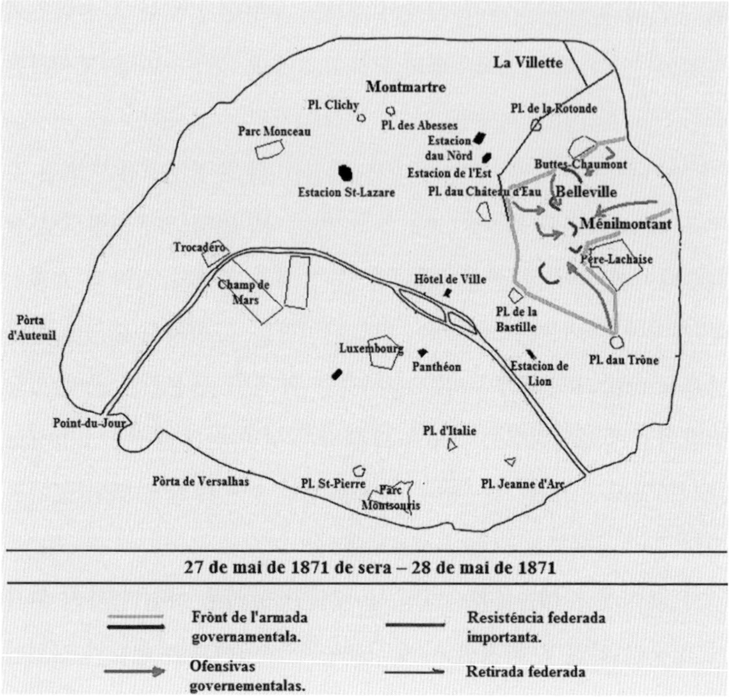

최후의 주요 싸움터

을 펼쳤다. 학살은 6월 초까지 이어졌다. 자본주의의 위계질서에 도전한 사람들에 대한 지배계급의 철저한 복수, 이렇게 코뮌의 도전은 실패로 끝났다. 하지만 파리코뮌은 마르크스를 비롯하여 새로운 형태의 민주주의를 열망하는 많은 사람에게 영감을 불어넣었다. 이제 코뮌 참여자들의 열정적인 삶을 상상하자.

애국에서 자유로

포위된 파리와 코뮌

1870년 7월 19일에 프랑스와 프로이센의 전쟁이 시작되었다. 독일을 통일하려는 계획을 진행하던 프로이센의 재상 비스마르크의 외교 전술에 말려들어, 프랑스 황제 나폴레옹 3세는 전쟁을 선포하는 실수를 범했다. 두 달도 지나지 않은 9월 1일에 벌어진 스당Sedan전투에서 프랑스 군은 크게 패했고, 이 전투에서 나폴레옹 3세는 프로이센의 포로가 되었다. 파리에서 즉각 임시정부가 구성되었다. 9월 4일 국가방위 정부가 구성되어 프랑스를 공화국이라고 선포한 것이다. 9월 19일부터 프로이센 군대가 파리를 포위했다. 이 포위 공격은 1871년 1월 28일 프랑스가 항복하고 〈휴전협정〉이 체결될 때까지 계속되었다. 〈휴전협정〉이 체결된 이후 프로이센은 프랑스에 정식 정부를 구성하여 〈평화조약〉을 체결할 것을 강요했다. 2월 8일 정부를 구성하기 위해 실시된 국민의회 선거에서 왕당파가 다수를 차지했다. 그렇게 구성된 의회는 2월 17일에 티에르Thiers를 제3공화국의 첫 대통령으로 선출했다. 하지만 파리의 민심은 달랐다. 급진 공화파 같은 좌파가 90퍼센트에 가까운 의석을 얻었다. 전쟁 초기부터 파리시민 사이에 애국주의 정서가 지배했다. 파리시민들에게 항복과 휴전은 참을 수 없는 일이었다.

임시정부가 구성되자마자 파리시민, 좌파와 노동자는 빠르게 움직였다. 임시정부가 구성된 다음 날인 1870년 9월 5일에 공화주의자들과 노동자 사이에서, 파리의 20개 구 각각에 방어와 감시를 위한

위원회를 구성하자는 제안이 나왔다. 공화국의 안전을 지키고 수도를 방위하여 진정한 공화국을 건설하자는 취지였다. 더불어 각 구에서 2명의 대표를 선출하여 중앙위원회를 구성하자는 주장도 같이 제안되었다. 여기에는 인터내셔널이 어느 정도 개입한 것으로 보인다. 그리하여 지역 기반의 감시위원회들이 창설되고, 감시위원회들에 의해 1870년 9월 13일에 '20개 구 중앙위원회'가 구성되었다. 이렇게 구성된 중앙위원회는 임시정부에 대표를 파견하여 파리 인민을 대변하려고 하였다. 하지만 중앙위원회는 어떤 역할을 수행해야 할지 알지 못했다. 임시정부를 동지로 대해야 할지 대립하는 세력으로 대해야 할지, 또 대립한다면 온건한 반대를 해야 할지 단호히 거부하고 적대할지 결정할 수 없었다. 그리고 당시 파리에는 자코뱅파, 블랑키슴, 프루동주의 같은 다양한 경향이 존재했고, 중앙위원회도 내부적으로 분열되었기 때문에 중요한 성과를 이루어 내지 못했다.

9월 15일에 이 감시위원회의 중앙위원회는 첫 번째 〈붉은 포스터affiche rouge〉-붉은색 바탕을 사용했기 때문에 그렇게 부른다-를 발행했다. 〈붉은 포스터〉는 국가경찰을 폐지하고 경찰의 기능을 선출된 자치위원회의 통제에 둘 것과 언론·집회·결사의 자유를 요구했다. 첫 번째 〈붉은 포스터〉가 발표된 이후 국가방위 정부와 중앙위원회는 적대적인 관계가 되었다. 이어서 9월 24일에는 '코뮌'이라는 용어가 포함된 성명서가 발표되었다. 정부의 권위는 이미 무너졌고, 새로운 정치체제가 파리시민들에게 최고의 토론 주제였다. 정치적 성향에 관계없이 초기에 대부분의 사람이 원한 것은 자치도시 정부, 즉 도시의 자유였다. 좌파는 제2제국 시기(1852~1870)의 권위주의적이

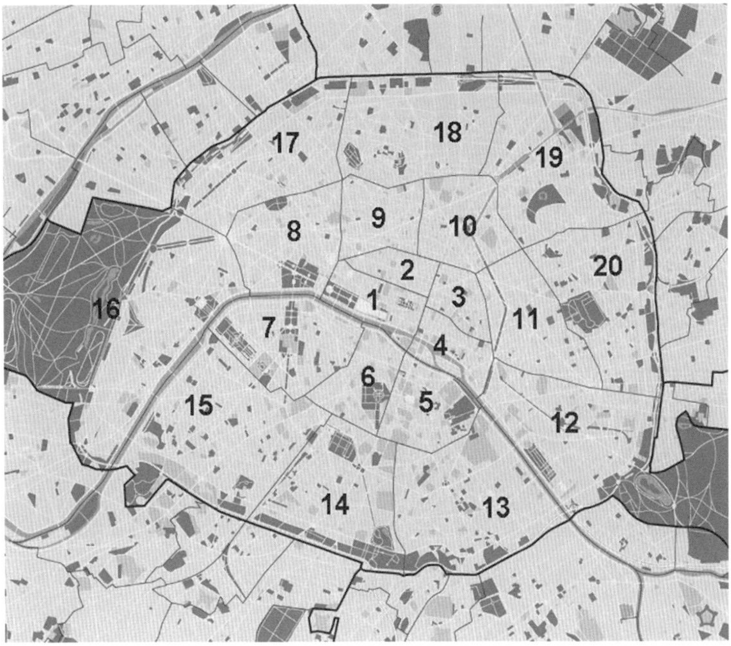

파리의 20개 구

고 중앙집권적인 특성에 대한 반발로 도시의 자치를 원했다. 여러 보수주의자도 지역 유지로서 그들의 신분적 명성을 마음껏 발휘하고 싶어 했다. 이러한 자치도시 정부에 대한 요구는 곧 1792~1793년에 경험한 혁명적 코뮌에 대한 요구로 바뀌었다. 1792년 8월에 건설된 코뮌은 프랑스혁명을 급진화하고 결국 제1공화국을 건설했으며, 마침내 유럽 군주제 국가들과 벌인 전쟁을 승리로 이끌었다. 외국 군대의 공격, 경제적 어려움, 정부에 대한 믿음의 붕괴는 18세기 말 프랑스혁명을 떠오르게 했고, 이런 상황에서 코뮌이야말로 당면한 모든

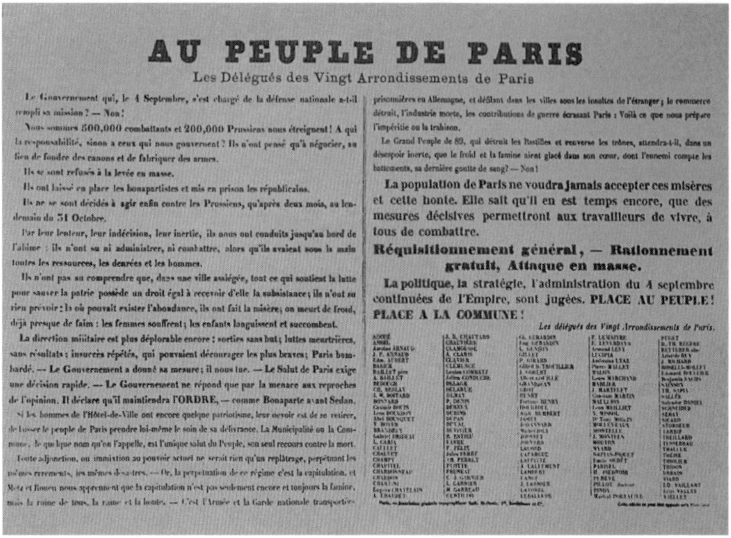

1871년 1월 초에 발행된 〈붉은 포스터〉

문제를 해결해 줄 수단이라는 신화가 만들어졌다.

프로이센의 포위 공격을 받는 동안 코뮌을 건설하기 위해 두 번의 봉기가 있었다. 1870년 10월 31일과 1871년 1월 22일의 봉기에서 1792년처럼 파리시청사를 점거하려 했으나 모두 실패했다. 이 두 번의 봉기는 조직화된 운동이라기보다는 자연발생적인 것에 가까웠다. 1870년 10월 31일의 첫 번째 시위는 국가방위 정부가 위치한 파리시청 앞에서 아나키스트들과 노동자 지구의 국민방위군이 주도한 시위로 시작했다. 시위대는 1792~1793년의 추억 속에서 코뮌 수립을 요구하는 시위를 벌였다. 이에 국가방위 정부는 자치시 선거를 약속하여 시위대를 진정하게 했다. 하지만 얼마 지나지 않아 블랑키L.

A. Blanqui를 포함한 시위 주동자들이 체포되고, 11월 초에 파리의 20개 구에서 실시한 투표에서 친정부 쪽이 큰 표 차이로 승리하면서 반정부 혁명 세력은 큰 타격을 입었다. 온건한 연합체로 출발한 반정부 세력은 이때부터 목표와 수단을 더욱 급진화했다. 그와 동시에 운동 전략을 대폭 수정했다. 20개 구 중앙위원회는 뒤로 물러나고 가리발디Garibaldi 부대와 공화국 총력방어연맹 같은 좀 더 급진적인 조직들이 전면에 나섰다. 이 새로운 조직들의 활동은 코뮌운동의 전술에 큰 변화가 있었음을 보여 준다. 이들은 경찰의 눈을 피하기 위해 비밀리에 모임을 열고, 대중 집회보다 은밀한 활동을 더욱 강조했다. 또한 수동적인 사람들도 포함한 모든 사람의 의사를 확인하는 보통선거권의 원리에 기초하여 변화를 모색하기보다, 파리의 여러 정치클럽과 감시위원회를 중심으로 적극적인 대중에 기초한 혁명적 코뮌을 건설하려고 했다.

1월 초에 프로이센 군대는 파리에 대대적인 포격을 가했고, 파리시민들은 식량 부족 사태에 직면해 있었다. 이에 프랑스 임시정부의 무능력을 비판하면서, 정부를 파리코뮌으로 대체할 것을 요구하는 〈붉은 포스터〉가 등장했다. 9월 4일 정부의 정책·전략·행정은 제국의 것의 재탕에 지나지 않는다는 비난을 받았다. '인민에게 양보하라! 코뮌에 양보하라!' 하지만 1월 22일의 두 번째 봉기도 대중의 참여를 제대로 끌어내지 못해서 실패로 끝났다. 정부는 무력을 사용하여 시위대를 진압했다. 프로이센과 싸울 의지가 없는 정부는 시위대를 학살하고 곧바로 프로이센에 항복할 준비를 했다. 그리고 1월 28일 프랑스 정부는 마침내 프로이센에 항복했다.

이제 정치클럽들은 폐쇄되고 대중 집회는 금지되었으며 반정부 신문들은 검열을 받아야 했다. 이렇게 코뮌 건설을 위한 노력은 실패로 끝났지만, 혁명 세력들은 분명한 정치적 교훈을 얻었다. 강력한 애국주의 정서에 젖어 있는 파리시민을 코뮌 건설이라는 대의로 동원하려면 분열을 극복해야 했다. 먼저 혁명적 활동의 핵심이었던 인터내셔널 세력, 블랑키주의자, 자코뱅파뿐 아니라 공화주의를 선호하는 온건 세력들이 협력하는 것이 필요했다. 그리고 이데올로기적 응집력을 높여야 했다. 그리하여 노동자들의 정치권력을 강화하고 사회적 평등을 통한 정치적 자유를 획득한다는 목표를 세움으로써 이데올로기적 응집력을 높였다. 이것은 도시 노동자 대중이라는 확고한 지지기반을 확보하는 길이기도 했다. 이런 식으로 노동자 지구 출신의 국민방위군을 혁명적 사회주의운동에 결합했다. 2월 말 국민방위군은 자체의 지휘부를 만들기 위하여 중앙위원회를 조직했고, 20개 구 감시위원회의 구성원들은 '혁명적 사회주의당'을 선언했다.

포위 공격 시기 파리의 운동 진영에는 세 가지 요소가 있었다. 첫째 파리를 프랑스의 가장 중요한 도시로 생각하고, 파리 방어와 자치를 가장 중요시하는 자치도시 애국주의. 둘째 공화국의 수호를 중시하는 공화주의. 셋째 사회주의 혁명적 요소. 소규모 중간계급은 주로 첫째와 둘째 요소에 속해 있었다. 하지만 코뮌혁명이 시작되고 2~3주 안에 세 번째 요소가 전체 운동을 흡수해버렸다.

말의 자유: 클럽

민주주의는 시민들이 다양한 정보를 스스로 판단하고 선

택하고 참여함으로써 만들어진다. 따라서 민주주의를 이루기 위해서는 사상의 자유, 말의 자유, 결사의 자유가 무엇보다 중요하다. 프로이센 군대에 포위된 상황에서, 역설적이게도 파리시민들은 일상에서 벗어나서 장시간의 토론에 참여할 수 있었다. 연극 상연은 중단되었고 춤추는 모임도 없었다. 저녁 시간을 카페에서 보내지 않는다면 파리시민들이 갈 수 있는 곳은 여러 클럽밖에 없었다. 그곳은 말의 자유가 있는 곳이었다. 파리코뮌을 억압받는 대중이 정치에 참여함으로써 만들어 낸 민주적 정부 형태라고 한다면, 그러한 코뮌의 기반이 된 것은 파리의 정치적 '클럽'들이다. 클럽은 정치적 행동과 연결된 말의 자유가 존재하는 곳, 다시 말해 의사 표현의 장소였다. 그것은 아고라적 형태의 민주주의 전통의 부활 같았다. 그것은 인민의 정치가 시작되는 지역적 기반이었다. 국가의 단순한 구성원인 '인민'이 주권에 참여하는 사람으로서 '시민'으로 성장하는 과정에 클럽이 있었다. 사람들이 모여 새로운 소식을 접하고, 토론하고, 정치 행동을 조직하는 장소가 클럽이었다.

19세기에 프랑스 인민들은 몇 차례 혁명의 순간들(1830, 1848)을 제외하고 결사의 자유를 누리지 못했다. 제2제국 시기에도 말의 자유는 허용되지 않았으며, 서적은 검열의 대상이었고, 20명 이상 모이기 위해서는 허가를 받아야 했다. 하지만 1860년대에 들어서 황제는 자유주의의 정치적 흐름을 수용하는 태도를 보였다. 그와 더불어 대중 집회에 대한 규제도 완화했다. 제2제국 말기인 1868년 6월 6일에 나폴레옹 3세는 신고제를 도입해 비정치적이고 비종교적인 실내 집회를 허용하는 조치를 취했다. 이 시기를 기점으로 하여 수많은 대중

집회가 개최되었다. 집회는 주제를 공지하여 사람을 모으고, 지정된 연사들이 연설을 하며 때에 따라서는 자유 발언을 진행하는 식으로 진행되었다. 대중 집회들은 수천 명의 참여자와 수십 명의 연사를 동원하곤 했다. 참여하는 대중은 대체로 지역 주민이었지만, 논의하는 주제나 정치적 지향에 매료되어 파리의 다른 구역에서 참가하는 경우도 있었다. 다양한 계층이 이런 집회에 참가했다. 여성도 많았고 아이들을 데리고 오는 경우도 있었다. 시간이 지나면서 이런 집회들이 구조를 갖추었다. 각 주제와 정치적 지향마다 유명한 지도자나 연사가 부각되었고, 특정한 정치적 지향을 표방하고 같은 장소에서 정기적으로 개최되는 대중 집회들이 등장했다. 이런 대중 집회가 사실 클럽이 되었다.

20개 구 중앙위원회는 코뮌을 "자유나 인민 주권과 유일하게 양립할 수 있는" 정치 형태로, "말하고, 쓰고, 만나고, 연합할 가장 완전한 자유"가 보장되는 공화국이라고 정의했다.[3] 여기서 우리는 자유의 개념을 명확히 정의할 필요가 있다. 일반적으로 '타인에게 해가 되지 않는 한 무엇이든지 할 수 있는 권리'라는 의미로 사용하는 '자유'는 소유권과 함께 부르주아지의 주요한 권리이다. 이 두 권리, 즉 자유와 소유권은 동일한 원리에 기초한다. 소유권이 내 것과 남의 것을 구분하면서 성립하는 권리이듯이, 자유는 나의 영역과 타인의 영역을 법으로 구분하면서 성립하는 권리이다. 따라서 이 두 가지 권리는 사람 사이의 분리에 기초한 원자화된 인간, 이기적인 인간의 권리이다. 이에 견주어 말의 자유 또는 결사의 자유는 다른 사람과 관계를 맺음으로서 성립하는 권리이다. 다른 사람과 나 사이에 있는 분리의 벽을 넘어섬으로써 성립하는 권리이다. 이것은 공동체적 인간의 권리이다. 코뮌에서 강조한 자유는 공동체적 인간의 권리이다.

1870년 5월 이후 대중 집회는 금지되었지만, 임시정부가 구성된 9월 4일부터 대중 집회는 다시 활기를 띠었다. 국가방위 정부가 구성되고 국가방위가 주요 의제였던 9월 초 클럽들도 애국주의적 태도를 보였다. 하지만 포위 공격을 당하면서 임시정부의 무능력과 소통 부재 그리고 휴전 협상에 실망하여 클럽들도 조금씩 급진화했다. 그리하여 클럽들은 코뮌을 요구하며 저항운동에서 핵심 역할을 했다. 애국주의적 열정과 자유의 결합이 이루어지는 곳이 클럽이었다. 파리 시청을 점거하려는 두 번의 봉기도 이런 클럽 활동의 결과물이었다. 1월 22일 이후 정부는 모든 클럽을 폐쇄하였지만, 3월 18일 혁명 이후 코뮌의 비호 아래 클럽의 수는 크게 증가했다. 그리고 코뮌의 기초가 된 것도 클럽이었다. 코뮌에 선출된 위원 중 3분의 2가 클럽이나 또 하나의 지역 단위 조직인 감시위원회 출신이었다.

코뮌의 권력에는 세 개의 층이 있었다. 중앙에는 군사와 민사의 행정부로 코뮌위원회가 있었는데, 이것은 파리시청사에 위치했다. 20개 구청사를 중심으로 각 지역에서 중요한 역할을 한 것은 감시위원회들과 클럽들이었다. 그리고 여론이 형성되고 표현되는 곳으로, 거리와 광장에는 코뮌 전사들이 있었다. 클럽은 코뮌의 공식 기관과 파리의 평민 사이에서 가교 역할을 했다. 클럽은 통치자와 피통치자의 거리를 최소화할 수 있었다. 또한 클럽은 정치교육이 이루어지고 정치적 참여가 이루어지는 장소일 뿐 아니라 사적인 공간이기도 했다. 파리의 인민이 클럽을 찾은 데에는 정치적 목적만 있었던 것이 아니다. 그들은 그저 재미로, 무료함을 달래기 위해서, 이웃이 모이기 때문에 그곳에 갔다. 그런 의미에서 클럽은 공적 영역과 사적 영역이 교차한 장소로 평가된다.

코뮌이 설립되기 전에 클럽들은 모임 장소를 확보하는 데 어려움이 있었다. 무도회장·극장·체육관·커피하우스 같은 곳을 이용했는데, 건물주가 정치적인 것을 꺼려서 문제가 생기기도 했고, 임대료나 수용 능력 때문에 문제를 겪기도 했다. 코뮌이 형성되어 국가와 교회를 분리하는 조치가 나온 뒤에는 교회를 주로 이용하면서 이런 문제가 해결되었다. 클럽은 인민이 인민을 교육하는 장소였다. 또한 신문이나 잡지 같은 것을 통해서 자신을 표현할 수 없는 인민들이 자신들의 요구를 표출하는 장소였으며, 언론이 다루지 않는 정보를 얻는 곳이었다. 거꾸로 정치 활동가에게 클럽은 인민의 생생한 민심을 파악할 수 있는 장소이기도 했고, 코뮌위원회가 채택하는 안건이 최초로 발의되는 곳이 클럽인 경우도 많았다.

몇 가지 보기를 보자. 1871년 5월 4일 파리 11구에서 결성된 '프롤레타리아클럽Club des Prolétaires'은 생탕브루아즈교회Église Saint Ambroise에서 모임을 열었고, 이곳을 병기고로도 이용했다. 또한 《프롤레타리아Le Prolétaire》라는 신문도 발간했다. 18구에서 조직된 '혁명클럽'의 모임 장소는 생베르나르교회Église Saint Bernard de La Chapelle였다. 그래서 '베르나르클럽'이라고도 불렀는데, 회원이 3000명 정도인 블랑키슴클럽이었다. 18구 여성감시위원회의 루이즈 미셸Louise Michel이 이 클럽의 주요 인물이었다. 이처럼 지역조직으로서 클럽은 그 구의 감시위원회와 연결된 경우가 많았다. 또한 '혁명클럽'은 프랑스혁명으로 건설된 프랑스 제1공화국의 달력으로 대회 일자를 표기하기도 했다. 그에 따르면 '혁명클럽'은 혁명력 79년 8월(Florèal) 21일(1871년 5월 11일)에 창립총회를 개최했다.[4]

새로운 형태의 민주주의

지도자 없는 혁명

혁명은 예상하지 못한 사건에서 시작되었다. 프로이센과 〈평화조약〉을 준비하던 정부가 3월 18일에 파리를 무장해제하려고 시도했다. 모두가 잠든 새벽 3시에 정규군 2개 여단이 투입되어 몽마르트르Montmartre에서 대포를 제거하려 했다. 대포를 확보했으나 운송수단을 제대로 갖추지 못하여 작전이 지연되었다. 이른 아침에 일을 나가던 주민들, 특히 아침거리를 장만하러 나온 여성들이 이 모습을 보고 정규군을 저지했다. 그동안 수동적이던 파리의 인민이 거리로 쏟아져 나왔다. 정부군 지휘관이 발포 명령을 내렸으나 병사들은 발포를 거부했고, 파리의 인민들은 병사들에게 우애-프랑스혁명의 정신인 자유·평등·우애 가운데 '우애'-의 정신을 상기하게 하고 그들을 무장해제하였다. 혁명적 축제의 시작이었다. 거의 모든 대포를 재탈환했다. 국민방위군 중앙위원회와 참모들은 정부 청사와 전략적 요충지를 점령하는 조치를 취했다. 국민방위군 중앙위원회는 즉각 선언문을 발표하여, 지배계급의 실패와 배반 행위를 질타하고 이제 파리의 프롤레타리아트가 스스로 이 상황을 타개할 시간임을 천명했다. 그리고 프롤레타리아트에게 자신의 운명을 지배할 수 있는 권리와 의무가 있으며, 프롤레타리아트가 권력을 장악함으로써 승리를 이끌어야 한다고 선언했다. 3월 19일에는 적기가 파리시청사와 모든 공공건물에 걸렸다. 그리고 중앙위원회는 코뮌위원회를 구성하기 위한 선거인단 소집을 공포하고, 코뮌이 구성되는 3월 28일까지 파리를 이끌었다. 3월 18일의 사건은 당시의 한 신문이 표현했듯이, "지도자들 없는" "역사에서 유례없는 혁명"이었다.[5]

국민방위군은 1789년 혁명 때 바스티유 감옥을 습격하며 국왕에 맞선 민병대를 루이 16세가 공식으로 인정하면서 형성되었다. 이후 국민방위군은 지역을 기반으로 편성되어 경찰과 예비군 역할을 하는 군대였다. 파리 방어에서 정규군도 일부 있었으나 30만 정도의 국민방위군이 주축을 이루었다. 국민방위군은 지구별로 조직되었으므로, 파리 도심부의 부자 동네와 노동계급이 주로 거주하는 서북부 지구의 국민방위군의 성향이 다를 수 있었다. 노동계급이 주축이 된 국민방위군은 차츰 급진화해, 나중에 코뮌의 주축 군대가 되었다. 1871년 1월 시위가 실패로 끝난 후 혁명적인 수단으로 코뮌을 건설해야 한다는 의견이 대두하면서 국민방위군도 급진화했다. 2월 초에는 3구 출신 한 상인의 제안으로 국민방위군의 연합을 결성하려는 움직임이 시작되었다. 그리고 2월 말에 프로이센 군대가 파리로 들어올 것이라는 소식이 들리면서 3월 초에 신속히 국민방위군 중앙위원회가 조직되고, 각 구에서 3명의 대표가 파견되었다. 이후 파리코뮌이 정식으로 구성될 때까지 국민방위군 중앙위원회가 파리 인민을 대표했다.

3월 26일에 코뮌 선거가 실시되었다. 선거인명부에 등록된 파리

시민 가운데 48퍼센트가 투표에 참여했다. 선거를 통해 코뮌이 구성되고 3월 27일 첫 모임을 열었다. 대부분이 노동자와 프롤레타리아트 출신이었지만, 인민의 대의에 헌신적인 부르주아 급진파와 자유주의자도 있었다. 그러나 한 가지 분명한 특징은 대부분 그때까지 잘 알려지지 않은 인물들이었다는 사실이다. 코뮌은 세계를 바꾸기 위해 거리로 나온 인민들의 권력이었다. 코뮌 선거를 앞두고 인터내셔널 파리 지부의 대표들이 코뮌에 대해서 전망했듯이, "코뮌의 독립은, 계급 적대를 끝내고 사회적 평등을 보장할, 자유로운 토론을 걸쳐 나온 대의를 담은 계약의 보증이다. 우리는 노동자의 해방을 요구해 왔으며 코뮌 대표는 이것에 대한 보증이다."[6] 또한 이 인민의 권력은 기존의 권력과 달랐다. 코뮌은 시민들이 "자신의 이해관계를 처리할 책임을 진 대리인들의 행위를 효과적으로 통제"[7]할 수 있는 제도적 장치였다. 프롤레타리아클럽이 발행한 신문《프롤레타리아》는 코뮌 위원회에게 "인민의 이름으로 그리고 그들을 대신해서 성급하게 판단하고 결정하려 하지 말고, 그저 수행원의 역할에 머물며, … 인민에게 정보를 제공하는 데 만족할"[8] 것을 권고했다. 그들은 "인민의 종복"[9]에 지나지 않았다.

혁명이 발발하자 티에르 정부는 공무원들에게 파리를 떠날 것을 명령했다. 그리고 파리에 대한 전쟁 준비에 들어갔다. 기존 정부와 공무원이 파리를 버린 상태에서 이 거대 도시를 운영하는 것은 쉬운 일이 아니었다. 며칠 동안 파리는 물 공급, 조세 업무, 우편 업무, 그리고 쓰레기 처리에 이르기까지 제대로 돌아가는 것이 없었다. 그러나 공공업무는 금방 복구되었다. 파리의 노동자들은 엄청난 급료를 받는 관료나 엘리트가 없어도 도시를 운영할 수 있다는 것을 보여 주었다. 새로운 세상을 건설하려는 열정이 인민을 사로잡고 있었다. 경찰력 없이도, 좀도둑은 사라지고 강도나 살인 같은 범행도 거의 일어나지 않았다. 한 영국인 성직자의 목격담에 따르면, 거리는 이전 그 어느 때보다 깨끗했고, 구걸하는 사람도 매춘부도 찾아볼 수 없었다.

3월 28일에 코뮌 집행위원회·재정위원회·교육위원회 등 9개의 위원회가 구성되고 코뮌이 선포되었다. 국민방위군 중앙위원회는, 노동자 구역을 순찰하며 (특히 여성의) 풍기 문란을 단속하던 도덕경찰-풍기 단속 경찰로 국가와 종교가 분리되지 않은 곳에서 볼 수 있는 제도-을 폐지하는 칙령을 발표한 후 국민방위군에 사직서를 제출했다. 3월 29일과 30일에 코뮌은 몇 가지 조치를 취해 새로운 사회를 향한 첫걸음을 시작했다. 우선 상비군을 폐지하고, 국민방위군이 유일한 무장 세력이라고 선언했다. 또한 1870년 10월부터 1871년 4월까지의 집세를 전액 면제하는 조치를 취했다. 이 조치는 포위 공격 이후의 재산권을 중지하는 것으로, 시영 전당포에 저당 잡힌 물건들에 대한 매각 중지 명령과 더불어 가난한 파리 노동자들을 위한 조치였다. 그리고 코뮌은 선출된 외국인들이 공직에 취임하는 것을 승인했다. 이처럼 코뮌은 애국주의를 뛰어넘어 노동자 국제주의를 지향했다. "코뮌의 기치는 세계 공화국의 기치"[10]였다. 4월 1일에는 코뮌에 고용된 사람-공무원에 해당-의 연봉에 상한액을 지정하여 6000프랑을 넘지 못하게 했다.[11]

인민의 대행인들로 구성된 정부: 프롤레타리아 독재

파리코뮌에 대한 평가는 역사가의 성향뿐 아니라 시대에 따라서 변했다. 폭동이라는 비판과 억압된 사람들의 혁명이라는 상반된 역사 해석이 항상 대립했다. 한편 파리코뮌에 대한 연구도 68혁명 때에 이례적으로 증가한 것을 제외하고 대체로 마르크스주의 영향력과 운명을 같이했다. 이렇게 된 데에는 마르크스주의와 파리코뮌의 특별한 관계 때문이다. 마르크스나 엥겔스가 파리코뮌에 직접 참여하지 않았지만, 마르크스는 코뮌의 여러 활동을 지켜보면서 〈프랑스 내전〉을 썼다. 〈프랑스 내전〉에서 마르크스는 장래의 혁명 정부의 형태에 대하여 좀 더 구체적인 상을 제시했다. 그리고 엥겔스는 이렇게 이야기했다. "프롤레타리아 독재가 어떤 것인지 알고 싶은가? 파리코뮌을 보라! 그것이 프롤레타리아 독재였다."[12] 이후 마르크스주의자들은 이 저작을 국가론과 혁명론에서 가장 중요한 문서로 평가하고, 더불어 파리코뮌에 대해 연구했다.

마르크스(그리고 마르크스주의자들)에게 파리코뮌은 부르주아지의 지배를 대체할 국가의 형태를 구체적으로 고민하는 계기가 되었다. 민주주의라는 이름으로 국가는 인민을 억압했다. 파리코뮌은 이러한 부르주아지의 지배, 즉 억압적인 국가기구를 무엇으로 대체해야 하는가 하는 문제를 제기했다. 코뮌은 "국가 권력을 지배계급의 한 분파에서 다른 한 분파로 이전하기 위한 혁명이었던 것이 아니라, 계급 지배의 이 무시무시한 기구 자체를 부수기 위한 혁명"이라고 마르크스는 평가했다. "코뮌은 사회를 통제하고 제압하는 대신 사회 자신의 살아 있는 힘으로써 사회가 국가 권력을 다시 흡수하는 것"이며, "인민에 의한 인민을 위한 인민 자신의 사회 생활의 회복이었다." 다시 말해, 코뮌은 억압을 위해 조직된 힘이 아니라 "인민 대중 자신이 국가 권력을 다시 흡수하는 것"이었다.[13]

이것은 제일 먼저 상비군을 폐지함으로써 이루어졌다. 코뮌은 언제든지 인민에게 총부리를 돌릴 수 있는 상비군을 민병대-국민방위군-로 대체하고, 독립적인 경찰을 폐지했다. 그리고 "훈련을 거친 카스트의 손에 위탁해야만 하는" "신비한 일"로 포장되었던 "행정적이고 정치적인 통치"도 숙련 노동자들만큼의 봉급을 받는 "대부분 보통 노동자로 이루어진 코뮌"이 대체했다. 마르크스가 보기에, 코뮌은 "사회의 주인의 지위를 찬탈하려고 하는 중앙집권적이고 조직된 정부 권력"이 아니라 "사회의 공복公僕"이었고, 그 중심에 노동자계급이 있었다. "그들은 무오류성을 자처하거나 뻣뻣한 관청에 몸을 감추지 않고 … 모든 공적 직무를 진정한 노동자의 직무로 만들었다."[14]

코뮌은 이렇게 억압적인 국가기구와 관료제를 폐지하면서 값싼 정부를 현실로 만들었다. 그와 함께 공무원의 성격도 바꾸었다. 코뮌은 모든 공무원을 "선출되고 책임이 있고 소환될 수 있게"[15] 만들었다. 그리하여 보통 선거권은, 의회를 통해서 인민을 지배하는 수단이 아니라, 인민이 직접 행정과 사법 관청의 직원을 선출하는 수단이 되어야 했다. 이것은 부르주아의 의회제도, 대의제 민주주의의 폐지를 뜻한다. 루소가 이야기했듯이, 부르주아의 의회제도, 대의민주주의에서 인민은 "선거 기간에만 자유롭다."[16] 코뮌은 이것과 다른 형태의 민주주의를 제시했다. 입법과 행정은 통일되지만, 모든 활동을 공개하고, 인민에 대해 책임을 지고, 언제든지 소환할 수 있는 공무원을 인민이 직접 뽑는 민주주의. 공직자는 인민의 의지를 '대표'하는 사람들이 아니라 특사들, 즉 인민의 대행자들이었다. 이러한 형태를 마르크스주의자들은 프롤레타리아 민주주의라고 부른다. 이것은 노동해방을 위한 정치적 형태로, 계급투쟁을 폐지하는 것이 아니라 계급투쟁에 합리적인 환경을 제공하는 것이었다. 따라서 코뮌은 프롤레타리아 독재였다.

마르크스는 코뮌을 "본질적으로 노동자계급의 정부"라고 평가했다.[17] 이 말이 노동자들로만 구성된 정부를 뜻하지 않는다. 파리코뮌에는 소규모 중간계급-부유한 자본가와 지주들을 제외한 중간계급-도 참여했고, 코뮌은 노동자계급뿐 아니라 이들의 이해관계도 대변하려고 했다. 따라서 마르크스의 평가는 코뮌 구성원들의 사회경제적 지위에 관한 것이 아니었다. 구성원들의 경제적 요소만을 강조하다 보면 이들이 함께한 동력을 이해하기 어렵다.[18] 코뮈나르의 응집력에는 경제적인 요소 외에도 정치적인 요소가 있었다. 이들이 함께할 수 있었던 이유는 민주적인 정치 영역을 획득하기 위한 투쟁이 코뮌 투쟁의 중요한 요소 중 하나였기 때문이다. 사회경제적 문제가 밑바닥에 흐르고 있었지만, 코뮌의 투쟁은 민주적인 코뮌 단체들의 설립과 분리할 수 있는 것이 아니었다. 그리고 코뮈나르는 서로를 지칭할 때에 '노동자'나 '프롤레타리아트'가 아니라 '시민'이라는 용어를 사용했다. 마르크스의 평가는 현재의 구성이 아니라 미래에 대한 것이었다. 코뮌이 노동자계급의 해방을 가능하게 할 정부 형태라는 의미였다.

미래의 정부 형태와 관련하여 코뮌이 제기한, 마르크스주의 내부에서 가장 논쟁적인 문제는 중앙집권적 정부와 관련한 것이다. 몇 가지 경향이 존재한다. 부르주아의 관료적·군사적 중앙집권주의에 반대하면서도 무정부주의를 비판하고, 따라서 프롤레타리아의 민주적 중앙집중제를 주장하는 이른바 정통 마르크스주의적 경향이 있다. 그리고 중앙집권에 반대하지만 무정부주의적 분리주의도 거부하는 평의회주의도 존재하며, 자율주의적 경향도 등장했다. 코뮌이 중앙집권적 권력 체계에 반대한 것은 분명하지만, 중세적 지방분권이나 소규모 자치도시-또는 국가-들의 연방을 지향했다고 볼 수는 없다. 마르크스에 따르면, 중앙 정부는 폐지되는 것이 아니다. "중앙 정부에 남겨질 몇 가지 되지 않으나 중요한 기능"[19]이 존재한다. 이 "중요한 기능"을 억압적이며 "사회보다 우월하다고 주장하는 권력으로부터 떼어 내어 사회의 책임 있는 공무원들에게"[20] 맡겨야 한다는 것이 핵심이다. 다른 말로 하면, "사회의 자유로운 운동을 저해하는 '국가'라는 이상 생성물이 이제까지 빨아먹은 모든 힘을"[21] 사회에 되돌려 주는 일, '언제라도 소환할 수 있는 대행인들'로 정부를 구성하는 일이다. 파리코뮌이 시도한 것이 바로 이런 일이다.

축제

바리케이드: 파괴

정부군의 공격이 시작되자 코뮌 전사들은 바리케이드를 세우고 싸웠다. 코뮌이라는 공간을 만든 바리케이드는 그 자체로 파괴를 의미했다. 바리케이드를 건설하는 과정은 파괴에서 시작한다. 나폴레옹 3세 시기에 조르주-외젠 오스만Georges-Eugène Haussmann 남작이 주도한 도시 재개발사업으로 파리는 방사상 도로망을 갖춘 화려한 도시로 변모했다. 그리고 파리는 거대한 금융시장과 백화점으로 대변되는 부르주아의 삶과 노동자계급의 고단한 삶이 공존하는 도시가 되었다. 코뮌 참여자들은 오스만이 만든 공간을 전유하여 새로운 삶을 창출했다. 코뮌은 오스만의 재개발사업 때문에 도시 외곽으로 밀려났던 노동자들과 가난한 사람들이 도시의 중심을 다시 정복하는 행위였다. "바리케이드와 대로boulevard는 물질적 요소, 공간, 그리고 행위 수행 형태에서 충돌하는 체계이다."[22] 오스만의 파리에서 주체는 '중간계급 개인'으로, 그들은 상가에서 장을 보고, 대로를 한가로이 거니는 특권층이었다. 그러나 바리케이드는 '집단적인 군중'의 장소였다. 오스만의 작업이 파리에 중앙집중적인 국가의 법률을 부과하는 것이었다면, 바리케이드는 그 법률에 대한 저항이었다. 바리케이드는 새로운 주체가 기존의 물질적 요소와 공간을 변형함으로써 삶의 형태를 바꾸는 것이었다. 그것은 파괴이면서 건설이었다.

바리케이드는 부르주아와 제국주의적 억압을 상징하는 기념물들에 대한 파괴를 의미했다. 코뮌 참여자들은 단두대를 불태우고(4월 6일), 정복 전쟁의 상징물인 방돔Vendôme광장의 전승 기념물을 파괴했다(4월 12일에 코뮌이 결정했지만, 5월 16일에 파리 민중이 파괴). 특히 단두대의 소각은 주목할 만하다. 프랑스혁명 시기에 단두대는 자코뱅이 혁명의 도구로 사용한 것이었다. 기존 지배 세력의 처형을 뜻하는 단두대와 혁명은 등가물이었다. 파리의 민중은 이 관계를 깨 버렸다. 그

파괴된 방돔광장 전승 기념물

파괴의 현장은 환호와 즐거움이 넘치는 축제였다. 파리코뮌이 출범할 즈음에는 자코뱅주의자들도 참여하고 프랑스혁명이 하나의 모범으로 작용했다. 하지만 코뮈나르는 단두대를 혁명의 정의를 실현하는 도구가 아니라 국가 억압의 상징으로 간주했음을 보여 주는 사건이다.

바리케이드는 자기 생명의 파괴이기도 했다. 무기와 식량이 부족한 불리한 싸움에서 항복하기보다 코뮌을 지키기 위해서 죽음을 선택한 결사 항전! 죽음을 각오하고 자유를 지키려는 열정에는 남녀의 구분도 인종의 구분도 없었다. 3월 18일에 대포와 기관총을 몸으로 저지한 사람들은 대다수가 몽마르트르의 여성이었다. 그리고 여성들

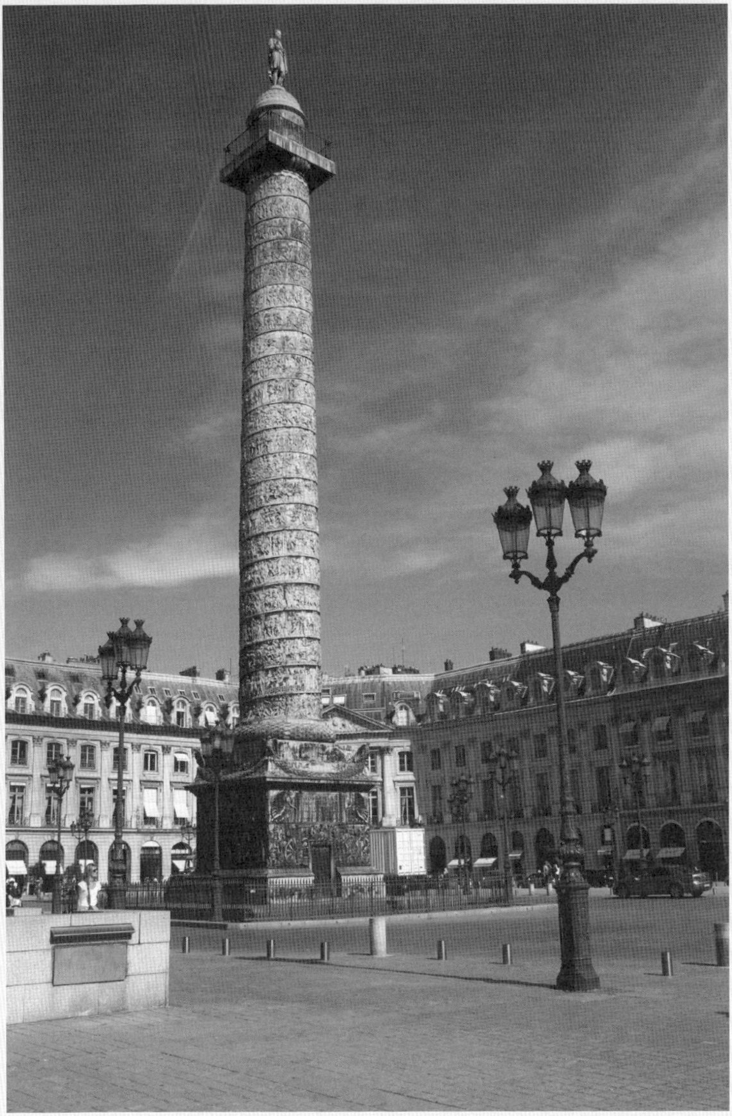

1874년 재건된 방돔광장 전승 기념물

은 소리 높여 우애의 정신을 외쳤다. "우리, 우리의 아들들, 우리의 형제들이 군대에 있다. 우리는 모두 프랑스의 자식들이다."[23] 바리케이드의 전투도 남자들만의 전투가 아니었다. 3월 18일 몽마르트르 언덕의 혁명에 참여한 '무정부주의의 위대한 여성' 루이즈 미셸은 4월의 어느 날 밤 흑인 남성 한 명과 참호에서 장전된 총을 메고 불침번을 섰다. 그는 과거에 교황 친위대에서 복무한 아프리카 사람이었다. 인종이 다른 남녀 단 둘이서 장전된 총을 메고 불침번을 선다는 것은 보통의 군대에서 상상하기 어려운 모습이다. 루이즈 미셸은 몽마르트르 감시위원회 소속으로 교사와 의료 노동자로 활동했을 뿐 아니라, 국민방위군에 가입해서 자신이 티에르를 암살하겠다고 신청하기도 하고, 몽마르트르의 종을 녹여 대포를 만들자는 제안을 하는 등 전투적인 모습을 보였다.

미셸만이 아니었다. 코뮌이 공포된 이후 인터내셔널이 파견한 러시아 태생의 여배우 엘리자베트 드미트리프Elisabeth Dmitrieff가 공동으로 창설한 여성동맹-원래의 명칭은 '파리를 방어하고 부상자를 돕기 위한 여성동맹'-은 병원이나 군 식당의 일뿐 아니라, 세속적 학교를 건설하고 생산자 소유 협동조합 연결망을 조직하는 일에 참여했다. 하지만 직접 바리케이드에서 싸우기도 했다. 여성동맹의 목적은 근로 여성의 해방이었고, 이를 위해서 무기를 드는 것도 필요하다고 보았다. 이것은 뛰어난 몇 사람의 여성에 국한한 이야기가 아니다. 여성들은 교육과 여성의 권리를 위해서 싸우는 것을 넘어 직접 전투에 참여했다. 4월 11일자의 여러 신문에는 코뮌을 방어하기 위해 무장할 것을 요청하는 〈여성 시민에 호소〉라는 글이 실렸다. "'선동자'

〈체포되는 루이즈 미셸〉, 쥘 자르데, 1871,
생드니 미술·역사박물관 소장

루이즈 미셸

로서의 여성의 역할이 끝나면 무대는 '무기를 가진 남성'이 주도했고 여성은 남성을 '지원'하는 역할로 바뀌는 것이 '모든 민중 봉기에 전형'"이었지만, "파리코뮌에서 여성들도 총을 가졌고 이들은 이를 통해 자신의 '시민 되기'를 실현하고 있었다."[24] 그리고 여성들은 누구보다도 용맹스러웠다. 1871년 5월 3일 '시민들'이라는 익명의 집단이 포스터로 베르사유 정부와 휴전할 것을 요구하자, 이에 여성동맹은 휴전은 반혁명이라는 전투적인 성명서를 발표하여 반박했다. 그리고 근로 여성들에게 혁명을 방어하기 위해 남자들과 함께 무기를 들 것을 요구했다. 전투의 지속이 죽음을 뜻한다는 것이 거의 확실시되는 상황에서 여성들은 "코뮌을 위하여, 즉 인민을 위하여, 피와 목숨을"이라는 문구를 내걸었다.[25]

창조

바리케이드는 파괴에 머무르지 않고 새로운 공간을 창조하기도 했다. 새로운 공간에서 코뮌의 새로운 시도들이 이루어졌으며, 사람들의 새로운 사회적 관계가 형성되었다. 코뮈나르는 일상생활에서 위계질서를 파괴하고, 새로운 연대를 형성하여 새로운 문화를 창조했다. 1871년 4월 19일에 파리코뮌의 이름으로 발행된 〈프랑스 인민에게 전하는 선언문〉은 코뮌의 정치 강령을 요약한 것이라고 할 수 있는데, 이 선언문에서 "코민의 절대적 자율성이 프랑스의 모든 구역으로 확장되어, … 모든 프랑스인이 인간·시민·노동자로서 자신의 능력과 자질을 완전히 행사할 수 있"[26]기를 기원했다. 한편 '말의 자유'는 신문·포스터·벽보의 홍수를 낳았다. 코뮌 기간 90

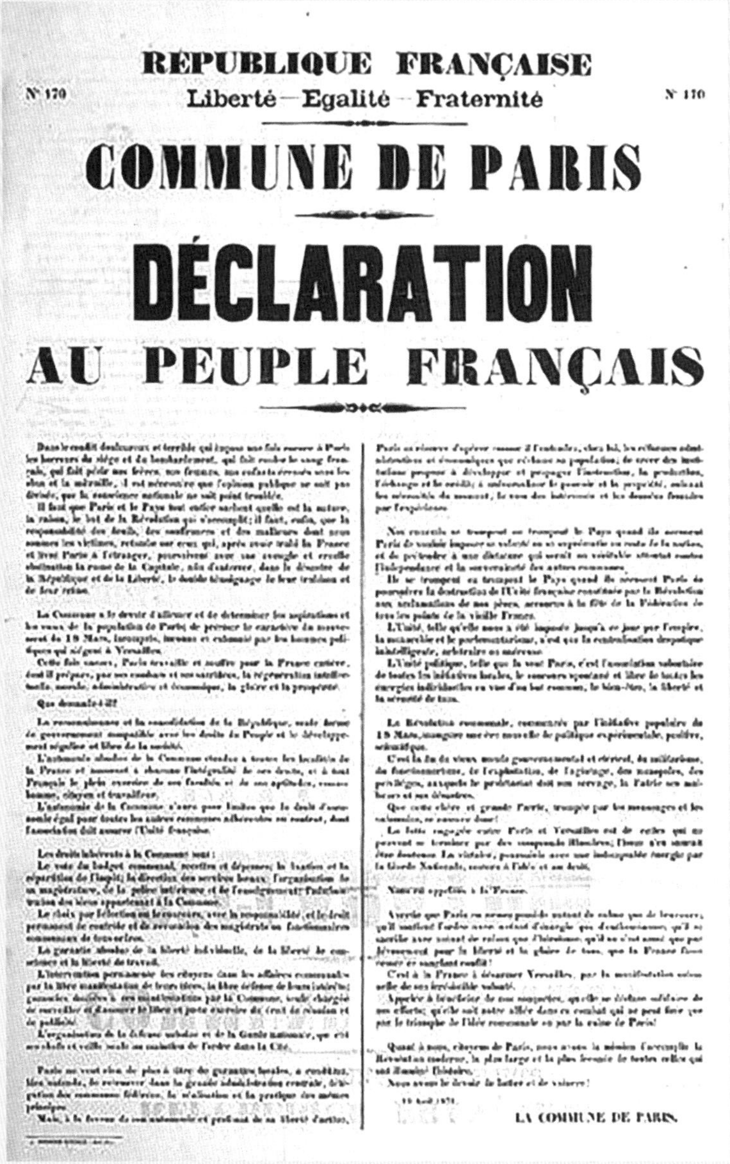

RÉPUBLIQUE FRANÇAISE

N° 170 Liberté — Egalité — Fraternité N° 170

COMMUNE DE PARIS

DÉCLARATION

AU PEUPLE FRANÇAIS

LA COMMUNE DE PARIS.

〈프랑스 인민에게 전하는 선언문〉

개의 신문이 출현했다. 빨간 모자를 쓴 소년들이 거리에서 신문을 파는 모습을 볼 수 있었다. 《르 페르 뒤셰느Le Père Duchêne》 같은 인기 있는 신문은 하루에 6만 부를 발행했다. 이 신문은 프랑스혁명 당시에 발행된 급진적인 신문의 이름을 차용한 것인데, 프랑스혁명 당시의 혁명력을 사용하고 노동계급의 은어와 욕설을 사용했다.

예술은 새로운 질서와 사회적 관계를 가장 잘 보여 주고, 또한 그런 관계를 선도하는 분야이다. 코뮌 시기에 튀일리Tuileries 궁에서 네 차례의 음악회가 열렸다. 코뮌 참여자들이 평소 선호하는 음악은 대중적인 노래였다. 하지만 이 음악회에서 기악과 오페라 음악이 연주되었다. 코뮌은 이러한 '고급문화'를 배격하기보다 그것을 더욱 풍부히 만들려고 했다. 입장료는 50상팀이었고, 수익금은 정부군과 싸우다 부상당한 사람들을 돕는 데 사용했다. 누구나 입장할 수 있었다. 부르주아뿐 아니라 프롤레타리아도 참석하여, 모든 계급의 사람들이 서로 '시민'이라는 칭호를 사용하며 인사를 나누었다. 그곳은 얼마 전까지 나폴레옹 3세와 그의 가족이 살던 장소였다.

예술가들은 육체노동과 예술노동의 분리를 극복하고 노동의 위계질서를 타파하려고 했다. 다시 말해, 노동과 창조 활동의 구분을 없애려고 했다. 혁명적인 예술은 그저 형식만을 바꾸는 것이 아니었다. 계급 사회를 형성하는 분업과 계서제階序制 그리고 부의 개념을 극복해야 했다. 사치재에 접근할 수 있는 사람과 접근할 수 없는 사람의 구분을 없애야 했다. 예술은 국가와 시장에서 자유로우면서 모든 사람을 위한 것이어야 했다. 엘리제 르클뤼Élisée Reclus의 말에 따르면, "화가와 조각가가 자유롭다고 한다면, 자신들을 살롱에 가둬 둘 필요가 없을 것이다." 어느 한 사람이 자기 개인의 부를 축적하고 소유한다고 해서 삶이 부유하고 풍성해지는 것이 아니라, 모든 사람이 최상의 것에 대한 자신의 몫을 지녀야만 부유하고 풍성한 삶이라고 말할 수 있다는 사고가 등장했다. 그리하여 예술가연맹은 '공동의 사치품Communal luxury'이라는 용어를 사용했다. 이 용어를 만들어 낸 사람은 파리코뮌에 참여했으며, 코뮌이 실패한 직후인 1871년 6월에 〈인터내셔날〉이라는 시를 쓴 외젠 에덴 포티에Eugène Edine Pottier이다.[27]

자본주의는 부자들을 위하여 낭비적인 사치품을 생산하고, 가난한 사람들을 위해서는 싸구려 재화를 대량 생산한다. 반면 '공동의 사치품'은 생산과 창조 활동이 공동체의 필요에 맞추어지며, 공동체의 집단 의지로 조직된다는 뜻이다. 인간의 기획과 인간의 필요가 결합한 것이 '공동의 사치품'이다. 그것은 대중적인 아름다움을 추구하는 활동이다. 따라서 모든 사람이 아름다운 환경에서 살면서 일할 수 있게 마을 꾸미는 일, 방돔광장처럼 공간을 재창조하는 일이 '공동의 사치품'을 생산하는 활동이다. 이것은 자발적인 참여와 탈중심적인 활동으로 이루어졌다.

정신노동과 육체노동의 분리 또는 작업 지시자와 수행자의 분리를 극복하기 위해서는 새로운 교육이 필요했다. 교육 문제에서 코뮌은 무엇보다도 교회와 억압적인 국가가 주관하며 계급과 재산의 차이를 반영하는 기존 교육에서 탈피하려고 했다. 교육에서 종교적 요소, 다시 말해 개인의 양심 영역에 속하는 것을 학교에서 배제하고, 모든 어린아이를 위한 자유롭고 의무적인 세속 교육을 제도화했다. 그리고 실용 교육과 지식 추구를 분리하지 못하게 했다. 계급에 관계없이 모든 어린 학생이 책상 만드는 방법뿐 아니라 시 쓰는 방법도 배우게 했다. 또한 서로를 사랑하고 존경하며, 정의를 사랑하도록 고무하는 공동체적 교육을 강조했다. 코뮌의 교육은 '종합 기술' 교육이며 '전인적' 교육이었다. 그리고 이것은 자본주의적 자유(사적 소유권으로 대표되는 것)에서 새로운 형태의 자유로 나아가기 위한 노력이었다.

파리코뮌은 비극이 아니다

바리케이드는 대피소가 아니었다. 그것은 부르주아적 질서를 파괴하고 새로운 관계를 창조하는 공간이었다. 그러나 그 공간이 위험에 처하면서 축제도 위협받았다. 4월 말에 파리 외곽의 주요한 요새가 무너지면서 코뮌은 반혁명을 선동하는 행위에 준엄히 대처해야 했고, 따라서 반혁명 신문을 탄압해야 했다. 이를 위해서 5월 1일에 공안위원회가 설치되었다. 그러나 이것은 코뮌의 분열을 낳은 중요한 문제였다. 공안위원회 설치와 관련한 표결은 찬성 48표, 반대 23표였다. 이때부터 코뮌 내부에 다수파와 소수파의 분열이 생겼다. 공안위원회의 원형은 프랑스혁명 시기인 1793년에 혁명 정부가 전쟁과 반혁명의 위협에 대처하기 위해 구성한 것으로, 이른바 '공포정치'를 주도한 조직이었다. 공포정치는 대규모 징집령을 내려 군대를 강화하고 반혁명 세력을 제거함으로써, 프랑스가 외국 군대의 위협에서 벗어나 혁명의 대의를 추진하는 데 도움이 되었다. 하지만 로 베스피에르Robespierre를 중심으로 한 소수의 위원으로 구성된 공안위원회에 권력이 집중되고 민주적 절차가 무시되자 독재정치라는 비판을 받기도 한다. 이렇듯 공안위원회는 혁명을 파괴하려는 세력을 제거하는 데는 효과적이었지만 민주주의를 파괴할 위험도 안고 있었다. 파리코뮌도 이와 같은 문제에 직면했던 것이다.

파리코뮌은 전쟁 패배에서 시작해 피의 일요일로 끝난 실패한 혁명이다. 그렇지만 파리코뮌을 우연의 산물로 간주하거나 비극으로 보는 것은 편협한 시각이다. 코뮌을 가능하게 했으며, 코뮌 민주주의의 토대를 이룬 클럽들은 단순히 전쟁의 산물이 아니라 경험과 의식적 노력의 결과물이다. 또한 코뮌 형성의 동력 가운데 하나는 1792년의 승리에 대한 기억이다. 따라서 역사를 승리로 기록하고 적극적으로 해석하며, 역사에서 승리의 기운을 뽑아낼 필요가 있다. 우리의 역사에서도 마찬가지다. 일부 마르크스주의자처럼, 몇 해 전 대통령 탄핵 과정에서 나타난 촛불운동이 부르주아적 표어/구호에 갇혀 있었기 때문에 촛불은 실패이며 패배라고 해석하기보다, 그곳에서 들끓었던 대중의 힘을 느끼는 편이 낫다. 분노한 대중을 또다시 거리로 나서게 하는 힘은 승리에 대한 기억에서 나올 것이기 때문이다.

‘혁명의 거리, 광장의 정치’: 시위문화로 보는 러시아혁명[1]

황동하

죽은 듯 조용한 밤에 노래하는 까마귀야
그 다친 날개로 나는 방법을 배워라
네 일생
너는 이 순간이 다가오기만 기다려온 것이다.
…
너는 이 순간에 자유로워지기만
기다려왔다는 것을
- 〈블랙버드〉, 비틀스

시위문화와 러시아혁명

러시아혁명이 일어난 지 어느덧 100년이 넘었다. 러시아혁명은 양차 세계대전, 냉전, 한국전쟁, 베트남전쟁, 쿠바미사일위기 등 20세기의 거의 모든 중요한 지정학적 사건에 영향을 미쳤다. 그것만이 아니었다. 20세기를 살아온 사람들의 정신세계에는 훨씬 더 큰 흔적을 남겼다.

무엇보다 러시아혁명은 '자본주의 체제에 파열구'를 낸 사건이었다. 그 혁명 운동의 대열에 있었던 사람들은 '내가 새로운 사회를 세우는 일에 참여했다'라는 자부심을 품었다. 그들은 그 과정에서 지난날과 달리 희망을 꿈꿀 수도 있었다. 이제껏 자신의 신세를 벌집 속의 일벌과 비슷하다고 여겼을 농부, 자물쇠 장수, 우편 배달부 등이 이제 세상이 운영되는 방식을 스스로 만들어 나가는 자신을 발견했다. 프랑스혁명을 목격한 시인 윌리엄 워즈워스W. Wordsworth는 '그 새벽에 살아 있다는 건 축복이었나니'라고 말했다. 마찬가지로 1917년 혁명의 나날에 참여한 사람들은 그런 환희와 열정에 휩싸였다. '새로운 사회에 대한 열망'이 그것을 만들었다. 이것이 바로 오늘 우리가 러시아혁명을 되돌아보는 까닭일 것이다.

러시아혁명에 참여한 사람들은 자신들의 행위를 드러내는 여러 상징을 이용했다. 노동자와 농민, 여성 등은 함께 구호를 외치고 노래를 부르거나, 붉은 깃발과 자신들의 요구를 적은 현수막을 들고 나와 시위에 참여했다. 시위를 구성하는 '문화'에는 깃발과 혁명가 등과 같은 상징, 대중신문과 소책자 배포, 대규모 집회 등의 여러 방식이 있다. 시위대는 그런 상징적 행위를 통해 집단적인 의사를 표현하고 실천한다. 그 과정에서 시위의 '대의'를 경험하기도 한다. 그것을 시위문화라고 할 수 있겠다. 시위문화가 이와 같은 상징적 행위로 이루어진 배경에는 대중정치 시대가 자리한다. 이른바 대중정치는 정치적 성명을 널리 유포하고 정치적 정체성을 구성하기 위해, 대규모 공공 볼거리와 공연 따위를 이용한다. 그래서 포스터, 구호, 우애의 노래, 정치 집회, 행진 등은 정치적 표현과 의사소통의 기본 수단이 된다.

러시아혁명을 시위문화를 통해 본다는 것은 혁명에 참여한 대중의 감정구조를 파악하는 일과 직접 맞닿아 있다. 대다수 러시아인은 위계질서가 자연적인 것으로 생각하며 살아왔다. 그런 그들은 '혁명'이라는 말뜻처럼 위계질서의 상징을 부수고 불태우며, 전제정의 장소와 공간을 침해하고 점령하기도 했다. 나아가 그들은 새로운 상징을 드러내고, 전제정의 장소와 공간을 '자신들의 장소와 공간'으로 '공유'하기도 했다. 새로운 장소를 신성화하고 거리와 광장의 이름을 바꾸는 등 시간과 공간의 재구성을 의례화하는 것, 이것이 바로 혁명이기도 하다. 혁명은 '억압당하고 착취당하는 사람들의 축제'라고 할 수 있다.

러시아제국의 상징, 겨울궁전의 희비극

러시아혁명은 1905년 어느 일요일, 상트페테르부르크에서 시작되었다. 상트페테르부르크는 러시아제국의 수도였다. 상트페테르부르크는 네바강 변의 늪지를 거대한 돌로 메워 만든 계획도시다. 1703년 러시아제국의 황제 표트르대제Пётр I Великий가 북방전쟁에서 스웨덴의 침입을 막으려고 이른바 토끼섬에 요새(페트로파블롭스카야 크레포스치 Петропавловская крепость)를 건설하면서 상트페테르부르크가 탄생했다. 도시를 세우는 데 10년이 걸렸다. 그 과정에서 10만 명이 넘는 사람이 죽었다. 그래서 상트페테르부르크는 '인간의 뼈 위에 세운 도시'라고 부르기도 한다. 상트페테르부르크는 또 다른 이름이 있다. '러시아의 북쪽 수도', '북쪽의 팔미라', '북쪽의 베네치아', '물 위에 세워진 도시', '러시아의 유럽', '러시아의 외딴섬' 등이다. 도시 이름도 여러 차례 바뀌었다. 1차 세계대전이 일어나자, 독일식 이름인 상트페테르부르크에서 '부르크'를 빼고 러시아어에서 도시를 뜻하는 '고로드'를 넣어 페트로그라드로 바뀌었다. 1924년 레닌의 죽음을 기해, 레닌을 기념하는 뜻에서 페트로그라드는 레닌그라드로 바뀌었다. 다시 1991년 소련이 해체되고 난 뒤, 레닌그라드는 상트페테르부르크로 되돌아갔다. 이렇듯 도시의 이름은 권력을 장악한 주체의 성향에 따라 또는 나라 안팎의 환경에 따라 바뀌었다.

혁명이 일어난 겨울궁전Зимний дворец도 마찬가지다. 겨울궁전은 러시아 전제정의 상징적 장소였다. 유럽의 다른 제국과 마찬가지로, 러시아제국은 왕실의 권위와 위용을 한껏 뽐내려고 거대한 건축물을 세웠다. 겨울궁전은 그 대표적인 건축물이다. 이탈리아 건축가 바르톨로메오 라스트렐리Bartolomeo Rastrelli가 궁전을 설계했다. 그는 당시 유행대로 베르사유궁전을 전형으로 삼아 겨울궁전을 바로크양식으로 설계했다. 그것은 1754년에 건설되기 시작해서 1762년에 완공되었다. 1786개의 문과 1945개의 창문은 연둣빛 건물색과 어울리며 궁전 벽을 장식했다. 네바강의 푸른빛이 유리창에 가득 담기면 건물은 황실의 위용을 더욱 빛냈다. 그래서일까. 겨울궁전은 상트페테르부르크에서 가장 아름다운 곳이 되었다. 그러나 겨울궁전을 건설하면서 많은 사람이 죽었다. 죽은 민중의 이야기는 아름다운 겨울궁전을 늘 따라다니는 정신적 외상(트라우마) 같은 것이었다. 그 탓에 겨울궁전은 아름답지만 전제군주의 착취와 헐벗은 민중이라는 의미를 지녔다.

러시아에서 혁명의 분위기가 고조되면서, 겨울궁전의 이미지는 바뀌었다. 겨울궁전은 더는 왕실의 번영과 안락을 상징할 수 없었다. 1917년 2월혁명 뒤 겨울궁전은 러시아 임시정부의 청사로 쓰였다. 10월에 혁명 대중이 겨울궁전을 습격하자, 궁전은 새로운 세상을 연 축제의 장소이자 제정러시아의 종말을 지켜본 드라마의 주인공이 되었다. 그 이야기는 1905년 1월에 시작된다.

1905년 1월 22일 일요일, 시의 외곽 지역에서 노동자와 그들의 가족은 차르 니콜라이 2세Николай II가 사는 겨울궁전으로 행진하려고 모여들었다. 1904년 12월 말 상트페테르부르크에 있는 푸틸로프금속공장의 관리부가 가폰Г. Гапон 신부가 지도하는 '러시아공장노동자회'의 노동자 4명을 해고한 사건이 터졌다. 이에 공장 노동자는 자신들의 동료를 지키려고 작업을 중단하고 떨쳐 일어났다. 다른 공장의 노동자도 이들을 지지하였다. 그리하여 1905년 1월 7일 무렵에는 수도 상트페테르부르크의 모든 공장이 멈췄다. 일이 이렇게 커지자, 일요일인 1월 9일 가폰은 차르에게 가서 직접 탄원서를 제출하자고 제안하였다. 몇천 명에 이르는 노동자는 성직자의 제안을 지지하였다. 그들은 정치적 자유와 국민대표제, 8시간 노동과 단결권을 요구하며, 겨울궁전으로 힘차게 나아갔다.

나르바 관문은 군중이 도심으로 들어가는 주요 입구였다. 그들은 나르바 관문 쪽으로 느릿느릿 움직였다. 더욱 불어난 행진 참가자는 성상과 차르 초상화와 대형 십자가를 들고 있었다. 경의를 표하려고 모자를 벗은 그들은 앞으로 나아가면서 찬송가를 불렀다. 이 모습은 전통적인 의례처럼 보였다. 그들이 들고 있는 성상과 차르 초상화와 십자가 등은 차르의 기념일이나 성인의 축일에 흔히 등장하는 도구였다. 행진 참가자들은 차르를 중심으로 하는 권위주의 체제에 위협을 가하는 것이 아니라, 권위주의 체제가 '질서'를 되찾기를 바랐다.

이것은 행진 대열의 청원 내용을 보더라도 알 수 있다. 청원의 어조는 공손하고 애원하는 것이었다.

> 우리, 노동자와 상트페테르부르크 주민들 … 우리의 아내, 자식, 그리고 무력한 노부모님은 정의와 보호를 구하려고, 오, 폐하, 당신께 왔습니다. 우리는 가난합니다. 억압받고 있고, 과도한 부역에 시달리며 천대받고 있습니다. 심지어 인간으로 인정조차 받지 못한 채, 침묵 속에서 어떤 불만도 없이 가혹한 운명을 겪어야만 하는 노예처럼 대우받고 있습니다. … 우리는 전제체제와 무법천지 속에서 질식당하고 있으며, 오, 폐하, 여력도 없고 인내는 끝에 다다랐습니다. 고통이 계속되는 것보다 차라리 죽음이 나은 끔찍한 순간에 이르렀습니다. … 당신이 명령을 내려 그것들을 이해하겠다고 약속하십시오. 그러면 당신은 러시아를 행복하고 열광되게 할 것입니다. 당신의 이름은 영원히 우리의 가슴속에 새겨질 것입니다. … 그러나 만일 당신이 … 우리의 탄원에 응답하지 않으신다면, 우리는 당신의 궁정 앞 바로 이 광장에서 죽을 것입니다.[2]

나르바 관문 앞에 몰려든 가폰 신부와 노동자들

행진 대열이 나르바 관문에 다다랐을 때, 그들을 맞이한 것은 '아버지 차르'가 아니라, 군대였다. 기병대와 소총수들은 행진을 가로막으려고 도로 맞은편에 정렬해 있었다. 행진 참가자들은 서로 팔을 걸고 더 크게 노래를 부르면서 앞으로 나아갔다. 그러나 나팔수는 '발사'를 외쳤다. 그 소리를 듣고 군대는 행진 대열을 향해 발포했다. 사람들이 피를 흘리며 쓰러져 나갔다. 코사크Cossacks 기병대는 그들을 덮쳤다. 황제가 "그들을 반란자로 다루라"[3]고 명령했기 때문이다. 몇백 명의 사망자와 그보다 더 많은 부상자가 생겼다. 겨울궁전 광장에 쌓인 하얀 눈은 붉은 핏자국으로 물들었다. 이른바 '피의 일요일'이다.

러시아 민중은 차르가 백성에게 자유와 행복을 가져다준다고 믿었다. 그들은 '아버지-차르'를 자신들의 너그러운 보호자이자 궁극적인 위안의 대상으로 바라보았다. 그러나 이 대참사는 그와 같은 신뢰와 존경을 산산조각 내 버렸다. '아버지-차르'는 그야말로 신화였다. 그때 상트페테르부르크의 한 여성 노동자는 이렇게 술회했다. '피의 일요일 사건이 나고 나서 나는 신과 차르를 더는 믿지 않게 되었다.'

'피의 일요일' 소식은 순식간에 전국으로 퍼졌다. 66개 도시에서 노동자가 동맹파업을 했다. 1월 한 달 동안 이와 같은 정치적 동맹파업에 가담한 사람이 44만 명 남짓했다. 변화를 요구하는 목소리는 더욱 과격해져서 '차르로 상징되는 전제정의 타도'를 외쳤다. 러시아 민중에게 피의 일요일 사건은 체제의 본질을 낱낱이 들춰낸 '살아 있는 교과서'였다.

다시 시간이 흘러 1917년에 겨울궁전은 또다시 주목받는다.

거리를 가득 메운 행렬은 흑색의 강을 연상시켰다. 군가나 환호도 없이 우리는 붉은 아치로 쏟아져 내려갔다. 내 앞의 사람이 작은 목소리로 말했다. "동지들, 조심해요! 그들을 믿지 마세요. 그들은 분명히 발포할 것입니다!" 입구에 다다르면서 우리는 허리를 낮게 굽히고 무리를 지어 알렉산드르 기둥 뒤로 뛰어들었다[4].

존 리드John Reed는 겨울궁전을 습격하는 민중의 움직임을 위와 같이 묘사했다. 그것은 10월혁명이 시작되는 역사적 순간이었다.

1917년 2월혁명은 차르 전제정을 무너트리고, 새로운 정부를 탄생하게 했다. 그러나 임시정부는 러시아인이 바라는 '빵, 평화, 토지' 문제를 해결하지 못했다. 임시정부는 국민의 지지를 얻지 못했다. 확고한 정치적 기반도 없었다. 그 점에서 임시정부의 종말은 예정된 것이었을지도 모른다. 그때 볼셰비키는 정치적 중심부로 떠올랐다. 그들은 임시정부를 무너트리고 '소비에트' 권력을 만들려고 했다. 그런 과정의 정점을 이룬 것이 겨울궁전 습격이었다. "한 장소에서 여러 해를 지내더라도 우리가 회상할 수 있거나 회상하고 싶은 기억의 흔적은 거의 남지 않을 수도 있"[5]지만, "단기간의 강렬한 경험이 우리의 삶을 변화시킬 수"[6] 있듯이, 겨울궁전의 습격이라고 불리는 10월혁명의 실체는 삶을 바꿀 만큼의 강렬한 '장소'의 경험이었을 것이다.

'장소'는 기억의 장소이기도 하고 현실의 공동체를 한곳에 모으는 축제의 장소가 될 수도 있다. 그리고 또 어떤 사람에게는 노동의 공간이면서도 또 다른 이에게는 놀이의 공간, 휴식의 공간이 될 수 있다. 겨울궁전으로의 습격이 진행될 때, 궁전광장은 이중의 모순적인 의미를 지닌 공간이 된다. 하나는 '새로운 세상을 열망하는' 사람들의 동질적 공간이다. 다른 하나는 세상을 바꾸려는 사람들과 질서를 유지하려는 세력들이 충돌하는 이질적 공간이다. 그 공간에서 민중은 기존 세력을 누르고 새로운 세상을 위한 초석을 놓았다. 이처럼 광장은 "부조리한 사회현실에 대해 목소리를 내는 현실 참여의 공간"[7] 이었다.

'장소'로서의 '겨울궁전'과 '궁전광장'은 1905년 1월 9일 아침 일찍 모여든 군중의 물결이, 시위에 참가한 20만여 명의 노동자와 그들의 가족이 성상을 들고 차르를 만나기 위해 평화적으로 걸어간 뒤 모든 러시아혁명의 상징적 공간으로 자리한다. 1차 세계대전으로 국가가 혼란에 빠지고, 굶주린 민중이 빵을 달라는 구호를 외치며 전쟁의 종식과 전제정의 타도를 부르짖은 2월혁명이 일어난 곳도 바로 이 광장이었다. 궁전광장은 그때부터 민중이 자신의 권위를 얻기 위해 어떠한 행동을 했는지를 지켜본 증인으로서 역사 속에 자리한다. 궁전광장은 거대한 도시의 광장이 그러하듯이 상트페테르부르크의 중심이다. 혁명이 일어나기 전까지 궁전광장은 말을 탄 황제가 이끄는 화려한 군대가 행렬하는 장소였다. 그러나 그것은 1905년 1월 군대가 무장하지 않은 시민 시위대에게 발포하며 대학살이 벌어진 '피의 일요일' 사건의 현장이 되었고, 결국 1917년 볼셰비키혁명이 일어난 곳이 되기도 한다. 10월혁명은 겨울궁전과 궁전광장의 운명을 완전히 뒤바꿔 놓았다. 궁전은 미술관으로 광장은 다양한 정치적 목소리를 내는 집회의 장소이면서도 도시의 사람들이 여가를 즐기는 공간으로 바뀐다.

혁명의 거리, 광장의 정치

러시아혁명의 중심 도시였던 페트로그라드는 부르주아 구역과 노동자 구역이 분리되어 있었다. 페트로그라드의 공업단지는 운하와 강으로 에워싸인 화려한 도심 구역과 분리되어 수도의 외곽에 자리했다. 노동자가 파업할 때, 그들은 어김없이 도시 중심으로 행진하는 것을 기획했다. 거리 행진은 노동계급이 연대하고 노동자가 자기 권리를 주장하기 위한 방식이었다. 도심 거리로 행진하는 것은 거리를 자신들의 것으로 만드는 것이고, 부와 권력의 상징을 파괴하는 것이기도 하다.[8]

거리의 정치는 공공기관에서 집합행동[9]이 이루어지고, 집회와 시위의 형식을 띠는 것 등을 가리킨다. 거리의 정치는 지배체제나 국가권력에 대한 저항 또는 항거와 같은 사회운동을 지칭할 때 주로 사용한다. 그것은 통상 '제도정치' 또는 정당정치, 의회정치의 대어로 쓰는 말이다. 거리의 정치는 동원의 정치이다. 거리의 정치는, 민중이 자생적으로 카니발과 같은 집회를 열고 행진하는 것, 이데올로기가 선명하고 권력을 지향하는 정치집단을 '동원'하고 그 동원된 정치집단이 각종 '대회'를 열고 거리를 행진하는 것이 포함된다. 거리는 그들의 힘을 비추는 진정한 거울이 된다. 자본주의 국가에서 거리는 일반적으로 프롤레타리아의 공간이 아니다. 부르주아의 거리이다. 그러나 때때로 거리는 사회에서 갈등이 일어나거나 파업자들이 불만을 표시하고 요구 사항을 알릴 때 프롤레타리아의 것이 되기도 한다. 거리를 점령한다는 것은 특정인을 위협하기 위한 것이기도 하지만, 사람들을 설득하려고 일부러 다른 이들의 눈앞에 나서는 것이기도 하다. 이러한 정치적 표현은 깃발·노래·구호·현수막과 각종 선전물 등으로 연출된다. 이렇게 시위는 거리를 질서가 '굳은' 장소에서 '축제의 마당'으로 바꾸어 놓는다.

길을 함께 걸으면서 시위대는 감정적으로도 하나가 되었다. 그래서 거리는 하나의 '공동체'로 탈바꿈하기도 한다. 이를테면 거리 곳곳에는 모닥불이 피어 있었다. 그 덕분에 사람들은 장시간의 거리투쟁에서 몸을 따뜻하게 할 수 있었다. 주민들은 혁명가들에게 먹을 것을 주었고 자신의 집 마루에서 잠도 잘 수 있게 해 주었다. 카페와 식당 주인은 병사와 노동자에게 공짜로 먹을 것을 주었다. 한 카페에는 다음과 같은 간판이 걸려 있었다. "동료 시민 여러분! 자유의 위대한 날들을 축하하며 나는 당신들 모두 환영할 것입니다. 안으로 들어와서, 당신들이 바라는 것을 먹고 마시세요."[10] 사람들은 또 의사가 부상자를 치료하는 것을 기꺼이 도와주었다.

지나가는 낯선 사람들은 서로 이야기를 나누었다.[11] 《타임스》에는 "러시아인의 특성에 친숙하지 않은 이방인에게 놀랍고 기괴한 것으로서, 군중의 질서 정연함과 선한 본질은 아마도 이러한 위대한 러시아혁명의 가장 뚜렷한 특징이다"[12]라는 기사가 실렸다. 거리의 군중은 한 사람처럼 보였다. 모든 사람은 끈끈한 유대를 보였다. 사람들은 혁명을 지지한다는 것을 드러내려고 붉은 완장을 찼고, 단춧구멍에 붉은 리본을 달았다. 이처럼 1917년 혁명의 나날 속에서 거리는 민중에게 그런 축제의 장소가 되었다.

1917년 페트로그라드 거리는 시위대의 주요 근거지를 이루었다.

특히 페트로그라드의 근간인 넵스키대로Невский проспект는 투쟁의 중요한 장소였다. 넵스키대로는 외곽의 공업지역을 도심의 행정지역과 연결하는 중요한 지점이었다. 그래서 경찰은 시위대가 넵스키대로를 점령하지 못하게 철저히 방어해야 했다. 그러나 1917년 2월 23일 시위 첫날부터 파업자들은 "넵스키를 통과하고 수도의 부르주아 구역으로 거리 행진을 벌이는 것"을 목표로 세웠다.[13]

도시 외곽에서 넵스키대로로 가려면 반드시 통과해야 할 지점이 있었다. 바로 즈나멘스카야광장Знаменская площадь이었다. 바로 이곳에서 1917년 10월혁명으로 이어질 혁명의 첫 시위가 일어났다. 왜 이 광장은 2월혁명의 중심이 되었을까.[14] 노동자가 도시의 중심으로 행진하려고 할 때, 그곳을 꼭 지나쳐 가야 했다. 즉 즈나멘스카야광장은 외곽의 공업지대와 넵스키대로를 연결하는 곳이었다. 그곳은 중앙의 동상을 중심으로 아주 넓게 열린 공간이 있었다. 시위대는 공간 자체의 본질에 따라 조직되었다. 그렇기 때문에 그곳은 정치집회를 위한 이상적인 무대, 구경꾼을 모여들게 할 수 있는 '혁명 극장'의 무대였다.

그러나 무엇보다 더 중요한 것은 광장 그 자체가 하나의 상징적인 장소였다는 점이다. 광장 중앙에는 알렉산드르 3세의 거대한 기마상이 있다. 그 동상은 전제정의 상징, 획일적이고 자유가 없는 부동성의 상징이었다. 혁명적 분위기가 고조되자, 동상 주변에서 기병이 동상을 지켰다. 양측은 그 광장을 자신의 장소로 만들기로 결정했다. 군중은 체제의 신성한 장소를 정복하고 모독하기 위해 광장에 모여들었다. 경찰은 그러한 군중의 행위를 막으려고 했다. 러시아의 모든 도

1917년 2월혁명 시기의 즈나멘스카야광장,
러시아국립정치사박물관 소장

시에서 혁명은 그러한 기념물에 대한 투쟁으로 조직되었다.

알렉산드르 3세의 조각상은 붉은 깃발과 리본으로 뒤덮였고 조각상을 올려놓은 받침대에는 큰 글씨로 '하마'라는 단어가 새겨졌다. 한 노동자가 '하마'라는 별명을 붙였다. 이러한 행동은 법을 명백히 위반하는 것이었다. 제국의 법에 황실 가족을 모욕하면 처벌하는 여러 조항이 있다. 기념물 훼손을 방지하는 조항도 있다. 기념물에 대고 욕했다는 이유로 처벌된 사람도 있었다.[15]

알렉산드르 3세의 조각상이 있는 즈나멘스카야광장에서 러시아 전제정을 무너트린 혁명은 포문을 열었다. 비보르그구의 여성노동자들은 '전쟁을 중지하라! 기아를 해결하라! 노동자들에게 빵을 달라!'

고 외치며 시위를 벌였다. 여기에 남성노동자도 호응하여 7만 5000명에서 10만 명의 사람이 파업과 시위에 참가하였다.

다음 이틀 동안 운동은 전차와 학교, 상점, 신문사의 문을 닫으면서, 사실 모든 도시를 마비하는 총파업으로 발전하였다. 군중은 더욱 불어났다. 시위대는 경찰이 다리를 막자 얼음 위로 네바강을 건너 도심으로 나아갔다.

이미 1876년 학생시위 때부터 광장은 러시아에서 주목되었다. 그 시위는 인민주의자들이 조직한 러시아 최초의 대중 시위로 카잔대성당 앞 광장에서 일어났다. 그때부터 광장은 모든 시위의 초점이 되었다. 군중이 모이는 것을 차단하려는 시도로서, 당국은 공공정원을 조성했다. 그러나 이것은 대중의 마음속에 광장의 특별한 지위를 확증해 줄 뿐이었다. 광장은 신성한 장소가 되었다.

핀랸츠키역 앞 광장도 마찬가지였다. 핀랸츠키역은 상트페테르부르크에 있는 철도역으로 러시아의 북쪽이나 북동쪽으로 가는 기차의 출발점이다. 이 역은 핀란드의 국영철도회사가 1870년에 완성한 곳으로, 핀란드의 헬싱키와 러시아의 상트페테르부르크를 연결하는 노선이다. 회색과 빛바랜 분홍빛 치장 벽토로 장식된 작고 초라한 핀랸츠키역은 20세기를 바꾼 역사의 현장이 되었다. 1917년 4월 3일(구력) 1차 세계대전이 한창 벌어지고 있을 때, 블라디미르 일리치 레닌Владимир Ильич Ленин은 기차를 타고 망명지 스위스에서 러시아로 돌아왔다. 레닌과 혁명가 일행을 환영하는 인파는 수천 명에 달했다. 그들이 도착하자, 군악대가 혁명의 노래인 〈라마르세예즈〉를 연주했다. 핀랸츠키역 앞 광장에서 탐조등이 레닌과 혁명가 일행을 밝

보리스 쿠스토디예프, 〈10월의 전야(핀란츠키역 앞에서 연설하는 레닌) 〉, 1926

게 비추었다.

레닌은 광장에 있는 장갑차 위에 올라 "사랑하는 동지, 병사, 노동자 여러분! 러시아혁명을 승리로 이끈 여러분을 보니 무척 기쁩니다. 여러분은 전 세계 프롤레타리아 군대의 전위입니다. … 강도들의 제국주의 전쟁은 전 유럽 내전의 시작입니다. … 머지않아 유럽 자본주의는 깡그리 무너질 것입니다. 러시아혁명은 그 시작입니다. 전 세계의 사회주의 혁명 만세!"[16]라고 연설했다.

그날 이후 레닌은 세계를 바꾼 위대한 여정을 시작했다. 4월 4일 레닌은 타우리데궁전Таврический дворец에서 4월 강령을 발표했다. '평화, 빵, 토지'로 요약할 수 있는 레닌의 강령은 '모든 권력을 소비에트로!'였다. 4월 강령은 러시아인들에게 희망과 자존감을 주었다.

'평화, 빵, 토지'는 '모든 권력을 소비에트로!'라는 구호와 함께 1917년 혁명의 나날에서 빈번히 등장하는 문구였다. 그 구호는 1917년 러시아 대중의 열망과 정서를 대표하는 것이지만, 차르를 폐위한 뒤 수립된 임시정부의 앞길이 순탄치 않을 것임을 예고한 것이기도 했다.

이처럼 타우리데궁전은 새로이 경쟁하는 권력인 국가두마 임시위원회와 페트로그라드 소비에트가 자리한 곳이었다. 그곳은 '민주주의의 사원'이었다. 타우리데궁전은 대중의 상상 속에서 혁명의 신성한 장소였다. 많은 이는 궁전을 상징으로서만이 아니라 정부 그 자체가 있는 곳으로 생각했다. 이러한 모든 장소는 군중의 운동과 행동에 영향을 미쳤다.

깃발과 상징

러시아혁명을 상상할 때, 가장 먼저 떠오르는 것은 시위대의 붉은 깃발의 물결과 1789년 프랑스혁명 뒤 혁명의 노래가 된 〈라 마르세예즈〉를 부르는 소리일 것이다. 이것은 단순한 장식품이 아니라, 중요한 정치적 상징이었다. 붉은 깃발과 혁명의 노래는 투쟁을 규정하는 데 중요한 역할을 했다. 또 그것은 대중을 단결하게 했다. 실제로 문화적 상징, 의례, 페스티발 등은 혁명을 만드는 데 도움을 주었다. 이러한 상징은 혁명 정치의 소극적인 반영이라기보다 혁명 정치의 방법이었다.

붉은 깃발과 표상은 1917년 거리 시위를 조직하는 데 중요한 역할을 했다. 거리에서 적들과 투쟁하면서 대중은 깃발을 중심으로 모였다. 깃발은 우리와 적을 구분하는 손쉬운 상징물이었다. 기수는 군중에게 초점이었고 경찰에게는 목표물이었다. 많은 경우에 시위대와 경찰의 투쟁은 깃발로 결정되었다. 지하 단체는 늘 깃발을 준비했다. 활동가들은 붉은 물감을 사들였고 비로드 식탁보나 붉은 치마를 이용했다. 거리에서 곧바로 만든 깃발도 있었다. 국기를 혁명 진영의 현수막으로 쓰려고 국기를 징발했다. 시위대는 국기 가운데 흰색과 파란색의 가로줄을 찢어버리고 붉은 줄만 남겨 놓기도 했다. 붉은 깃발은 페트로그라드 거리 위에서 펄럭였다.

2월 25일 시위에서 군중은 카잔대성당 근처에서 코사크 중대 때문에 행진을 그만두어야 했다. 그때 시위대에서 소녀가 앞으로 나와 코사크 중대를 향해 천천히 걸어갔다. 사람들은 숨죽이고 소녀를 지켜보았다. 코사크 중대가 소녀에게 총을 쏠까? 소녀는 망토 안에서 한 다발의 장미를 꺼내 책임 장교 쪽으로 그것을 던졌다. 한순간 정적이 흘렀다. 꽃다발은 평화와 혁명의 상징이었다. 말에서 내려와 몸을 숙인 장교는 미소를 지으면서 꽃다발을 들었다. 승리감 못지않게 안도를 느낀 군중은 천둥소리와 같은 함성을 질렀다.[17] 시위대는 장교가 꽃다발을 주워들었다는 행위를 정권의 믿음직스러운 파수꾼이었던 군대가 연대해 오는 조짐으로 해석했다. 시위대는 코사크 기병대의 말의 꼬리와 갈기에 붉은 리본을 달았다. 그날 페트로그라드의 많은 거리는 시위대가 통제했다. 거리에는 노랫소리가 가득했고 깃발도 날렸다. 회의와 행진, 그리고 시위가 즉석에서 조직되기도 했다. 페트로그라드는 하나의 거대한 거리 당이 되었다.[18] 혁명의 첫날밤은 마치 부활절과 같았다. 처음 경험한 낯설고 예외적인 사건에 대한 감정을 표현하려면 이러한 익숙한 의례가 필요했을 것이다.

시위를 진압하려는 전술이 실패로 돌아가자, 2월 26일에 차르는 반란자에 맞서 수비대를 배치하라고 명령했다. 그날 몇 차례에 걸쳐 시위대에 총격이 있었다. 이날의 총격은 상황을 완전히 바꾸어 놓았다. 분위기는 달라졌다. 더는 '축제'가 없었다. 이제 끔찍한 현실이 지배했다. 삶과 죽음을 위한 투쟁의 이념은 러시아 수도의 거리에서 실제의 삶으로 수행되었다.

총격은 군대 안의 항명을 불러왔다. 볼린스키 연대가 반란을 일으켰다. 그들은 시위대 편에 섰다. 그들은 즈나멘스카야광장으로 갔다. 볼린스키 연대의 병사들은 군악대의 반주에 맞춰 〈라마르세예즈〉를 부르며 행진했다. 수하노프는 "우리는 〈라마르세예즈〉의 음악에 전혀 익숙하지 않았다. 그것은 나에게 오랫동안 감명을 주었다. 군악대, 그리고 '불법'인 자유의 노래에 대한 군대의 찬가"라고 회상했다.[19] 〈라마르세예즈〉는 민간인과 병사가 공동의 목적과 정체성으로 단결하는 데 중요한 역할을 했다.

'모든 권력을 소비에트로!'

붉은 깃발과 붉은색은 혁명기간 내내 넘쳐흘렀다. 모든 병사, 학생, 차장, 택시운전사, 소수민족, 여성, 어린이, 장교 등은 붉은 리본으로 치장했다. 그들에게 붉은색은 자유·연대·혁명에 대한 지지를 뜻했다. 반대편에게 그것은 폭도·소요·폭력을 뜻했다. 붉은색은 군중과 혁명가들에게 혁명의 상징이었다. 붉은색은 깃발에만 한정되지 않았다. 리본·창문·단춧구멍·현수막·완장 등도 붉은색을 썼다. 페트로그라드는 붉은색이 동날 정도였다. 3월 1일 겨울궁전에서 휘날리는 붉은 깃발은 특히 중요했다. 그것은 구체제의 강력한 상징 위에 새로운 정권이 들어섰음을 보여 주었다.

혁명가의 구호도 선동적이고 저항적이었다. 노래는 사람 사이의 연대를 이루었고 정치적 목표를 드높였다. 자유의 찬가는 강력한 사회적 함축을 지녔다.

노래는 구호를 외치는 것과 어우러졌다. 구호는 차츰 특권, 계급, 그리고 혁명의 적에게 독설하는 식으로 바뀌었다. '차르 타도!', '전쟁 반대!'와 같은 구호는 2월혁명에 대중을 모으는 주장이었다. 혁명이 진전됨에 따라, '부르주아지에게 죽음을!', '궁전에 전쟁을!', '부르주아 착취자 타도!'와 같은 문구가 퍼졌다. 반부르주아적 정서가 거리를 가득 메웠다.

1917년 7월 첫날에 페트로그라드에는 약 50만 명의 노동자와 병사가 '모든 권력을 소비에트로!', '전쟁 중지!', '10명의 자본주의적 장관을 타도하자!'라고 요구하면서 시위했다. 7월 15일에는 페트로그라드에서 50만 명의 시민이 참여한 평화시위, 이른바 '7월의 날들'이 있었다. 대격변은 심화하는 경제 침체에 대한 분노와 정부의 실책에 대한 실망뿐만 아니라, 전쟁에 대한 민중의 반발도 반영하였다. 사회주의 혁명이 시기상조라고 판단한 '옛 볼셰비키'는 머뭇거렸지만 결국 시위를 이끌기로 하였다. 하지만 정부는 멘셰비키와 사회혁명당원 지도자들의 도움을 받아 무력으로 시위를 진압하였다. 케렌스키의 명령에 따라 정부에 충성하는 군대가 북부 전선에서 차출되었다. 7월 4일 저녁 장교단 사관생도 코사크 부대가 시위대를 향하여 발포함으로써 400명 남짓 사상자를 냈다. 100여 명의 볼셰비키가 체포되고 볼셰비키당은 금지되었다. 시위는 진정되었지만, 르보프는 수상의 직위를 사임하였다. 그 뒤 케렌스키를 수반으로 하는 2차 연립정부가 7월 24일에 수립되었다.

그럼에도 상황은 계속 볼셰비키에 유리하게 발전하였다. 통치구조는 해체되었다. 2월혁명으로 8시간 노동제를 얻어 낸 노동자는 공장위원회를 조직하여 자신들의 권리를 한층 더 요구하였다. 산업의 관리권을 자본가의 손아귀에서 노동자로 옮기는 '노동자 관리', '공장의 자주 관리', '노동자통제'가 제기되었다. 농민들은 2월혁명 직후 국가와 교회와 귀족이 소유한 토지를 점거하였다. 이는 6월과 9월 사이에 절정에 이르렀다. 농민은 확대된 미르회의나 지구위원회 같은 독자적인 자치 행동 기관들을 만들었다. 그 뒤 그들은 정부의 토지위원회를 농민들이 관리하는 기구로 바꾸었고, 1917년 말과 1918년 초에 농촌소비에트를 세웠다. 병사들은 특히 7월의 공세가 실패로 돌아간 뒤 군대의 권위 체제에 반항하였다. 전쟁을 필사적으로 회피하고 고향에서 토지를 분배하는 데 열렬히 참여하고자 한 병사들은 차츰 급진적으로 되었다. 피압박민족도 자치를 요구하였다. 도시에서도 정책을 집행하며 국민에게 순종을 요구하는 임시정부의 능력이 차츰 떨어졌다. 더구나 임시정부가 전쟁을 계속 고집하는 한, 경제는 더욱 악화할 것이다.

노동자와 농민은 전제 정권에 대한 존경심을 잃었으며, 압제자에 맞서 투쟁하는 법을 배웠다. 이것은 엄청나게 중요한 심리적 변화였다. 소비에트는 1905년 '피의 일요일' 사건 뒤 자생적으로 탄생했다. 1905년 10월 14일에 상트페테르부르크에서 25만 명의 노동자를 대표하는 550명의 위원으로 구성된 '노동자 대표들의 소비에트'가 태어났다.

대중의 행동이 절정에 이르렀을 때, 상트페테르부르크 소비에트가 형성되었다. 상트페테르부르크 소비에트는 10월 13일에 시작되어 지도자들이 체포된 12월 3일까지 50일 동안 유지되었다. 그때 상트페테르부르크 소비에트는 '모든 사건의 중심이었고, 모든 운동노선은 소비에트로 향했으며, 모든 행동에 대한 지침은 상트페테르부르크 소비에트에서 퍼져 나왔다.'

상트페테르부르크 소비에트는 처음에 대표자들이 정치 총파업을 조직하려는 모임에서 비롯되었다. 소비에트는 원래 러시아 사회민주당 멘셰비키 분파에서 제기되었고, 대중 조직화를 위한 노동자들의 자발적 요구로 발생했다. 3일 만에 상트페테르부르크 소비에트는 공장 노동자 500명당 한 명의 대표자를 선출하여 226명의 대표자들을 집결하게 했다. 이 시기에 러시아에는 조직화된 노동조합은 전혀 없었고, 좌익 정당들도 겨우 몇몇 노동자만을 조직했다. 그러나 그러한 조직도 경찰의 감시 때문에 엄격히 제약되었다. 따라서 이러한 사실은 그때 소비에트가 상트페테르부르크 노동자들의 명실상부한 대중 조직이었다는 점을 뜻한다.

소비에트의 자생적인 대중성은 다음과 같은 방식으로 나타났다.

> 객관적인 필요성, 즉 사건이 진행되면서 제기된 필요성에 따른 산물인 소비에트. 소비에트는 권위 있는 조직이었지만, 아직 정착된 전통이 없었고, 실질적으로 어떤 조직 기구도 가지지 않은 채 흩어져 있는 몇십만 명의 민중을 즉시 포괄할 수 있는 조직이었다. 소비에트는 프롤레타리아트 안에 있는 혁명적인 흐름을 통일했다. 그리고 소비에트는 독창적이고 자발적인 자기 통제를 해낼 수 있었다. 무엇보다도 가장 중요한 것은 소비에트가 24시간 만에 생산 현장에서 만들어질 수 있었다는 사실이다.[20]

'상징혁명'

구체제의 상징을 파괴하는 것은 적어도 혁명가들에게 구체제 그 자체의 파괴를 뜻했다. 시위대는 로마노프 권력의 뚜렷한 화신, 이를테면 쌍두독수리, 국기, 차르의 초상과 동상, 제국 권력의 기념물과 상징, 독재의 상징인 교도소를 공격했다.

1917년 군중에게 쌍두독수리는 제국의 지배를 상징했다. 따라서 독수리의 이미지에 대한 통제는 인민의 승리를 나타내는 강력한 징후였다.

이러한 상징혁명의 주도권은 아래에서 나왔다. 2월 28일 초 대중은 '독수리를 불에 태웠다.' 또한 군중은 쌍두독수리를 쓰러트려 파괴했다. 병사들의 외투에 있는 독수리 문양도 제거되었다. 겨울궁전의 문과 철책에 새겨진 독수리는 붉은색으로 뒤덮였다. 로마노프의 쌍두독수리를 물리적으로 제거한 것은 공화국이 실제로 수립되는 징후로 인식되었다.

말과 노래도 군중에게 상징적 의미를 띠었다. '자유'의 함성, 〈라마르세예즈〉의 정서적 곡조는 그들의 결의를 강화했다. 붉은 깃발은 그들의 분노와 이상을 구현한 인민의 투쟁을 상징했다. 붉은색은 1789년 이후 혁명의 상징이 되었다. 그러나 러시아에서 전통적으로 붉은색은 아름다움이라는 이상과 연결되었다. '붉다красный'라는 단어는 '멋지다'와 '아름답다'의 동의어였다. 붉은광장은 혁명 이전에는 아름다운 광장을 뜻했다. 러시아 사람들은 이 붉은색을 자비롭고 선한 것으로 여겼다. '붉은 것은 가장 아름답다прекрасный -

카를 불라, 〈로마노프의 상징에 대한 화형식〉,
1917, 러시아 연방 국가기록보관소 소장

самый красный'라는 속담이 있다. 붉은색은 또한 러시아정교회에서 중요한 상징이다. 중요한 종교 축제인 부활절은 '붉은 부활절'로 불렸다. 그리고 이날 신부는 붉은 가운을 걸친다.[21] 붉은색은 신성하고 아름다웠다. 시위대는 그런 붉은색을 혁명에서 이용했다. 혁명 뒤 붉은 광장은 '아름답다красивый'가 아닌 혁명의 상징색인 '붉다красный'를 뜻하게 된다. '붉다'와 '아름답다'를 뜻하는 단어가 갈라졌다는 뜻이다.

시위대는 자신들의 상징을 위해 죽을 각오도 했다. 그들은 생명에 위협을 받으면서도 차르의 궁전에 붉은 깃발을 달거나 로마노프의 쌍두독수리 문장을 떼어 냈다. 왜냐하면 그것은 혁명과 관련한 것이기 때문이다. 구체제의 상징을 해체하고 혁명적 상징으로 대체하는 것은 그 자체로 사회를 재건설하는 한 면이 되었다. 그것은 공간과 시간을 재구성하는 것이었다. 혁명은 구체제의 폐쇄적인 공간(궁전과 감옥)을 열었고, 커다랗고 열린 공적공간을 혁명의 축제를 위해 이용했다.

이러한 상징혁명의 뿌리에 파괴만 있지 않았다. 사람들은 특권을 끝내기 위해서만이 아니라, 더 순수하고 단순한 사회체제의 복원을 확보하려고 필요치 않은 것, 즉 전제정이 과도하게 축적한 부와 전제정의 부패를 일소했다. 군복을 검소히 하고, '시민 장관', '동지' 등과 같은 민주적 칭호를 채택하고, 사치스러운 의상과 위계질서를 폐기하는 등 혁명적 미덕이라고 할 수 있는 조치도 있었다. 이런 행위는 단지 과거를 지우려는 의식적 행위만이 아니었다. 이것은 문화, 일상생활과 관습 등에 혁명의 이상적인 공화국을 투사한 것이었다. 이처럼 혁명은 그저 사회체제를 바꾸는 것이 아니었다. 그것은 사람들의 습속과 정신세계도 다시 태어나게 했다.

이미지의 투쟁: 스페인내전기 공화진영의 ‘혁명’과 선전 포스터[1]

이원근

모든 전차와 택시, 그리고 다른 교통수단도 대부분 빨간색과 검은색으로 칠해 놓았다. 도처에 혁명 포스터들이 붙어 있었다. 빨간색과 파란색이 선명한 포스터들은 벽에서 활활 타오르는 것 같았다.[2]

'벽에서의 외침': 스페인내전과 선전 포스터

1936년 7월 17일 스페인 군부는 프란시스코 프랑코Francisco Franco 장군을 중심으로 해서, 스페인 제2공화정 인민전선Frente Popular/Popular Front 정부에 대한 쿠데타를 일으켰다. 쿠데타는 절반의 성공을 거뒀고, 이는 곧 내전으로 발전해 1939년 4월 1일 반란군의 승리로 끝이 났다. 스페인내전은 이후 프랑코 독재기(1939~1975)와 1976년 이후 1980년대의 스페인 민주화 시기까지 영향을 미친다. 이처럼 스페인 현대사에 큰 흔적을 남긴 스페인내전은 나아가 20

세기 전반부의 이데올로기전이자 '국제전'으로 이야기되었다. 이는 1930년대 스페인과 세계의 문제가 응축한 내전의 선명하면서도 복잡한 대립 구도에 기인한다.

프랑코가 이끈 국민진영Nationalists/Bando Nacionalista은 왕당파·전통주의자·파시스트 등 군부를 비롯한 우파 세력의 집합체였으며, 인민전선 정부를 중심으로 한 공화진영Republicans/Bando Republicano은 공화주의자·공산주의자·사회주의자·아나키스트 등을 포함한 좌파 세력의 결합체였다. 국민진영은 인민전선 정부를 장악한 공산주의자들의 음모에서 스페인과 세계를 보호해야 한다는 '반공산주의 전쟁'을 반란과 전쟁의 명분으로 내세웠다. 공화진영은 이에 대항하여 적이 스페인에 독일의 나치와 이탈리아의 파시스트 세력을 끌어들여 반란을 일으켰다고 비난하고, 스페인과 세계의 진보를 위해 싸워야 한다는 '반파시스트 전쟁'을 주장했다. 전쟁의 양측은 스페인만이 아닌 1930년대 세계의 존망을 이야기했다.

스페인을 둘로 나눈 전쟁은 곧 세계를 양분했다. 유럽과 미국의 지식인 및 정치인 사이에서 전쟁에 개입할 것인지, 그렇다면 어느 측을 지지할 것인지를 둘러싸고 거센 논쟁이 일어났다. 공식적으로는 스페인내전에 대한 〈불간섭협정Non-intervention pact〉이 이루어졌으나 개인적으로 스페인을 향한 각종 지원이 이뤄지기도 했다. 특히 조지 오웰Geroge Orwell, 어니스트 헤밍웨이Ernest Hemingway, 막스 아우브Max Aub, 앙드레 말로André Malraux, 아서 케스틀러Arthur Koestler, 파블로 네루다Pablo Neruda, 파블로 피카소Pablo Picasso, 로버트 카파Robert Capa 등 세계적 예술가들은 공화진영에 대한 지지의사를 표명하고 참전하기도 했다. 공화진영 편에서 전쟁에 참여한, 각국에서 온 지원병들로 조직된 국제여단International Brigades 또한 대표적이다.

국민진영 측에도 유럽 각국에서 건너온 '지원병'들이 존재했으나 그 규모는 공화진영에 비하면 턱없이 적었다. 과연 무엇이 공화진영에 대한 이 같은 자발적 지원을 이끌었는가? 이는 스페인내전과 관련한 가장 큰 물음 중 하나였고, 이데올로기와 선전이 그 답으로 제시되었다. 양 진영은 모두 신문·문학·영화·라디오·회화·포스터 등 사용할 수 있는 모든 매체를 동원해 대대적인 선전전을 펼쳤다. 이데올로기에 기반을 두고 민족·스페인·자유·평화 등의 개념을 전유한 선전은 적에 대항할 하나의 정체성을 만들고 지원을 이끌기 위한 도구였다. 이 글은 그중에서도 당시에 스페인내전을 반파시스트전쟁으로 이미지화하였을 뿐만 아니라, 이후 전쟁을 기억하는 데 영향을 미친 공화진영의 선전 포스터에 주목한다.

치열한 선전전에서 특히 공화진영이 적극적으로 활용하고 국민진영에 비해 양적·질적으로 훨씬 앞선 매체가 있었는데, 그것은 바로 선전 포스터였다. 포스터는 선전매체로서 장점이 많았다. 당시 포스터는 스페인의 전통적인 성화聖畫와 같은 이미지에 익숙하고 문맹률이 높았던 스페인 대중에게 쉽게 접근할 수 있는 매체였다. 또한 매체의 특성상 문학이나 영화보다 빠르고 값싸게 제작할 수 있었다. 게다가 복사와 변형을 할 수 있고, 장소에 특별히 구애되지 않기 때문에 널리 유포되어 사람들이 쉽게 접할 수 있었다. 마지막으로 선전의 주제를 일목요연하게 시각화하여 언어의 장벽도 넘어설 수 있었다.[3]

이 같은 선전 포스터의 중요성과 파급력은 그 본질인 시각적 성격으로 강화된다. 주요 선전 내용을 집약하고, 언어의 장벽을 넘어 다른 나라에 유포하기에도 유리하기 때문이다. 그뿐만 아니라 포스터와 같은 시각적 이미지는 특정 주제에 대한 서사를 만들고 그에 대한 인식에 영향을 미치기도 한다. 문화사가 피터 버크Peter Burke에 따르면, 이러한 이미지들은 "일어나야 한다고 생각했던 일들을 실제로 일어난 일들보다 우위에 놓이게" 하여 사건 자체에 강력한 인상을 만들어 낸다.[4]

몇몇 스페인내전 역사가가 공화진영의 선전 전략을 '포스터주의cartelismo'라고 부를 만큼 공화진영은 다양한 선전 포스터를 제작했다. 스페인내전 기간 국민진영과 공화진영이 제작한 선전 포스터는 약 2000~2500종으로 추산되는데, 그중 3분의 2가 공화진영 측의 것이며, 적에 비해 열 배가 넘는 양을 생산했다고 알려졌다. 이는 공화진영이 포스터를 제작하는 데 몇 가지 이점이 있었기 때문이었다.

마드리드·바르셀로나·발렌시아 등 산업화가 진행되고 정치집회가 빈번히 열리던 대도시들이 공화진영에 속해 있었다. 이 지역들을 중심으로 발전한 스페인의 포스터 예술은 1920년대부터 이미 상업광고와 영화광고, 선거 등 광범위한 분야에서 사용되었을 뿐만 아니라 하나의 예술 장르로 자리하고 있었다. 포스터를 대량으로 생산할 수 있는 인쇄소 또한 이 지역들에 있었기 때문에 전쟁 기간 선전 포스터를 제작하기에 유리했다.

예술가에 대한 태도에서 공화진영과 국민진영의 차이도 중요했다. 공화진영은 선전과 관련해 예술가들의 자유로운 활동을 허용하고 장려했다. 반면 국민진영에서 선전은 중앙의 지시를 따라야 하고 예술가의 표현을 억누르는 것이었다. 따라서 공화진영은 기존에 이념적인 입장을 표명하는 데 자유로웠고, 전시에도 자신들의 예술적 역량을 표현할 수 있었기에 더 많은 예술가의 지지를 얻을 수 있었다. 그리하여 내전 이전부터 예술·광고 등의 포스터를 제작한 주제프 레나우Josep Renau, 카를레스 폰세레Carles Fontserè, 호세 바르다사노José Bardasano, 마누엘 몬레온Manuel Monleón과 같은 포스터 작가는 사회주의적 사실주의부터 초현실주의, 포토몽타주photomontage에 이르기까지 다양한 기법을 동원하여 공화진영의 선전 포스터를 제작할 수 있었다. 이들은 정부나 정당의 강령, 모병, 위생, 문화와 교육, 여성과 남성 영웅들, 희생자들, 적에 대한 비난 등 전쟁과 관련한 거의 모든 것을 포스터의 주제로 삼았다. 이러한 선전 포스터로 뒤덮인 공화진영의 모습은 로버트 카파, 카티 호르나Kati Horna 등 스페인내전을 취재한 사진작가들의 작품이나 스페인 일간지 《아베쎄ABC》 등에서도 쉽게 확인할 수 있는 일상의 풍경이었다. 나아가 공화진영은 전쟁으로 구체제의 상징이 되어 버린 교회의 예수상이나 성인聖人들의 이미지로 포스터를 대신하기도 했다.[5]

공화진영의 선전 포스터는 내전 당시의 정강政綱·언론·문학·회고록·서간문·일기 등에서 반복해서 나타나는 주제들을 집약하고, 공화진영 자체와 전쟁에 대한 분명한 이미지들을 만들어 냈다. 공화진영의 '혁명', 잔혹한 파시스트의 공격에 죽어 가는 순결한 희생자들, 그들을 지켜 내는 영웅적 인민의 모습, 그리고 인민들이 만들어 나갈 새로운 세계에 대한 희망이 그것이었다. 중요한 것은, 이러한 공화진영의 선전 포스터들이 전쟁 당시에 전쟁과 공화진영에 대한 압축적인 이미지를 만들어 냈을 뿐만 아니라, 현재에도 전쟁에 대한 기억으로 남을 이미지를 남겨 두었다는 것이다.

공화진영의 전쟁 이미지 1: 인민들의 세계

스페인내전의 발발 요인은 다양하다. 이를 스페인 국내 문제로 집중해서 보면, 19세기 이후 해결되지 않은 스페인의 사회적·경제적·정치적 문제들이 폭력으로 분출된 결과로 볼 수 있다. 그중 가장 큰 문제는 극심한 빈부격차, 즉 도시 노동자와 자본가, 농민과 지주 사이의 간극이었다. 1936년 초 스페인 인민전선 정부의 승리는 바로 이러한 현실을 뒤바꾸고자 하는 열망의 표출이었다. 인민전선 정부는 교육·세금·토지 제도 등에 대한 대대적 개혁을 추진했다.

문제는 정부의 개혁이 지나치게 급진적으로 보여, 선거에서 패한 정부에 반대하는 다양한 세력이 결집하게 했다. 스페인 군부의 반란은 바로 이러한 배경에서 일어난 일이었다. 그러나 반란은 또한 역설적인 결과를 냈다. 내전은 인민전선 정부가 추구한 개혁뿐만 아니라, 공화진영 내 좌파 정치세력을 더욱 급진적으로 만드는 계기가 되었다. 공화진영의 선전 포스터는 이 같은 공화진영의 분위기를 드러내고, 스페인에서 일어나는 혁명을 세계에 알렸다.

공화진영의 선전 포스터 대부분은 농민·노동자·민병대원·병사·간호사 등 다양한 모습의 인민을 그렸다. 이들은 계급적 정체성과 전투원의 의미를 동시에 지닌 투쟁의 주체로 나타난다. 주로 프랑코를 중심에 두고 병사들이나 일부 장군만을 그린 국민진영의 선전 포스터와 매우 대조적인 측면으로, 공화진영의 성격을 드러내는 부분이다.

공화진영의 선전 포스터에서 인민은 스페인 변혁의 주인공으로 명명되었고, 농민과 노동자의 모습으로 나타났다. 그중에서도 특히 농민이 그 주체이자 대상이었다. 많은 포스터에서 과거의 속박에서 벗어난 자유로운 농민이 그려졌는데, 이는 스페인의 고질적인 문제인 불평등한 토지구조와 농민의 빈곤과 연결되는 것이었다. 스페인의 반半봉건적 토지구조에서 농민들은 대지주들의 토지에 속박되어 과도한 세금에 시달렸고, 겨울에는 한시적으로 노동력을 팔아야 했음에도 빈곤한 삶을 벗어나지 못했다.[6] 공화진영에서 내전이 바로 기존의 체제를 뒤엎을 시기라는 주장이 나왔다. 이와 관련해 농민과 토지를 결부하여 자유의 의미를 강조하는 선전은 공화진영의 주요 주제 중 하나였다. 농민에게 토지를 돌려준다는 사고는 공화진영의 모든 세력이 공유한 내용이었고, 이에 대해 선전함으로써 구성원의 투쟁의식과 노동의식을 고취하려 했다.

내전 초기에 제작된 포스터들은 공화진영의 주인공으로서 농민과 노동자의 모습을 잘 드러냈다. 그 예로 아나키스트 조직인 전국노동자연합Confederación Nacional de Trabajo, CNT과 공화정부의 선전국이 제작한 포스터들은 전쟁이 토지를 인민에게 돌려주기 위한 것이며, 그간 자신들을 억압해 온 구세력에 대한 투쟁임을 명백히 드러냈다.

〈그림 1〉은 CNT 산하 강철부대Columna de hierro의 민병대원을 모집하기 위해 제작된 포스터이다. 포스터에는 근육질의 상체를 드러낸 한 남성이 그려졌다. 그 남성은 자신의 총검으로 사악한 괴물 같은 존재를 찔러 들고 있다. 이 괴물의 양복과 비단 모자는 전통적인 부르주아-자본가의 상징으로, 그 의미를 쉽게 떠올릴 수 있다. 또한 포스터에 "농민들이여. 혁명이 너희에게 땅을 줄 것이다!"라는 구호가 적혀 있다. 곧 이 근육질의 남성은 농민이자 적을 타도할 강력한 전사, 혁명을 이끌 주체로 명명된다. 동시에 그들의 투쟁은 지배계급을 타도하고 삶의 기반인 토지를 되찾기 위한 것으로 정의된다.

레나우가 농업국Ministerio de Agricultura을 위해 디자인한 포스터(〈그림 2〉)는 토지 개혁에 대한 정부의 주장이 반영되었다. 단단한 근육질의 상체와 결연한 표정을 지은 농민을 그림으로써 농민이 강인하고 영웅적인 투쟁의 주체로 자리매김하게 했다. 농민의 손에 들린 총과 총검에 꿰인 뱀이 농민의 투쟁이 지닌 의미를 강화한다. 특히 사악한 적을 상징하는 뱀의 몸에 적힌 지주propietario와 반란군faccioso이라는 단어는 농민의 적이 누구인지를 알려 준다. 포스터의 붉은 글씨는 농민에게 "무기를 들고 너희에게 토지를 준 정부를 수호하라"라고 촉구한다. 게다가 포스터의 총은 단순한 무기가 아니다. 총의 개머리판에 쓰인 법령decreto이라는 단어는, 포스터에 적힌 농업부 장관 비센테 우리베Vicente Uribe의 이름으로 공포된 〈농지개혁법〉을 뜻한다. 정부의 토지 개혁을 농민의 자유, 그리고 공화정부를 지킬 무기와 동일시하여 그 중요성을 역설했다.

그림 1. 캘리포니아대학교
허버트 사우스워스 컬렉션 소장

그림 2. 캘리포니아대학교
허버트 사우스워스 컬렉션 소장

1936년 아나키스트가 제작한 또 다른 포스터(〈그림 3〉)는 두 남성이 대조적으로 그려져 민병대의 힘이 강조되었다. 크고 건장한 남성이 총을 들고 있으며, 아나키스트의 상징이자 민병대의 복장인 빨간색과 검은색이 섞인 스카프를 두르고, 개리슨캡을 썼다. 그는 자신의 앞에 있는 작은 남성의 손을 꽉 붙잡았다. 민병대원의 억센 손아귀에 잡혀 옴짝달싹하지 못하는 것처럼 보이는 그 남성은 구식의 장교복을 입었으며, 그 잡힌 손에서 피 묻은 단검이 떨어진다. 즉 이 작은 남성은 군부 또는 반동 세력을 의미하며, '배신'을 상징하는 피 묻은 단검으로 스페인 인민을 배신하고 공화정부에 반란을 일으킨 적의 이미지를 만든다. 건장한 아군과 왜소한 적이 대조적으로 그려진 포스터에 적힌, "군대의 폭력에 대항하는 노동자의 무적의 힘"이라는 문구는 반동 세력인 적에 대항한 인민의 영웅적인 투쟁이라는 서사를 만들고, 이를 통해 투쟁에 참여할 이를 모으고자 했다.

그림 3. 캘리포니아대학교
허버트 사우스워스 컬렉션 소장

인민을 동원하기 위해 제작된 위와 같은 이미지들에 선전 포스터의 주요 기법이 활용되었다. 먼저 불러내고자 하는 대상을 정확히 가리키고 근육질이나 강인한 모습으로 묘사함으로써 아군의 힘과 승리의 전망을 강조한다. 동시에 적을 작고 혐오스러운 모습으로 그림으로써 왜소화하고 비인간화한다. 특히 스페인내전처럼 하나의 민족 또는 국민으로 여겨진 자 사이의 전쟁에 사람들을 동원하기 위해 적을 더욱 비민족적이고 비인간적인 존재로 만들어야 했다. 따라서 공화진영은 선전 포스터에서 추악하고 기형적인 모습의 적을 대량으로 생산했고, 이는 언제나 강력한 노동계급의 영웅들과 대비되었다.

영웅적 인민의 모습을 재현한 공화진영의 선전 포스터에서 중요한 또 다른 요소는 새로운 여성의 모습이었다. 〈그림 4〉의 포스터에 공화진영의 가장 유명한 구호인 "그들은 지나갈 수 없다(No Pasarán)"가 써 있고 전투 중인 민병대원의 모습이 그려졌다. 이 중 주목할 것은 포스터의 가운데에 주인공처럼 서 있으며, 개리슨캡를 쓰고 총을 쏘는 여성 민병대원이다. 바지를 입고, 직접 총을 들고 전투에 나서거나 도시의 경비를 서는 여성의 모습은 내전 초기, 선전 포스터와 사진을 통해 쉽게 접할 수 있었다. 이들은 당시 유포된 대중문학이나 언론에서 독립적이고 능동적인 존재이자 전全 인민의 투쟁을 보여 주는 사례로 강조되었다. 더욱이 전통적인 성별 구분과 교회의 영향으로 보수적이고 남성중심적인 성별 위계가 공고했던 스페인에서 등장한 이러한 여성의 이미지들은 충격적이었다. 이와 같은 모습은 1920~1930년대 서구 각지에서 일어난 여성운동과도 연결되어 공화진영에 새로운 혁명의 이미지를 더했다. 즉 공화진영에서 정치적 혁명만이 아니라 기존의 성별 구분을 무너뜨리는 또 다른 혁명이 이뤄지고 있음을 강조하는 것이었다.

그림 4. 링컨 여단 아카이브 소장

이처럼 공화진영은 포스터들을 통해 오랜 기간 억압된 농민들과 노동자, 그리고 여성이 자유를 위해 구체제 및 새로운 우파 세력들에 맞서 싸우고 있음을 외쳤다. 이 같은 공화진영의 분위기는 포스터와 언론 및 뉴스릴 등을 통해 널리 알려졌고, 1930년대 세계 도처에서 일어난 정치적·이데올로기적 투쟁의 대표가 되었다. 이미 히틀러와 무솔리니가 노동운동 세력을 억압한 독일과 이탈리아에서 노동운동 세력은 스페인의 혁명이 자국의 상황을 뒤집을 수 있을 것이라 보았고, 영국이나 미국 등의 좌파 세력들도 스페인의 전쟁을, 노동운동을 강화하고 나아가 노동계급의 혁명을 가능하게 할 하나의 기회로 여겼다. 바로 이들이 스페인과 세계의 '자유'를 위해 싸워야 함을 주장했고, 또 직접 스페인으로 왔다.

공화진영의 전쟁 이미지 2: 희생자와 수호자

내전 초기 혁명에 대한 희망이 공화진영에 대한 관심과 공화진영의 주의를 환기했다면, 잔혹한 행위를 하고 세계를 위협하는 적이라는 선전 주제는 공화진영을 위해 세계인들이 시급히 연대해야 함을 알리는 것이었다. 특히 이러한 선전은 모든 형태의 혁명에 적대적이거나 미온적인 태도를 보일 수 있는 중도 세력을 끌어들일 수 있었다.

스페인공산당Partido Communista de España, PCE의 호세 디아스 José

Diaz는 영국 일간지 《네일리 워커Daily Worker》에 다음처럼 기고했다. "모든 스페인 사람, 공화주의자, 사회주의자, 공산주의자, 아나키스트 그리고 기독교를 위협하는 파시스트"는 "수많은 남성, 여성, 아이와 노인을 죽이고 있다. 매일 시신이 늘며 국제 파시즘의 희생자가 늘고 있다." 호세 디아스는 스페인 인민이 이를 막기 위해 투쟁하고 있으며, 나아가 이는 곧 "세계 모든 인민의 대의"를 대표하는 것이며, 전 세계 인민의 연대를 호소했다.[7]

적의 사악함을 알리기 위한 선전은 스페인내전에서 세계 최초로 도시가 폭격을 당했다고 주장되는 내용을 중심으로 이루어졌다.[8] 1936년 말부터 독일의 콘도르 여단Condor Legion을 중심으로, 마드리드를 비롯한 공화진영의 주요 도시에 폭격을 가했다. 공화진영은 이에 대한 내용을 선전함으로써 국민진영을 비난하고 해외의 지원을 얻고자 했다. 또한 이는 스페인내전에 대한 가장 강렬한 이미지를 남기는 것이었다.

스페인내전의 폭격과 관련해 가장 중요한 작품 중 하나는 1937년 파리박람회에서 공개된 피카소의 〈게르니카Guernica〉임이 분명하다. 이보다 먼저 사진과 그림, 문구를 결합한 포토몽타주 기법이 적극 활용된 선전 포스터들에서 폭격의 고통과 공포가 가시화되어 충격을 주었다. 이러한 이미지는, 국민진영 나아가 파시즘을 비문명적이고 야만적인 존재로 만들고 공화진영을 철저한 선이자 희생자로 규정했다. 이때 가장 중요한 도상은 바로 힘없고 무력한 자들, 특히 아이들이었고, 공화진영의 포스터는 이를 두 가지 방식으로 재현했다. 무력한 희생자이자 자신의 아이를 안은 어머니로서의 피에타Pieta 이미지와 이미 죽어 버린 아이들의 모습이 그것이다.

〈그림 5〉의 포스터는 하늘을 나는 비행기와 파괴된 건물, 아이를 안고 우는 여성의 사진으로 폭격의 파괴성을 드러내며 희생자의 이미지를 만들어 낸다. 그리고 "이를 막기 위해 당신은 무엇을 하는가? 마드리드를 도와라"라는 문구는 적에 맞서 힘없는 이 희생자들을 지키기 위해 싸울 자들을 불러낸다.[9] 영어판과 프랑스어판이 만들어졌다는 것을 고려해 보면, 이 포스터는 처음부터 해외에 지원을 요청하기 위해 제작된 것이 분명하다. 흥미로운 점 하나는 이 포스터에 사용된 사진의 인물이 실제 폭격의 희생자가 아니라는 사실이다. 원본은 스페인의 아나키스트 지도자인 두루티Buenaventura Durruti의 장례식에서 찍힌 사진으로, 본래 의도는 영웅적 지도자를 잃은 한 인민의 슬픔을 보여 주는 것이었다. 더욱이 원본 사진에서 아이는 움켜쥔 주먹을 치켜들고 있어, 미래의 혁명 전사를 나타냈다. 그러나 공화진영은 이 포스터에서 검은색 배경으로 아이의 팔을 가리고, 폭격기와 무너진 건물을 합성하여 이들을 폭격의 희생

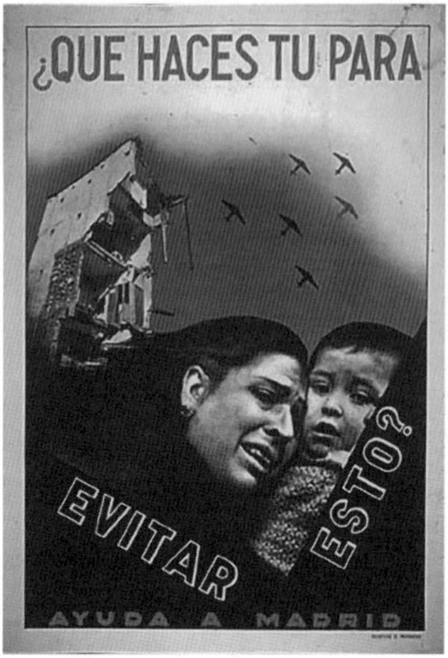

그림 5. 캘리포니아대학교 허버트 사우스워스 컬렉션 소장

자로 그린 것이다.

폭격의 피해를 강조하고 동정심을 자극하기 위한 선전은 부모와 떨어진 채 죽어 버린 아이들의 사진을 사용한 포스터에서 더욱 극대화되었고, 이는 세계를 위협하는 파시즘의 이미지를 만들어 냈다. 특히 1937년 정부의 선전부가 제작한 포스터들이 대표적이다. 이처럼 폭격의 야만성을 비난하기 위해 죽은 아이들의 사진을 사용할 수 있었던 것은 작가이자 공화정부의 외무부와 선전부에서 활동한 아르투로 바레아Arturo Barea 덕분이었다. 마드리드에서 발렌시아로 정부를 이전해야 하는 급박한 상황에서 여러 서류 및 사진 자료가 버려질 때, 희생된 아이들의 사진도 폐기될 뻔했다. 그러나 바레아는 이 사진들이 선전하는 데 매우 특별한 가치가 있음을 감지하여 '구출'해 냈고, 이 사진들은 공화진영의 선전 포스터들에 적극 활용되었다.[10]

공화진영은 〈그림 6〉의 포스터에서 머리에 구멍이 뚫려 있는 등 온전하지 않은 여덟 아이들의 시신 사진을 이용해 폭격이 주는 고통과 처참함을 고스란히 드러냈다. 그리고 이 같은 만행을 자행한 적-파시스트를 "살인자들"이라 비난하고, "이를 본 누가 파시즘의 파괴를 위해 총을 들지 않을 것인가"라는 문구로 적의 끔찍한 행위에 대항하길 요청한다. 또한 죽은 아이들은 "스페인의 적이 벌인 끔찍한 전쟁의 순결한 희생자들"로 성화聖化되고, 파시스트와 그들의 지원을 받는 국민진영은 비스페인적인 존재로 규정되었다.

〈그림 7〉의 포스터는 〈그림 6〉의 포스터에 사용된 사진 중에서 한 여자아이의 사진이 다시 사용되어 스페인에서 어떤 일이 벌어지는지를 알린다. 하늘을 나는 융커스 폭격기들은 프랑코와 국민진영이 끌

그림 6. 캘리포니아대학교
허버트 사우스워스 컬렉션 소장

그림 7. 캘리포니아대학교
허버트 사우스워스 컬렉션 소장

어들인 나치 독일이 스페인에 폭격을 가하여 무고한 인민을 죽음에 이르게 하며, 이것이 바로 적이 주장하는 '정당한 군사 활동'의 실체라고 비난한다. 나아가 이를 스페인이 막아 내지 못한다면 곧 세계가 그 위협의 대상이 될 것이기에 공화진영에 대한 지원이 시급하다고 강조한다. 이 포스터는 스페인어, 영어, 프랑스어로 제작되었을 뿐만 아니라, 영국 정부가 스페인 공화정부를 지원해야 한다고 주장한 영국노동당은 이를 현수막으로 제작해 거리시위에서 사용하기도 하여, 스페인에서 벌어지는 파시스트의 만행을 세계에 알리는 역할을 하기도 했다.[11] 〈그림 6〉의 포스터에 사용된 여러 사진 가운데 더 끔찍한 피해를 입은 아이들이 있음에도, 〈그림 7〉의 포스터에서 여자아이의 사진이 사용된 것도 주목할 점이다. 이는 피해를 입은 사람 중에서도 남성보다는 여성을, 어른보다 아이의 모습을 드러내는 것이 더욱 강한 감정을 불러일으킬 수 있다는 언론 및 선전의 전략에 충실한 것으로 볼 수 있다.

폭격으로 파괴된 건물과 죽은 사람들로 가득한 공화진영의 모습은 포스터를 비롯한 선전에서 반복되었고, 이는 적을 직접 풍자하고 비난할 수 있는 강렬한 이미지였다. 스페인내전 전까지 일반적으로 전쟁에서 선전 전략은 적의 잔혹행위가 많이 강조되지 않는 편이었다. 파괴된 아군의 모습을 보여 주는 일은 적의 압도적인 무력과 그에 따른 위협과 공포를 보여 주어 아군의 사기를 저하할 위험이 있기 때문이다. 그러나 공화진영의 폭격에 관한 이미지는 새로운 선전 전략으로, 공포보다는 더 큰 분노와 공감을 불러일으켰다. 이를 가능하게 한 것 중 하나는 바로 포스터의 주요 구성요소인 표어였다. 적에 저항하고 그들을 물리칠 영웅을 불러내기 위해 공포를 분노로 치환할 수사를 사용하여 바로 지금, 스페인에서 이루어지는 잔혹한 행위를 막을 행동을 요청했던 것이다. 아울러 어린아이와 여성이라는 무력한 희생자의 사진을 사용한 이미지는 폭격의 고통을 가시화하고, 포스터의 문구는 공화진영의 전쟁을 극적으로 만들어 스페인 외부의 사람들에게도 이와 같은 일에 책임이 있다고 믿게끔 했다. 나아가 국민진영과 이를 지원하는 파시즘 세력을 피와 파괴를 불러올 뿐인 비문명적이고 야만적인 존재로 규정하여, 스페인내전을 세계의 운명을 건 거대한 투쟁으로 만들었다.

> 폭격기가 가까이 오자 나는 기이한 흥분에 휩싸였다. … 내가 경험한 첫 번째 공습이었고, 경험하길 원했던 것이다. 우리는 이미 포스터와 사진으로 폭격이 도시를 어떻게 만들 수 있는지 보았다. …(이것은) 스페인에서 우리에게 처음으로 나타난 새로운 잔혹 행위의 이미지였고, 나는 아주 이상하게도 이를 공유하고 싶어 견딜 수 없었다.[12]

국제여단 병사로 참전한 영국 작가 로리 리Laurie Lee의 회고는 폭격에 관한 선전이 환기한 감정을 드러낸다. 로리 리는 이러한 선전이, 자신이 "자유와 새로운 도덕"을 위해 "새로운 사탄인 파시즘"에 맞서 싸울 결심을 하게 만들었다고 썼다.[13] 당시 언론도 국민진영의 폭격을 다른 어떤 일보다도 비난의 대상으로 삼았다. 예를 들어, 인간성과 문명이 결여된 "아기 살해자들"·"도살장의 군주"·"죽음의 기계"인[14] "파시스트의 가학성과 흉포함을 보여 주는 일"로 이야기되기도 했다.[15] 공화진영의 선전은 이 사악한 파시스트의 반대편에 있는 희생자이자 그들을 지키기 위해 저항하는 영웅적인 '반파시스트 인민'을 보여 주었다. 이러한 선전으로 공화진영은 전쟁을 '모든 억압에 대항한 보편적 투쟁'으로 만들려 했고, 이에 공감하며 전쟁을 자신의 것으로 여긴 해외의 수많은 사람이 스페인에 지원병으로 오게 만들었다. 나아가 이 같은 상황은 내전에서 승리해 인민의 자유로운 세계를 건설할 것이라는 낙관적 전망을 만들어 내는 일이었다.[16]

공화진영의 '혁명'과 스페인내전의 기억들

선전과 현실의 간극은 컸다. 공화진영의 화려한 선전 포스터들이 보여 주는 인민의 혁명이나 희생자들을 보호하자는 호소가 무색하게, 전쟁은 국민진영의 승리로 끝났다. 스페인내전의 선전전에서 전쟁을 세계의 존망을 건 전쟁으로 이야기했으나, 역사가 홉스봄이 말했듯이, 스페인내전 자체는 당장에 국제 정세에 변화를 일으키지도 않았다. 2차 세계대전은 스페인내전이 끝나고 1년 정도 지난 시점에 일어났기 때문에, 스페인내전을 '2차 세계대전의 전초전'으로 볼 수 있는가는 여전히 논쟁의 대상이다. 또 다른 중요한 사실은 내전 후 프랑코 체제의 스페인은 2차 세계대전에 참전하지 않았다는 것이다. 당시 스페인은 형식적으로 독일을 지원하기 위한 소규모의 부대를 파견했을 뿐, 추축국과 한 배를 타지 않았다.

한편 공화진영의 선전 포스터는 많은 사실을 가리기도 했다. 우선 폭격의 이미지는 전쟁 초반에 공화진영이 국민진영보다 전투기가 많았다는 사실, 국민진영에 폭격을 가하기도 한 사실을 숨기는 역할을 했다. 더욱이 국민진영이 주장했고, 실제로 공화진영 영역에서 일어난 '적색테러'의 공포를 뒤덮어 버리려는 시도이기도 했다. 사악한 적의 이미지를 만들고, 아무런 죄 없는 희생자들과 이들을 수호하는 영웅적 인민이라는 공화진영의 이미지를 만들어 낸 포스터들은 또한 스페인의 좌절된 혁명, 내부의 분열이라는 사실을 감추기도 했다.

공화진영의 모든 세력이 농민, 노동자, 여성 등 인민을 주인공으로 바라본 것은 부정할 수 없으나, 내부 세력들이 전쟁과 혁명을 바라보는 시각에 차이가 있었다. 농민을 불러내며 혁명을 강조한 아나키스트들은 전쟁과 혁명을 동시에 수행해야 한다고 주장했고, 그 근원으로 토지를 집산화集産化하고 재분배하는 혁명을 강조했다. 그러나 〈그림 2〉에서 나타나는 정부의 토지개혁에 관한 입장은 집산화에 반대하는 것일뿐더러, 아나키스트 등 혁명적 좌파 세력의 주장과 달리 소농의 토지 소유를 인정하는 등 외부에 진정한 좌파의 혁명으로 보일 만한 요소들을 억누르고자 했다. 특히 우리베는 집산화를 "공상과 환상 속에만 있는 프로젝트"라거나 '반란'과 같다며 아나키스트를 강하게 비난하기도 했다.[17] 이와 마찬가지로 또 다른 정부 측은 선전 포스터들에서 공화진영이 주장하는 혁명을 분파주의자들의 소란과 선동이자 몽상가들의 무책임한 소리로 치부했다. 반대로 혁명을 주장하던 이들은 전체주의적인 소련의 영향을 받는 공산당이 스페인에서 발아한 혁명을 '교살'한다고 비난했다. 결국 이 차이는 공화진영 내부에 대립을 야기했을 것이다.

공화진영 내부의 대립은 결국 1937년 5월 '내전 속의 내전'이라 불리는, 바르셀로나에서 정부군과 혁명적 좌파 세력의 무력 충돌로 나타났고, 정부 측이 승리했다. 소련의 지도와 지원을 받는 스페인공산당이 장악한 정부는 곧 민병대를 해산하고 이들을 정규군으로 편입했다. 여성 민병대원으로 대표되는 아나키스트의 성 평등에 관한 주장이 진정으로 평등했는지는 논쟁의 여지가 있으나,[18] 이 최소한의 진전 또한 민병대의 해산으로 후퇴했다. 내전 초기에 볼 수 있었던 여성 민병대원들이 사라지고 후방에서 노동·요리·세탁 등을 하는 여성들만이 남았다는 증언처럼,[19] 남성과 동등한 전투원으로서의 여성 이미지는 사라졌다. 결국 여성은 간호사나 어머니, 아내와 같이 남성을 지원하거나 가정을 지키는 후방의 존재로 규정되었다.

변화된 공화진영의 분위기는 1937년 5월 이후에 제작한 것으로 보이는 정부의 포스터에 반영되었다. 더는 혁명에 대한 주장은 없으며, 모두 '민주주의적인' 공화국을 지키고 이를 건설하기 위해 전쟁의 승리를 추구한다는 방식으로 나타났다.[20] 그러나 이 또한 공화진영의 현실을 가리는 것이었다. 내부의 균열은 여전히 남아 있었다. 패색이 짙어진 전쟁 말기, 정부의 방침이 이제 효과가 없다고 판단한 아나키스트는 다시 "혁명과 전쟁의 동시 수행"을 주장하며 무력 충돌을 일으키기도 했다. 전후 정치보복을 피해 프랑스·영국·멕시코 등으로 망명한 이들은 망명지에서 반파시즘 전쟁의 이미지를 만들어 내는 활동을 계속했다.[21] 이러한 노력 속에서 혁명과 민주공화국 스페인에 관한 이미지는 다시 혼재했고, 서로에게 패배의 책임을 묻기도 했으며, 결국 내전기의 내부 대립이 반복되기도 했다.[22] 이처럼 전후에도 하나가 될 수 없던 이 분열된 자아는 공화진영의 패배 요인이기도 했다. 결국 포스터의 목적과 가장 거리가 멀지만 그 이미지에 가장 가까웠던 공화진영의 현실은, 파괴된 건물들과 다치고 울부짖고 죽어 가는 인민을 재현한 폭격의 이미지에 가까워졌다. 스페인내전에서 패배한 것은 공화진영이었다.

그러나 한편으로 공화진영이 만들어 낸 전쟁 자체에 대한 상상은, 스페인내전의 결과와 다른 효과를 일으켰다. 흥미로운 사실은 공화진영의 '반파시즘 전쟁' 이미지가 프랑코 스페인을 제외한 대부분의 국가에서 전후에 헤게모니를 차지했다는 것이다. 이는 아마도 일관되지만 폐쇄적인 국민진영의 자아상에 비해 국제주의적인 공화진영의 인민이나 혁명의 이미지가 더욱 보편적인 지지를 얻을 수 있었기 때문일 것이다. 폭격의 이미지는 곧 내전 자체의 기억이 되었다. 여기에는 2차 세계대전의 파국적 결과도 중요한 요인이었다. 스페인에서 파시즘을 막아 냈다면 그 거대한 전쟁이 일어나지 않았을 것이라는 향수鄕愁 어린 시선과 함께 '반파시즘 민주주의 투쟁' 또는 '노동계급의 반파시즘 투쟁'으로 내전이 기념되기도 했다.[23]

프랑코 사후 그리고 스페인 민주화 이후 많은 대중매체는 희생자이자 저항 세력인 공화진영, 억압적이고 사악한 파시스트인 국민진영의 이미지를 재생산했다. 켄 로치Ken Loach 감독은 조지 오웰의 《카탈루냐 찬가Homage to Catalonia》에 많은 부분을 기댄 영화 〈랜드 앤 프리덤Land and Freedom〉(1995)에서, 공화진영의 분열을 보여 주면서도 스페인의 '혁명'에 찬사를 보낸다. 또한 록밴드 클래시Clash의 〈Spanish Bombs〉(1979)나 매닉 스트리트 프리처스Manic Street Preachers의 〈If you tolerate this …〉(1998) 같은 곡은 공화진영 선전 포스터의 폭격 이미지와 구호를 직간접적으로 환기하는 동시에, 스페인내전기에 나타난 반자본주의적·반체제적 저항과 혁명의 이미지를 전유하기도 했다. 이외에도 최근 몇 년 동안 제작된 스페인내전을 소재로 한 대부분의 영화는 공화진영 측을 주인공으로 삼고, 국민진영과 프랑코 체제를 악마화하는 경향을 보였다.[24] 이 같은 경향에 반발하여 스페인에서 '수정주의자'들은 국민진영이나 프랑코 독재를 재평가하고, 인민전선 정부나 공화진영이 얼마나 비효율적이고 무능했는지, 또 얼마나 끔찍한 폭력을 저질렀는지를 주장하기도 한다. 흥미로운 것은 이러한 논쟁 및 대중매체에서 나타나는 이미지는 많은 부분 내전 당시의 선전을 재생산한다는 것이다.

결국 내전 당시 "중립적인 위치를 고수하는 것을 불가능"[25]하게 만들었다는 이분법적 이데올로기와 선전의 영향은 지금도 계속된다. 특히 "역사에 대해 우리가 그리는 이미지는 그 역사의 프로파간다가 만들어 낸 것이다"[26]라는 말처럼, 공화진영의 선전은 현실과 과거에 대한 이해에 영향을 미치는 실재적인 힘이 있다. 공화진영의 진정한 '혁명'은, 실제로 공화진영에서 혁명이 일어났는가 또는 공산당과 그 지도자들이 혁명을 억압했는가와 같은 문제가 아니라, 공화진영의 모습을 구축하고 현재에도 강력한 영향을 미치는 선전 그 자체가 아닐까.

68혁명과 시위문화: 저항으로서의 축제, 축제로서의 저항

정대성

혁명은 오로지 축제일 뿐이다.
왜냐하면 혁명들이 안내할 삶 자체가
축제의 신호 아래에서 창조될 것이기 때문이다.
–상황주의자 인터내셔널과 스트라스부르대학 총학생회

68의 혁명은 '축제의 저항'이었다. 혁명이 열어 낼 새로운 삶은 축제의 신호와 더불어 창조되어야 하기에, 저항도 시위도 축제처럼 빛나야 했다. '축제로서의 저항과 혁명'은 획기적 인식의 전환이었고, 68이 새로운 인식 지평과 나란히 떠올랐음을 분명히 보여 준다. 그것은 혁명의 새로운 얼굴이자, 새로운 혁명의 얼굴이었다.

68, 새로운 혁명

'68혁명'은 무엇인가. 그 이름에서 어떤 것이 연상될까. 먼저 학생저항과 대학점거, 거리 행진과 시위, 가두투쟁, 바리케이드, 파업과 공장점거, 베트남전 반대 및 흑인 민권운동 시위 같은 장면이 떠오를 듯하다. 어쩌면 거리연극과 콘서트, 거대한 록 페스티벌, 히피와 음악, 대안적인 삶의 공동체와 청년문화의 분출 같은 광경이 파노라마처럼 펼쳐질 수도 있다. 또는 이 가운데 몇 가지가 생각나거나 그 모든 것이 뒤섞인 장면이 머릿속을 채울지도 모른다. 그래서 68의 실체는 여전히 다면적이지만 한편으로 모호함의 그림자를 품고 있는 듯하다. 물론 익히 알려진 말도 있다. '문화혁명'으로서의 68인데, '정치적으로는 실패지만 문화적으로 성공한 혁명'이라는 정의가 유명하다. 더불어 '혁명도 그 무엇도 아니'라고 격하되거나, 반대로 '자본주의 세계체제를 뒤흔든 진정한 세계혁명'으로 격상되기도 한다. 아마, 그 사이 어딘가에 68의 본질이 자리하고 있는지도 모르겠다.

물론 68이 혁명인지, 운동인지, 청년 반란인지, 아니면 더 거대한 세계혁명인지를 묻고 답하는 논란과 논쟁은 계속될 것이다. 하지만 이런 논란에 앞서, 과연 '혁명'이, 그것도 20세기 후반 서구에서 프랑스혁명이나 러시아혁명 같은 '고전적인 혁명'이 가능했는가를 되물어야 한다. 나아가 작금의 21세기 사회에서, 우리가 숱하게 목도한 역사 속의 '혁명들'이 진정 가능한가도 물어야 한다. 그렇다면 68은 '새로운 시작'인지도 모른다. 사회와 개인의 해방을 위한 변혁의 가능성을 정치와 경제, 사회와 문화 및 일상의 삶을 둘러싼 전 영역에서 제기하고 추구한 68은 역사 속 고전적인 혁명의 종언이면서, '새로운 혁명'의 출발일 수도 있다. 즉 68은 고전적인 의미에서의 혁명은 아니지만 '혁명'이었다고 볼 수 있다. 게다가 그 여파가 지속되고,

1968년 5월 프랑스의 거대한 시위 모습 ©Bruno Barbey/Magnum Photos

장기적으로 강력한 힘을 발휘하는 점에서도 '혁명'이라 칭할 수 있을 듯하다. 68은 혁명이다.[1]

아니, 혁명이란 개념을 정치적 전복이나 체제의 전환과 긴밀히 연결하려는 발상법에서 한발 물러서면, 68은 '진정한' 혁명이었다. 일상을 포함하는 사회 전 영역의 위계와 권위에 도전해 새로운 삶의 편재를 꿈꾼 혁명이되, 결코 끝나지 않은 '혁명의 혁명'이었다. 68은 비록 완성되지 못했지만, 모순과 불의 및 불평등에 맞서는 궐기 속에서 삶의 조건과 지형을 뒤흔들어 새로운 사회의 지평으로 한걸음 훌쩍 나아간 격변이었다. 그것은 지금도 여전히 지속해야 하는 '끝나지 않은 혁명'이다. 역사의 상상력이 그려 낸 '미래형의 역사'이자 '새로운 혁명'이다.[2] 그 혁명의 지형은 저항과 연대의 거대한 네트워크와 함께 펼쳐진다.

저항과 연대의 세계화

이매뉴얼 월러스틴Immanuel Wallerstein은 역사상 "단지 두 번의 세계혁명만 존재했다"고 한다.[3] "한 번은 1848년에, 다른 한 번은 1968년에" 일어났으며 "둘 다 세상을 바꾸어 놓았다"[4]고. 하지만 1848년은 '유럽이라는 세계'의 혁명이었고, 진정한 세계혁명은 68 하나였다. 68에서만 지구촌 곳곳에서 젊은이들이 동시다발적으로 반란의 깃발 아래 저항의 거리로 나섰다. 68은 실로 전 지구적인 사건이었다. 동에서 서로, 남에서 북으로, 유럽과 미국, 아시아와 라틴아메리카에서, 그야말로 온 세상이 변화와 변혁의 열기로 들끓던 놀라운 시절의 이름이었다.

68의 현장으로 돌아가 당대를 수놓은 대사건의 지형도를 간략히 그려 보자. 세계를 뒤흔든 그 저항의 지도는 국제적이었다. 68은 거대한 산맥이자 사건의 용광로였다. 유럽과 미국, 아시아 및 중남미를 망라해 수많은 나라의 격동이 슬라이드처럼 펼쳐진다. 파리와 베를린, 뉴욕, 런던을 넘어 로마, 프라하, 샌프란시스코, 도쿄, 멕시코시티까지 시위와 집회, 바리케이드와 가두 투쟁이 뒤섞인 저항과 반란이 소용돌이친다. 파리를 중심으로 프랑스는 학생과 노동자의 빛나는 연대가 1000만 명에 육박하는 노동자들의 사상 유례없는 대파업으로 번져 간다. 독일이 바이마르공화국 이후 처음으로 바리케이드 투쟁에 휘말리는가 하면, 미국에서는 머리에 꽃을 인 히피가 코앞 군인의 총신에 평화의 꽃을 심는다. 체코 시민이 '프라하의 봄'을 지키려 소련 탱크에 용감히 맞서는 동안, 전투적 학생시위가 일본 열도를 휘감고 중국 대륙은 서구 청년 학생에게 지대한 영향을 미친 문화대혁

1967년 10월 미국 국방부 펜타곤 앞 시위에서 군인의 총신에 꽃을
꽂으려는 소녀 ©Marc Riboud/Magnum Photos

명의 광풍에 휩싸인다. 멕시코 올림픽 시상대 위에서 흑인 육상 선수는 검은 장갑을 낀 주먹을 치켜드는 블랙파워식 인사로 미국의 인종차별을 만방에 고발한다. 이렇게 시위와 저항과 반란의 대장정은 지구촌 곳곳을 휘돌았다.[5]

역사가 에릭 홉스봄Eric Hobsbawm도 갈파하듯 68은 미국, 프랑스, 이탈리아, 독일 같은 서구에서 한껏 꽃피었지만 동구의 체코와 유고를 넘어 '지구적 규모'로 뻗어 나간 운동이었다. 즉 서유럽에서 동유럽으로, 북반구에서 남반구로 또는 그 반대로 확장하고 팽창해 나가 프랑스 5월혁명과 프라하의 봄에서 정점을 찍은 20세기 최초의 전지구적 운동이나 다름없었다. 쿠바혁명과 베트남민족해방운동 같은 제3세계의 혁명과 격변은 잠자던 서유럽에서 변혁의 욕구를 일깨웠

고, 서유럽의 학생저항은 다시금 억압된 동유럽 청년들을 잠에서 깨워냈다. 대서양 건너 미국의 민권운동과 반전운동은 유럽으로 건너와 시위대를 일으켰고, 냉전 도시 베를린의 저항은 파리의 봉기를 고무하고, 일본 학생운동의 시위 전술과 헬멧은 유럽과 미국 청년들에게 재빨리 수용되었다. 서유럽의 함성은 철의 장막에 숨 막힌 동유럽에서 봄의 노래를 꽃피웠고, 중국의 문화혁명 열풍은 유럽과 미국 학생들의 환호성을 불러냈다.[6] 68의 절정인 1968년 한 해에만 세계적으로 학생저항이 일어난 곳은 유럽 22, 라틴아메리카 17, 아시아 12개국을 포함한 65개국이었다.[7]

특히 베트남전에 분노한 시위와 저항은 말 그대로 '저항의 세계화'의 증좌였다. 1968년 벽두를 열어젖힌 베를린 국제베트남회의에 유럽과 아메리카, 제3세계를 망라한 세계 곳곳의 반전 활동가들이 참석해 베트남전 비판을 한목소리로 외쳤고, 냉전도시 서베를린을 가르는 거대한 시위행진은 '68의 정신'을 일으키며 궐기 정서를 한껏 드높였다. 냉전의 거리에 울려 퍼진 저항의 합창은 베트남전 비판의 역사적 상징이었다. 또한 파리와 런던의 저항 청년들도 독일 활동가들을 초대해 토론과 시위에서 손을 맞잡았고, 1968년 4월 독일 68의 상징 루디 두치케Rudi Dutschke가 총에 맞자 세계 곳곳에서 저항시위가 벌어지며 운동진영의 국제적 연대를 만방에 고한다. 거꾸로 베를린 청년들도 '동백림사건'으로 한국 학생들이 강제 압송되고 재판에 넘겨지자 남한대사관으로 항의 행진을 하거나, 이란과 콩고 독재자의 방문에 반대하는 시위를 조직하고 전쟁과 기아로 고통받는 비아프라Biafra를 위해 모금 활동도 벌였다. 그것은 저항과 우애를 통한

'연대의 세계화'였다.[8]

또한 청년들이 68의 거리를 가로지르며 플래카드로 들고 다닌 인물사진에서도 68의 국제성과 다채로운 지형을 엿볼 수 있다. 고전적인 마르크스나 레닌도 있었지만, 로자 룩셈부르크Rosa Luxemburg처럼 '현실사회주의' 진영에서 이단아로 꼽히거나 뒷전으로 밀린 혁명가를 비롯해 제3세계 혁명의 상징인 체 게바라Ché Guevara와 호찌민Ho Chi Minh 같은 얼굴이 거리를 수놓았다. 이는 68이 자본주의 비판일뿐더러 현실사회주의 비판이기도 했음을 뜻하고, 당대 활동가들이 제3세계에서 변혁의 희망과 에너지를 받아 왔음을 보여 준다. 홉스봄의 말을 빌리면 "1960년대에 제3세계는 서구 1세계에 혁명의 희망을 다시 심어 주었다."[9]

사실 제3세계는 이미 1950년대 후반부터 반제국주의 저항운동의 무대였다. 혁명을 성취하는 쿠바나 예의 베트남은 말할 나위도 없고, 알제리와 앙골라, 모잠비크, 이집트 같은 아프리카와 중남미 지역에서 불타오른 제국주의에 맞선 투쟁은 서구 젊은이들의 피를 끓게 했다. 그 제국의 상징은 미국이었고, 동독과 헝가리의 자발적 봉기를 진압한 소련 또한 억압의 제국이었다. 그런 의미에서 제3세계의 혁명과 투쟁이라는 희망의 역사가 없었다면 서구의 청년 봉기는 불가능했을 것이다. 그들이 게바라와 호찌민, 마오쩌둥毛澤東에게 바친 존경은 그런 맥락에서만 이해할 수 있는 일이었다.

이렇게 68은 비판과 궐기의 정신으로 처음 직조된 '저항과 연대의 세계화'였다. 각국 활동가들의 실제적인 교류와 연결도 빈번했는데, 예를 들어 1968년 6월 방영된 영국 BBC 프로그램 〈반란의 대학

1968년 베를린에서 호찌민 사진을 들고 시위행진을 벌이는 장면

생Students in Revolt〉을 통해 유럽과 미국, 일본의 학생들이 한자리에 모였다. 또한 유럽 활동가들은 누차 미국을 방문하고, 유럽대륙 내에서도 전 지역을 막론하고 초대와 방문을 통한 교류가 활발했으며, 프랑스와 스페인의 활동가도 문화혁명의 현장을 목격하기 위해 곧장 중국으로 날아갔다. 이를 통해 68은 각국의 정치 상황이 다르고 각기 특수성이 있지만 서로 영향을 주고받으며 공동의 대의를 향한 거대한 형상을 이루어 나갔다. 특히 유럽 활동가들은 스스로 '동일한 국제 혁명운동의 일부'라고 자각했다. 그것은 일종의 연대 의지와 동

질감이 빚어낸 '상상 가능한 혁명적 공동체'이자 연대의 지구화였다. 68은 이렇게 저항과 연대로 가득 찬 세상이자 이를 배경으로 그려진 역사적 격변이었다.[10]

68의 대의와 지향점은 반권위주의, 반전체주의, 반자본주의, 반공산주의, 반전과 평화, 소비사회와 인간소외 비판 등으로 대략 분류할 수 있다. 반권위주의에서 드러나듯 '자유 서방'의 현실도 동구 및 독재정권 국가와 그다지 멀리 있지 않았음에도 나라마다 지역마다 차이가 있었다. 유럽 내에서만도 의회민주제 서유럽이나 북유럽과 달리, 스페인 및 포르투갈 같은 군사 독재의 남유럽과 공산정권의 동유럽에서 활동가들의 목표나 이해 방식에 차이가 컸다. 예를 들어 동유럽의 경우 형식 민주주의 절차의 획득과 탈소비에트화 및 인권이 중요한 문제였던 반면, 스페인과 그리스 같은 곳에서는 권위적 정치 구조 비판과 기본적 자유권을 위한 투쟁이 쟁점이었다. 또한 멕시코 같은 곳도 서유럽과 차이를 보였고, 형식 민주주의가 확립되었지만 인종 문제와 반베트남 시위로 홍역을 앓던 미국도 마찬가지였다. 그래도 접점이 없지 않았다. 유럽 활동가들 사이를 연결하는 가장 큰 고리는 바로 '문화혁명'이었다.[11]

일상과 정치의 문화혁명

68은 무엇보다 '문화혁명'이었다. 68의 현장은 곳곳에서 '문화적인 것'으로 넘쳐났다. 남녀관계와 가족관계도, 교육도 음악도 영화도 연극도 변모하고 대안언론과 대항문화가 솟아올랐다. 집회와 시위를 넘어 다양한 문화행사가 꼬리를 물었고, 영미의 록이나 팝 및

1969년 8월 우드스톡 록 페스티벌의 공식 포스터. 표어는 "3일간의 평화와 음악"

1968년 캘리포니아 '베니스 비치 록 페스티벌' 장면

ⒸDennis Stock/Magnum Photos

청바지로 대변되는 새로운 문화는 유럽 전체에서 반란의 젊음을 하나로 묶어 주는 끈이었다. 전설의 우드스톡Woodstock 록 페스티벌에서 반전과 평화의 메시지가 울려 퍼지고, 청년 대항문화는 사상 처음으로 막강한 사회적 영향력을 과시하며 역사를 뒤흔드는 현상이 되었다. 이런 상황을 목도한 많은 관찰자와 연구자가 이후 68을 '문화혁명'으로 명명했다.[12]

하지만 68이 '문화혁명'이라는 말은 맞고도 틀린다. 정치적·사회적으로 실패하고 문화적으로 성공했다는 뜻이라면 틀리고, 삶과 정치의 의미와 그 근본적인 지형을 역발상하고 전복했다는 의미의 문화혁명이라면 맞다. 68은 문화적 변혁과 연관되지만 정치적인 측면과 함의를 배제할 수 없을뿐더러, 정치적인 효과를 거두는 문화혁명으로서 정당과 의회 구도를 넘어서는 정치 참여의 확립과 발전뿐 아니라 성도덕의 자유화나 여성의 동등권, 대안 문화의 발전에도 크게 기여했기 때문이다.

또한 베트남전에 대한 저항과 자본주의 비판을 통해 적어도 유럽이나 미국의 정치문화를 변화하게 했기에 정치적 부분에도 적잖은 영향을 끼쳤다. 나아가 전통적 가치를 시험대에 올리고 문화적 위계를 공격하고, 가족부터 국가까지 전 방위적인 문제제기를 통해 '제도 전체에 맞선 전선'을 열어젖혀 정치문화 자체를 바꾸며, 일상과 정치가 연결되고 뒤섞여 정치 행위의 공간이 다양한 영역으로 확장되게 함으로써 전통적인 정치활동과 정치 개념을 뛰어넘은 문화혁명이었다.[13] 즉 68은 '일상과 정치의 문화혁명'이었던 것이다. 그래서 기존 혁명이나 격변과는 양상이나 성격이 사뭇 달랐다. 베트남전과 인종

차별이 횡행하는 기성 정치, 권위주의와 구태에 물든 기성 제도에 맞서는 거리의 저항과 시위가 하나의 얼굴이었다면, 새로운 삶과 정치를 일상생활에서 실험하는 다채로운 기획과 실천은 68의 또 다른 얼굴이었다.

사실 68의 중심으로 꼽히는 당대 서구 사회는 생각보다 훨씬 어두웠다. 독일의 경우 20세가 넘는 여성이라도 혼자 사는 집에 남성이 방문해 저녁 10시 전에 돌아가지 않으면 방을 빼야 했고, 그런 상황을 용인한 집주인도 고소를 감수해야 했다. 프랑스에서 여성은 1960년대 중반까지 남편의 동의 없이 은행 계좌조차 개설하기 어려웠으며, 스위스는 알다시피 1971년에야 여성에게 투표권이 주어졌다. 대학은 교수의 권위가 전일적全一的으로 지배하는 공간이었으며, 공장과 작업장에서 노동자의 권리와 목소리는 억압되기 일쑤였다. 이렇게 권위와 위계가 일상 공간을 포함한 삶의 전 영역을 억눌렀고, 일상과 사회적 삶은 상상 이상으로 덜 '문명적'이었고 생각보다 더 모순으로 가득 차 있었다. 한편으로 개혁과 자유화가 서서히 물밑에서 진행되었지만, 다른 한편에서 권위적인 사회 그물망이 곳곳에서 여전히 개인의 자유를 얽매고 정치적 불의나 억압이 횡행했다.[14]

그래서 68의 반란은 정당과 의회의 범위를 훌쩍 뛰어넘었다. 학교와 법정, 관청과 감옥을 망라하는 거대한 진격이자 돌격으로, 교육과 정치뿐 아니라 남녀의 교제 방식과 주거 및 삶의 양식도 가로지르며 기존의 모든 것을 뒤흔들었기에 변화의 장이 따로 없었다. 저항의 거리가 때론 계몽의 극장이 되고, 엄숙한 법정이 순식간에 선동과 토론의 현장으로 뒤바뀌었다. 연극과 영화와 음악도 거센 변화의 바람에 내던져지는가 하면, 운동 내부에 존재하던 남성의 권위주의와 독단에 환멸을 느낀 새로운 여성운동의 깃발도 우뚝 솟아났다.[15]

그렇게 68은 삶과 사회의 전방위적인 측면을 비판의 도마에 올렸다. 즉 가족과 교육, 성과 문화와 학문, 무의미한 노동 및 무료한 자유시간, 지배 권력과 같은 근본적이고 거의 실존적인 모든 문제를 국내외적인 정치적 문제와 관련해 끄집어냈다. 따라서 "68은 삶의 정체성을 형성하는 구조에 자기 삶의 영역에서 직접 정치적으로 관여하는 실험"[16]이었다. 그리하여 68의 목표는 "'어떤' 정치 지배체제를 '또 다른' 체제로 대체하는 것"이 아니라, "사회적 삶과 분리된 영역으로서의 정치도 동시에 철폐하는 것"[17]이었다. 68은 정치적 저항을 포괄한 문화혁명, 삶의 모든 영역을 가로지르는 '새로운 문화혁명'이었던 것이다.

따라서 68의 '정치적 지평'은 전통적인 '정치적 지형'을 훨씬 넘어선다. 68의 문화혁명에서는 '정치에 대한 인식 변화' 자체가 핵심이었다. 정치는 정치가의 일이 아니라 일상과 결부된 활동이고, 대학 강의실과 법정, 군대와 교회 그 모든 것이 정치적 활동의 대상이자 장소였다. 정치는 이제 주기적인 투표권 행사에 국한되지 않고, 공적 공간을 점령해 의사소통 과정에서 그 공간을 자기결정이 이루어지는 행동의 장으로 만들어 가는 것을 뜻했다. 이러한 정치 인식은 정치문화 자체의 심원한 변화를 가져온다. 예를 들어 68 이전에 '거리 시위'는 정치활동 수단으로 제대로 인정되지 못했지만, 이제 이 '거리의 목소리'는 정치적 의견표명이자 활동이었고, 이른바 정치권에서 이런 시위를 정치적 행위이자 여론으로 인정하는 계기가 바로 68의 '거리의 정치'였던 것이다.[18] 68의 구호인 "정치는 거리에 있다. 바리케이드는 거리를 막지만 길을 열어 준다"[19]도 그런 뜻이었다. 68의 표어 중 하나이자 참여민주주의의 상징적 어구인 "민주주의는 거리에 있다"[20]도 같은 맥락에서 이해할 수 있다.

이렇게 '정치적인 것의 범주 자체'를 다시 정립했기에 68의 대의는 특히 국가권력 장악 같은 기존의 혁명관과는 길을 달리했다. 이는 프랑스 68의 상징 인물로 올라선 다니엘 콘벤디트Daniel Cohn-Bendit의 회고에서 잘 드러난다. 마르크스주의 혁명의 전통에서는 "삶을 바꾸기 위해서 모든 구조를 바꾸어야"[21] 했다. 그러나 "우리는 혁명 과정이 일상생활 변화의 집약임을 발견했다. 우리는 혁명을 위해 목숨을 바친 뒤 다음 생에서 변화를 이루는 게 아니라 오늘 우리가 사는 이곳에서 변화를 만들어 내려고"[22] 했다. 역사가 제프 일리Geoff Eley는 이를 "일상생활에서 출발해 새로운 정치를 구축하는 것"[23]이라고 했다. 유사한 맥락에서 라울 바네겜Raul Vaneigem도 "일상생활에 대해 명백히 이해하지 않고, 혁명을 이야기하는 사람들은 죽은 것을 이야기하는 것"[24]이라고 썼다. 간단히 말해 정치와 일상생활의 일체화였고, 이는 68이 도처에서 공유한 주요한 흐름이었다.

이런 '일상 혁명'의 구호는 곧 "사적인 것이 정치적인 것"으로 이어진다. 개인적인 성 문제와 가족 문제도 정치적으로 해결해야 할 문제로 급부상한 것이다. 그래서 68의 '성혁명'은 일상 혁명의 한 갈래이자 또 다른 방식의 '반권위주의 운동'이었다. 이런 방향에서 68의 성혁명은 보수적인 기존 성도덕에 반기를 들었다. 하지만 상업성과 연결된 단순한 성의 자유화가 아니라 그 도덕적 권위에 맞서는 반권위주의의 맥락 속에서 성해방을 외친 것이다. 그러한 성혁명은 반권위주의와 일상 혁명의 주요 출발점인 가족제도의 핵심인 가부장제 타파와 긴밀히 결부되었다. 도덕적 엄숙주의를 강조하면서도 성적 일탈을 일삼던 기성세대의 지배를 보장하고 권위주의를 재생산하는 가부장제의 균열을 위해 성해방은 인간해방을 위한 필수 요건으로 간주되었다.[25]

예를 들어, 주거공동체 베를린의 '코뮌1 Kommune1'은 사회혁명이 일상생활에서 출발해야 한다는 68의 중요한 지향점인 일상 혁명을 실천에 옮긴 기획이었다. 그것은 일대일 부부관계에 기반을 둔 부르주아 핵가족의 틀을 해체하고 삶과 정치활동을 통일하려는 미증유의 시도였다. 성인 남성 6명과 여성 3명, 어린이 1명으로 구성된 코뮌1의 구호는 사유재산 및 일부일처제 철폐와 일상의 정치화였다. 간단히 말해 '부르주아적 개인을 혁명화하려는 혁신적 실천'이었다. 코뮌1은 도발적인 선동 활동을 마다하지 않은 정치조직이기도 했지만, 대중적으로는 '성혁명의 상징'으로 비치며 언론의 집중 조명을 받았다. 독일뿐 아니라 서구 사회를 아우르는 새로운 공동체 실험은 지금까지 대학 안팎에 존재하는 다양한 '주거공동체'의 모태였고, 그 본질에서는 일탈을 위한 공동체가 아니라 새로운 삶의 관계를 실험하는 기획이었다.[26] 비록 그 '성혁명'은 남성(성)에 입각한 젠더 위계를 벗어나지 못하는 한계를 노정하고 68 내부에서 남성 권위자들에 맞선 여성들의 저항과 독자 조직이 솟구치지만, 그것조차 68의 전방위적인 반권위주의 저항과 혁신적 인식론에 힘입었음은 분명한 사실이다.

요컨대, 만화경처럼 다면적인 68의 해방적 기획은 정치와 삶이

서로 어깨를 겯고 문화와 정치가 하나로 만나는 일이었다. 그것은 일상적 삶의 영역에서 정치의 의미를 새로이 일깨우는 '일상의 혁명'일 뿐만 아니라, 개인적 해방과 집단적 해방을 동시에 겨냥한 '새로운 변혁'이었다. 즉 '스스로를 바꾸는 것'과 '사회를 바꾸는 것'을 함께 치켜든 운동이자 혁명이었다. 그래서 독일 68의 아이콘 두치케는 마르크스의 강령을 변주해 "철학은 지금까지 세상을 다양하게 해석하기만 했다. 하지만 관건은 스스로 변화하는 것이다"[27]라고 외쳤다. 이렇게 68의 이행전략은 개인의 변화가 '다른' 사회로 가는 전제조건이라고 보았고, 개인의 변화는 사회참여를 통해 이루어져야 했다. 그리고 자기결정을 통해, 지배와 위계의 철폐를 통해 일상의 영역과 생산 영역을 가로지르는 소외를 폐지하려고 목표했다.

이러한 '새로운 혁명'적 면모와 나란히 68의 '시위문화'도 적잖은 차별점을 보인다. 일상과 정치의 문화혁명으로서 삶의 근본적 측면과 결부된 시위이자, 새로운 정치적 인식에 동반된 시위문화가 등장한다. 그것은 시위 형태 및 본질에 대한 발상법의 차별화를 통해 삶에 뿌리박은 축제적 형태를 띠었다.

새로운 시위문화:
저항과 축제, 축제와 저항

68에서 돋보이는 대목은 '축제로서의 저항', '저항으로서의 축제'라는 양상이다. 물론 68은 한편으로 경찰과 공권력의 무자비

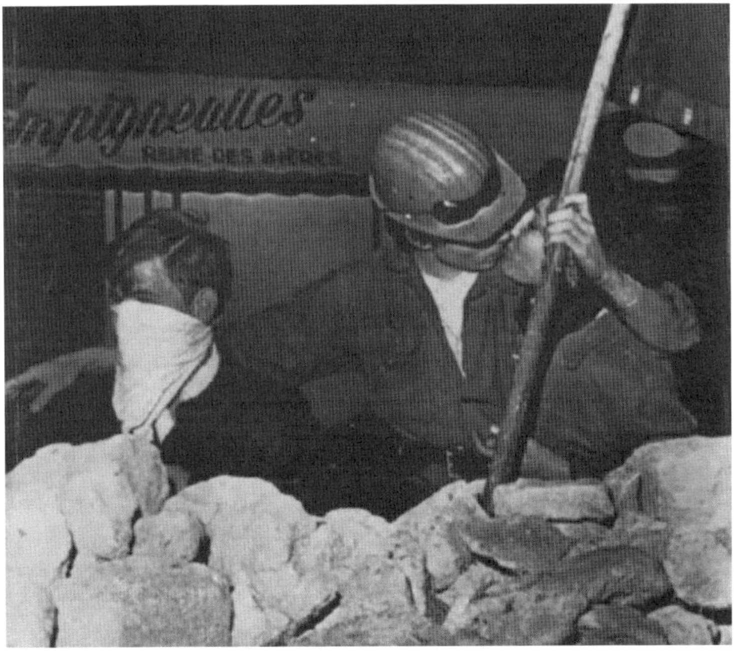

바리케이드 위에서의 키스

한 폭력이 난무하고 저항자들은 대항 폭력으로 맞서기도 했지만, 다른 한편으로 웃음과 풍자, 음악 등의 축제성이 두드러졌다. 그 두 가지는 때론 뒤섞여서 축제가 폭력의 현장으로 돌변하거나, 물리적 대결 후에 음악 공연의 공간이 열리기도 했다. 그 결과 68의 거리는 함성과 깃발, 최루탄과 투석이 난무했지만, 수많은 공연의 흥겨움과 거리연극의 풍자와 재치가 토론이나 논쟁과 겹치는 축제의 장이기도 했다. 그래서 바리케이드 위에서 다가올 전투를 준비하며 키스를 나눌 수 있었다. 그런 면에서 68의 정신은 '해야 하기 때문에 너는 할 수 있다!'(칸트)보다 '할 수 있기 때문에 너는 해야 한다!'(슬라보이 지제크)는 말에 더 가깝다. 축제의 저항은 즐겁게 할 수 있는 일이고, 할 수 있기 때문에 한다면 저항조차 축제일 것이기 때문이다.

이렇게 68은 전통적인 혁명의 모습이 아니며, 역사 속에서 흔히 알려진 혁명과 다른 형상이었다. 68 저항의 주체들이 정치권력을 장악했거나, 꿈꾸던 세상이 도래하지도 않았다. 아니, 그들은 체제전복이나 권력장악을 시도하지도 않았다. 그런 것을 진정한 혁명으로 보지도 않았다. 오히려, 스스로와 사회 모두를 바꾸기 위해 생활방식과 기성 가치를 전복하는 삶의 혁명을 추구했다. 그래서 '역사의 가능성은 열려 있고, 그 결과는 지금 우리의 의지에 달려 있다'고 외쳤다. 68의 정신과 성격이 오롯이 담겨 있는 말로, '역사의 가능성'을 '실천의 의지'와 연결한 담대한 발상이었다. '역사의 가능성과 의지의 중요성'에 대한 믿음과 직접행동을 통한 실천, 그 실천을 통해 삶의 모든 영역과 관련된 공간을 바꾸는 것이 바로 68의 정신이자 목표였다. 역사의 가능성과 의지에 대한 믿음은 '상상력에 권력'을 부여하며 새로운 세상을 향한 불굴의 열정과 열망을 높다랗게 쌓아 올렸다. 저항의 동력은 꺾이지 않는 실천 의지와 각오였다.

68 저항의 지도 한복판에 자리한 파리의 거리에서 학생들은 저항으로 세상을 바꾸려고 했으며, 노동자도 공장을 점거하고 새로운 세상과 작업장을 꿈꾸었다. 세계 대도시의 거리는 시위대로 출렁였고, 대학은 어김없이 점거와 반란의 근거지가 되었다. 하지만 시위의 거리는 거리연극의 공간이기도 했고, 점거한 대학은 끝없는 토론의 광장이기도 했다. 학생들이 점거한 파리 오데옹극장에서는 끝없는 토

론 마라톤이 펼쳐졌으며, 프라하를 침공한 탱크 앞에서도 용감한 시민들은 소련 군인과 토론하는 것을 멈추지 않았다. 68의 지형 자체가 거대한 토론과 논쟁의 아고라였다. 무릇, 혁명 자체가 토론과 논쟁의 형상과 나란히 펼쳐지지만, 68은 유례없는 토론과 논쟁, 즉 말의 성찬이었다. 그것은 세상을 바꾸기 위한 열정적인 거대한 소통의 블랙홀이었다.

밥 딜런Bob Dylan이 노래한 〈변화하는 시대The Times They Are a-Changin'〉는 음악으로도 분출되고 또 음악으로 엔진을 달았다. 68의 한복판에서 비틀스The Beatles도 〈레볼루션Revolution〉이란 곡으로 세상을 바꾸려는 시대적 열망을 거침없이 외쳤다. 50만이 운집한 우드스톡에서 지미 헨드릭스Jimi Hendrix는 베트남전을 비판하며 미국 국가國歌를 기관총과 포탄 같은 기타 소리로 난도질하며 저항과 분노를 불태웠다. 그렇게 68은 대학과 거리의 저항이 거리연극과 토론의 아고라를 거쳐 공동체적 삶의 실험을 낳고 음악과 페스티벌 속으로 녹아들며 전 사회적인 영역으로 번져 간 대사건이었다. 그것은 축제와 함께하는 삶과 정치의 전복과 재구성이었다. 그 저항과 축제의 시위문화는 무엇보다 직접행동을 통해 표출되었다.

직접행동

68의 중심 신좌파는 통상적인 시위 방법을 넘어 '직접행동'이라는 새로운 행동전략을 들고나왔다. 그것은 연좌시위sit-in, 농성토론teach-in, 진입시위go-in나 건물점거 및 봉쇄 같은 항의 형태로 도처에서 펼쳐졌다. 68의 핵심 시위 전술로 올라선 직접행동의 전통은 장구하지만, 특히 미국 시민권운동과 긴밀히 연결된다. 예를 들어 1960년 한 해에 미국 160개 도시에서 7만 명 이상이 연좌시위에 참여했다. 그 연좌시위를 비롯한 다양한 직접행동은 1964년 버클리대학에서 벌인 격렬한 점거 투쟁 이후 미국 대학생들의 핵심 레퍼토리가 되었고, 유럽 전역으로 퍼져나가 대학과 거리를 수놓는 시위와 저항의 수단으로 자리한다. 경찰이 하나하나 끌어낼 때까지 서로 팔을 걸고 주저앉아 버티는 연좌시위대와 격렬한 건물점거 장면은 그 자체로 참가자뿐 아니라 행인들에게도 결연한 행동의 각오와 의지를 보여 주는 것이었다.

직접행동은 다양한 시위 형태와 함께 실행되거나 혼재되었다. 즉 베트남전의 본질이나 제3세계 억압, 다양한 국내 문제를 알리는 계몽 활동과 나란히 펼쳐졌고, 때론 이런 계몽 캠페인이나 설명회가 농성토론회의 형태를 띠기도 하고, 아니면 평화로운 거리 행진이 연좌시위나 진입시위로 돌변하거나 경찰과의 가두투쟁으로 격화하기도 했다. 통상적인 집회나 평화로운 대규모 시위만으로는 비판과 요구의 목소리를 제대로 내기 어렵다고 인식한 68의 활동가들은 다양한 직접행동의 전술을 구사해 여론을 흔들고 정치권을 압박하며 저항의 목소리를 높여 나갔다. 68의 모든 국면에서 사용된 직접행동은 여론에 호소하는 상징적인 행동과 국가 및 공권력을 압박하고 폭로하는 도발 행동을 포괄했다.

신좌파의 직접행동은 비폭력성을 전제로 하지만 합법성과 불법성의 경계에 있는 행동전략이었다. 이 전략은 인도 해방운동과 영국 반핵운동, 미국 흑인민권운동에서 시험한 시민불복종운동의 전통과

1968년 베를린 자유대학에서 연좌시위하는 학생들

맥이 닿고, 국제상황주의자들의 상황 구성 전략과도 연결된다. 직접행동은 놀이적이고 도발적인 시위와 행동을 통해 '제한적 규칙위반'을 행하며, 국가 폭력을 비롯한 사회 모순을 드러내고 참가자의 생각과 심성구조 변화를 목표로 삼았다. 따라서 직접행동 전략은 사실 단순히 '직접적인' 행동이 아니라 국가(공)권력의 폭력적인 본질을 폭로하고 경험과 배움을 통한 참가자의 변화도 야기하는 것이었다.[28] 68의 주체들은 행동으로 통찰력을 키우고 도발로 여론을 일깨우는 동시에 행동 속에서, 행동을 통해 행동 주체도 변화하게 하려 했던 것이다.

이런 의도로 기획된 대표적인 사례는 베를린 대로에서 펼쳐진 이른바 '산책시위Spaziergangsdemonstration'가 있다. 베를린 번화가에 크리스마스 때 적용된 시위금지라는 '권위에 입각한 규칙'에 저항하는 것으로, 관습적인 대립을 피하는 새로운 시위전술이었다. 1966년 12월 19일 '산책시위'에서 독일 사회주의학생연맹Sozialistischer Deutscher Studentenbind, SDS 대학생들은 성탄절 자선기금 모금자로 위장하고 보행자 속에 섞여 들어 서베를린 도심에서의 데모 금지 및 미국의 베트남전쟁에 항의했다. '경찰을 위해 따듯한 옷가지를' 같은 문구도 그럴싸했고, '모든 구역에 개가 변 보는 장소를 마련하자' 같은 익살스러운 문구가 쓰인 모금함을 들고 보행자 속에 섞여 들었다. 하지만 진짜 목표는 베트남전 비판이었다. '죽은 베트남인이 자유세계를 치유한다', '크리스마스의 희망은 실현된다, 미국산 폭탄!' 같은 구호가 담긴 전단지도 뿌려졌다. 곧 경찰이 투입되고, 강경 진압으로 죄 없는 행인을 대거 잡아들이며 국가공권력의 폭력성을 드러냈다.[29]

1968년을 수놓은 숱한 시위와 바리케이드, 건물점거도 직접행동이 실천된 현장이었다. 1월 30일에 시작된 베트남 구정 공세는 세계적인 저항 행동의 신호탄으로 비쳤다. 사이공 미국대사관에 휘날린 베트남민족해방전선Vietnamese National Liberation Front, NLF의의 깃발이 소르본대학 도서관에서도 휘날리고, 2월 베를린에서 국제베트남회의가 열려 전쟁 반대의 외침이 냉전도시의 차가운 하늘을 가른다. 3월 이탈리아에서 발레 줄리아 건축대학 점거를 시도하던 학생들과 경찰의 격렬한 가두투쟁이 벌어지고, 폴란드에서는 바르샤바대학 학생들의 시위와 저항이 전국으로 확산하였다. 4월 11일 폭발하는 독일의 부활절 봉기와 바리케이드에서 시작해, 23일부터 컬럼비아대학 점거가 촉발한 미 전역 대학의 저항을 지나, 5월 파리의 바리케이드의 밤과 소르본대학 및 오데옹극장 점거, 1000만 노동자의 파업으로 저항의 불꽃은 절정에 오른다. 6월 프랑스에서 공장점거, 파업 참가자들과 경찰의 대결이 계속되는 동안, 유고슬라비아 학생들이 거리 시위에 나서고 동유럽에서도 항의 시위가 고개를 들었다. 7월에는 미군 근거지인 일본 나리타 공항 확장을 둘러싼 학생과 경찰의 바리케이드 투쟁과 도쿄대 점거가 펼쳐지고, 8월 체코에서는 '인간의 얼굴을 한 사회주의' 실험을 지키기 위한 격렬한 저항이 카프카의 도시 프라하를 중심으로 폭발한다. 9월 이후 이탈리아를 뒤흔드는 대학점거 물결과 나란히 영국에서는 10만 명이 운집하는 최대의 반베트남전 시위가 벌어진다. 11월 포르투갈과 스페인에서 독재자에 맞선 학생시위와 점거투쟁이 일어나고, 파키스탄 반독재투쟁은 학생이 시작해 전국적 저항으로 퍼져나가며 이듬해 정권 붕괴를 이룬다. 브라질에서 계엄령이 내려지는 12월에 이듬해의 '뜨거운 가을'을 준비하는 이탈리아, 반독재투쟁의 불길이 더 가팔라진 파키스탄 등 68의 세상은 격렬한 직접행동의 불길이 타오르는 저항의 한복판이었다.

한편으로 직접행동은 국제적 연대가 관철되는 장이기도 했다. 예를 들어, 1967년 가을 독일사회주의학생연맹의 전국대의원대회는 미국 아프리카계 학생 조직인 학생비폭력조정위원회Student Nonviolent Coordinating Committee, SNCC가 금지되거나 회원이 죽으면, 서독과 서베를린에 주둔하는 미제국주의 군부대를 겨냥한 직접행동을 수행하도록 연방 지도부에 요청한다.[30] 또한 1968년 4월 11일 베를린에서 두치케가 총격당했을 때 유럽과 미국의 대도시에서 강력한 직접행동을 앞세운 항의가 폭발한다. 총격 바로 다음 날부터 약 1주일 간 뉴욕과 워싱턴·스톡홀름·토론토·암스테르담·브뤼셀·베른·취리히·로마·벨그라드·파리·런던·밀라노·텔아비브·오슬로·코펜하겐·프라하·빈 등에서 두치케를 겨냥한 암살 기도를 규탄하고, 독일 대학생과의 연대를 천명하며 직접행동을 앞세운 시위가 파노라마처럼 펼쳐진다. 파리의 독일대사관 앞에서 벌어진 연대시위에서 1000여 명의 시위대는 강력한 경찰부대에 용감히 맞서고, 결국 경찰기동대와 가두투쟁도 벌였다.[31]

그런데 직접행동 전략은 저항 과격화의 회오리 속에서 공권력과의 폭력 대결이나 인명 상해를 불러오며 여론의 지지를 잃고 동원력 약화로도 이어졌다. 폭력 문제가 전체적으로 68의 발목을 잡고 쇠퇴에 기여했음은 부정하기 어려운 일이다. 예를 들어 독일에서는 68 진영과 대립한 보수 매체 콘체른 '악셀슈프링어 언론출판 그룹'에 맞선 계몽 활동이 두치케 암살 기도가 낳은 '부활절 봉기'와 '슈프링어사 봉쇄'를 통해 직접행동으로 급변하며, 결국 내부 갈등이 생겨나고 운동 분열과 쇠퇴로 연결되었다. 시카고 민주당전당대회를 둘러싼 폭력대결이 유사한 결과를 야기한 미국이나 유럽에서도 68의 약화는 직접행동 전술과 무관하지 않은 폭력 문제와 결부된다. 경찰과 벌이는 폭력 대결은 어디서든 주로 과잉 진압에 맞선 대항 폭력의 형태로 출발하지만, 공권력의 폭력이 흔히 용인되는 것에 반해 특히 사상자가 발생하는 경우 운동진영이 여론의 질타를 받는 결과로 귀결되는 경우가 빈번했다.

하지만 직접행동은 68보다 더 오래 살아남는다. 직접행동을 앞세운 다채로운 시위 방법은 이후 68을 계승한 각종 신사회운동이 채택한 행동전략의 핵심 레퍼토리로 자리 잡아 점차 민주적인 표현방식으로 수용되는 길을 걷는다. 68 당시 국가공권력뿐 아니라 일반 여론 속에서도 폭력행위로 인식되던 연좌농성이나 진입시위 같은 직접행동의 시위방법에 대한 인식이 변모하기 때문인데, 이는 68 저항의 장기적인 효과와 연결된다. 직접행동을 통한 항의나 주장의 표현이 불법적인 폭력에서, 민주주의가 받아들이거나 담아내야 하는 시위형태로 전환되고 수용되는 과정은 결국 민주주의가 넓어지고 깊어지는 일이었다.

말의 축제

68은 행동만 있지 않았다. '말의 축제'이기도 했다. 무릇 혁명에서 열띤 토론과 논쟁의 장이 펼쳐지는 것은 당연하지만 68은 그 자체가 거대한 토론의 장관을 연출하는 '말의 혁명'이기도 했다. 특히 5월의 파리에서 온통 토론과 소통의 광장이 활짝 열렸다. 점거된 소르본대학과 오데옹극장은 수많은 사람이 함께한 토론과 연설의 마라톤으로 채워졌다. '1789년에 사람들이 바스티유를 차지했던 것처럼, 지난 5월에 사람들은 말을 장악했다'고 말해지는 이유다. 68은 '누구나 누구와도 말할 수 있는 능력'을 발견하고 깨달은 새로운 세계의 창출 속에 빛났다. 활동가 알랭 크리빈Alain Krivine은 이렇게 회고했다. "사람들이 거리에서 서로 이야기하는 것을 보았다. 모두가 모두에게 이야기했고, 지하철에서도 모두 대화를 나누었다. 환상적인 일이었다. 누구도 혼자가 되지 않았다. 그 이전에도 이후에도 그런 광

점거된 오데옹극장

경을 다시는 보지 못했다."[32]

이웃 독일도 저항의 거리든 점거된 대학이든 모든 곳에서 토론과 대화와 연설이 넘쳐났다. 극장에서도 예정된 연극을 중단하고 '나치법'이라 불린 〈비상사태법〉 문제를 토론했으며, 강의실뿐 아니라 작업장도 법정도 논쟁의 장으로 변하기 일쑤였다. 68의 핵심 현상은 토론과 소통의 태풍이자 말의 성찬이었다. 동유럽도 마찬가지였다. 소련군의 프라하 점령 첫날 체코슬로바키아의 방송은 '토론이 우리의 유일한 무기'라고 호소한다. 당시 프라하를 목도한 작가 하인리히 뵐Heinrich Böll은 회상한다. "젊은이들은 러시아 군인과 쉬지 않고 토론하는 모습이었다. 탱크 한 대가 서 있거나 초병 하나라도 있으면 어디서든 적대감이나 분노 없이 정열적으로 열렬히 대화를 반복하고 설득을 시도했다."[33] 대서양 건너 미국에서 대학생의 '자유발언운동 Free Speech Movement'이 거대한 후폭풍을 낳으며 저항을 폭발하게 한 것도 마찬가지 현상이었다. 그것은 단순한 말이 아니라, 일종의 새로운 시위문화이자 저항의 양식이었다. 그것은 말과 소통의 저항, 말의 축제였다.

68의 주체인 신좌파의 이행 및 변혁 전략은 정치를 국가와 그 제도에서 분리해 거리와 광장을 포함하는, 누구나 접근할 수 있는 공간이자 일상의 장으로 이전하는 것이었다. 또한 '정치적인 것'은 세계에 대한 공고화된 인식 틀에 의문을 제기하고 새로운 인식 방법이 등장하게 하는 전복적인 담론 속에서 빛을 발한다. 이는 68이 '말의 혁명'이기도 했음을 뜻한다. 저항의 한복판에서 솟아난 상상력 넘치는 표어를 들고 '말의 전쟁'을 선포한 시대의 아이들은 투표함에 결박된 기존 정치와 거리 시위가 내포하지 못했던 삶과 일상의 영역으로 들어가 '새로운 정치'를 시도했다. 그들은 '말의 무기'를 통해 정치가 결국 수동적이고 도식적인 행위가 아니라, 자신을 둘러싼 삶의 전 영역에서 민주적인 소통과 참여를 심화하는 열정과 열망의 발화이자 실천임을 선언하고 실현하고자 했다.

68의 말의 축제는 그 구호에서 잘 드러난다. 홉스봄은 자서전《미완의 시대》에서 "혁명은 혁명에서 쏟아져 나오는 무수한 말을 통해 그 성격을 알 수 있다"[34]고 했다. 68은 어떤 말들을 쏟아냈을까. "우리는 세상을 원한다. 바로 지금 원한다!" 1968년 4월, 점거된 컬럼비아대학 건물 창문에 커다랗게 걸린 이 구호는 록 그룹 도어즈The Doors의 노래에서 따온 말이었다. 68의 젊은이들은 이렇게 세상을 원하고 또 바꾸어 놓으려 했다. 게다가 변화는 내일이 아니라 '바로 지금' 필요했다. 오늘날의 카르페 디엠과 묘하게 겹쳐진 이 슬로건은 68 청년들의 자신감 넘치는 패기와 도전의 열망을 여실히 보여 주는 것이었다.

또한 '68의 정신'은 무엇보다 '나는 반역한다. 고로 우리는 존재한다!'라는 구호에서 제대로 드러난다. 미국의 활동가 톰 헤이든Tom Hayden이 작가 카뮈에게서 가져온 이 말은 실존주의적이면서도, "개인적 해방과 사회적 해방의 병행"[35]을 내포한 68의 핵심 정신으로 이어진다. 즉 '나의 반역과 저항'이 바로 '우리 존재의 조건'임을 뜻하기에, 저항하는 자만이 모든 권위에서 해방될 수 있는 진정한 인간이며 개인적 해방과 사회적 해방은 동시에 진행되어야 한다는 인식이 들어 있다. 개개인의 참여와 저항이 없는 우리 공동체의 생존과 변화는 불가능하다는 인식이다.

또한 68은 인간 개개인의 성적 욕구를 과감히 삶의 해방과 결합한 최초의 혁명이었고 이를 말과 표어에 담아냈다. 파리 거리의 벽에는 "오르가슴을 멈추지 마라"는 글이 휘갈겨졌고, "혁명을 생각할 때면 섹스가 하고 싶어진다"는 말도 마다하지 않았다. 정치적 목표를 생활양식 혁명과 결부한 68은 정치적인 양심이나 이성에 못지 않게 신체와 욕구도 중요하게 보았다. 그래서 성 본능 같은 욕구에 대한 억압과도 정면으로 맞섰다. 인간의 신체와 욕구를 무시하는 행위가 인간적일 수 없으며, 그런 행위에 기반을 둔 혁명이란 결국 인간성 억압으로 귀결할 공산이 컸다. '혁명과 섹스의 결합'은 결코 우연이 아니었다. 인간의 존재 조건인 성적 본능이 자연스러운 것이라면, 사회의 존재 조건을 바로잡기 위한 혁명도 필요한 것이었다. 미국의 유명한 반전 표어 "전쟁 말고 사랑을 하자"도 같은 맥락이다.[36] 전쟁 대신 사랑을 외치며 새롭고 수평적인 주거를 꿈꾸던 젊은이들은 다른 삶을 추구하는 공동체를 일구어내며 낡은 생활방식에 강력한 도전장을 내밀었다. 이렇게 신체와 욕구를 인정하는 삶의 존재는 사회적 혁명과 결코 무관한 것이 아니었다. 이제 신체의 욕구와 사회적 욕구는 분리되지 않고, 같은 혁명의 구성요소가 되었다. 이는 역사와 사회 속의 다양한 금지에 맞서는 일이기도 했다.

그래서 "금지를 금지한다"라고 68의 젊은이들은 외쳤다. 무릇 금지는 저항과 반란에 맞선 억압의 선전포고임을 역사는 잘 보여 준다. 나치가 정권을 잡고 맨 먼저 발 벗고 나선 일이 분서, 즉 불온한 책을 금지하는 것이었다. 그래서 청년들은 일상의 영역부터 정치적 영역에 이르는 다양한 금지에 반기를 들었다. 프랑스의 낭테르대학 및 소르본대학에서 학생들은 여학생 기숙사 방문 금지와 대학 폐쇄에 맞서고, 독일 청년들은 시민의 기본권을 제한하고 금하려는 〈비상사태법〉 제정 시도에 저항하며, 미국 대학생들은 베트남전 징집영장 훼손 금지에 투옥을 마다치 않고 공개적인 '영장 화형식'으로 대결한다. 그렇게 68의 정신은 도처에서 "금지를 금지한다"고 선포했다. 아니 그 금지를 대신해 '역사의 가능성'이라는 칼을 빼들고, "역사의 창출은 가능하다, 이웃 사람들아!"라고 외쳤다. 바로 우리 이웃들에게, 함께 동참해서 가능성을 믿고 새로운 역사를 만들어 가자고 호소했다.

체 게바라의 강력한 주문 "혁명가의 의무는 혁명을 일으키는 것이다"[37]와 "현실주의자가 되자, 하지만 불가능을 꿈꾸자"[38]가 청년들

금지를 금지한다

1968년 베를린공대 대강당에서 열린 국제베트남회의
회의장 정면에 "베트남 혁명의 승리를 위하여"와 "혁명가의 의무는 혁명을 일으키는 것"이라는 글귀가 선명하다.

을 휘어잡은 것은 당연했다. 게릴라 무장투쟁을 통한 제3세계 해방운동이라는 정치적 금기에 맞서다 재판도 없이 처형된 게바라는 68 젊은이들의 진정한 멘토이자 영웅이었다. 국제베트남회의가 열린 베를린공대 대강당 정면에 '혁명가의 의무'를 선언한 게바라의 구호가 거대한 글귀로 장식된 이유였다. 게바라의 '혁명 일으키기'는 직접행동을 통한 즉각적인 변화의 추구에 대한 강렬한 호소로 다가왔고, 청년들이 일으켜야 할 혁명은 그것이었다. 또한 '현실을 직시하되, 불가능한 꿈을 꾸자'라는 외침은 68 주체들의 심장에 박히는 정언명령이 되었다. 그것은 오늘의 불가능을 내일의 가능으로 전환하기 위해 '말의 힘'을 믿고 이를 '축제적 형태'로 표현하고 실천하며 다른 세계와 새로운 내일을 꿈꾸는 일이었다.

이렇게 68이 '말의 축제'임을 여실히 보여 주는 표어에는 그 저항과 반란의 정신이 고스란히 담겨 있었다. '말이 곧 실천'이라는 레닌의 경구가 말을 실천으로 옮긴 68 청년들의 '말의 혁명' 속에서 또 다른 형태로 소환되었다. 그것은 '말(이론)과 실천의 통일'을 새로운 차원에서 실현한 것이자, 말의 축제에서 행동의 새로운 표현을 보여 주는 '말의 실천'이었다.

축제로서의 시위

철학자 위르겐 하버마스Jürgen Habermas는 68이 "시위와 시민불복종 사이, 토론과 축제 사이의 경계를 흐리게 했다"[39]고 본다. 그렇다. 68의 시위는 축제와 겹치고 포개졌다. 때론 시위가 축제 같았고, 때론 축제도 시위처럼 보였다. 도발도 놀이처럼 행해졌고, 시위도 놀이와 저항 사이를 넘나들었다.

직접행동은 연좌농성, 농성토론과는 다소 결이 다른 시위와 나란히 이루어지고 또 혼재되었다. 앞서 언급된 베를린의 '산책시위'도 원래 직접행동과 놀이가 결합된 것이었다. 학생들은 베트남전에 반대하는 시위에서 경찰과 충돌하는 것을 최대한 피했다. 시위자들은 행인 사이에 섞였다가 다시 모여 반전 구호를 외치고 또 다시 숨곤 한다. 또한 저항 대열을 반복적으로 해산하고 개별적으로 산책자로 위장하며 경찰과 대결하는 것을 체계적으로 회피했다. 주최 측 전단지는 그 시위전술의 목적과 방향을 분명히 한다. "구타를 피하기 위해, 젊은이들이 제복 경찰의 무기력한 공격 대상이 되지 않기 위해, 우리는 옛날 방식으로 시위를 하는 것이 아니라, 산책하는 사람들처럼 시위한다. 사전에 정한 지점에서 만나 경찰이 접근하면 해산했다가 다른 곳에서 다시 나타난다."[40] 그리고 "재미를 통해"[41] 기성 사회의 형상과 이상을 조롱하고자 한다. "경찰이 오면 그냥 지나가고 다음 골목에서 게임이 다시 시작"[42]될 것이었다.

물론, 허가되지 않은 그 시위 참가자를 체포하기 위해 사복경찰이 투입된다. 예상대로 경찰은 이 장난 같은 도발에 폭력적으로 대응했고, 총 80명에 이른 체포자의 절대다수는 크리스마스 직전 가족 단위로 쇼핑하던 평범한 시민이었다. 이를 통해 학생도, 체포된 보행자들도 중요한 배움을 얻는다. 체제의 폭력을 확실히 지각했던 것이다. 기성제도의 규칙에 놀이적 도발로 저항한 산책시위는 새로운 형태의 선동 가능성을 보여 줬다고 평가된다. 무엇보다 익살이 동반된 도발적 행동을 통해 견해가 다른 소수파의 존재를 여론이 인식하게 해 준

1967년 샌프란시스코에서 열린 비인에서
연주하는 록 그룹

것도 의미 있는 성과였다.

축제의 성격이 강한 시위 면모를 보여 준 것은 히피 청년들이었다. 기성체제 및 그 체제가 수행하는 베트남전쟁을 치열하게 비판하고 저항에 나서는 대신, 머리에 꽃을 이고 '사회에서의 이탈'과 '자유로운 공동체적 삶'을 선택한 그 청년들은 비인be-in과 러브인love-in

이라는 시위를 펼쳤다. '러브인'은 공공연한 사랑의 행위 또는 그런 종류의 모임으로 "사랑이 전쟁보다 낫다"[43]는 히피의 주장을 행동으로 보여 주고, '비인'은 일반적인 히피 모임이나 행사를 일컫는 말이다. 1967년 1월 샌프란시스코에서 처음 열린 '비인'은 록 그룹 공연을 위시하여 시 낭송과 연설이 어우러진 새로운 축제의 마당이었다. 이들의 활동은 명시적인 저항의 목소리보다 공연 중심의 대항문화적 요소가 두드러진 측면에서 정치적 신좌파와는 일면 궤를 달리한다. 하지만 '직접행동'과 '참여민주주의'라는 공통분모에 입각한 양측의 활동은 1960년대를 뒤흔든 베트남전 반대라는 거대한 물결 속에서 서로 영향을 주고받거나 뒤섞이며, 참여민주주의가 실현되는 '사랑과 평화의 공동체'라는 1960년대 운동의 포괄적 이상주의 아래 하나로 묶인다.

정치적 신좌파 대학생들과 문화적 히피가 함께 연출한 놀이와 축제의 시위는 '펜타곤 행진'에서 두드러졌다. 1967년 10월 베트남전 반대를 위해 히피와 대학생 수만 명이 참가한 그 시위에서 미국 학생운동을 대변하는 민주주의사회학생연합Students for Democratic Society, SDS 회원들이 미국 국방부 펜타곤 앞의 미국 국기를 깃대에서 끌어내리는 동안 히피들은 기타를 치고 노래하며 축제적인 도발을 시도했다. 히피들은 총천연색 의상의 '소음 유발자 및 마녀들'과 힘을 모아 전쟁의 '사악한 망령'을 모두 펜타곤에서 몰아내려고 한다. 마귀를 쫓는 노래를 반복함으로써 펜타곤을 뒤흔들고, 익살과 재미로 군사기관에 맞서는 전선을 구축하려 한다.[44] 젊은 여성들이 군인들에게 말을 거는 동안 한 여성이 군인의 총신에 꽃을 꽂은 장면은 전 세

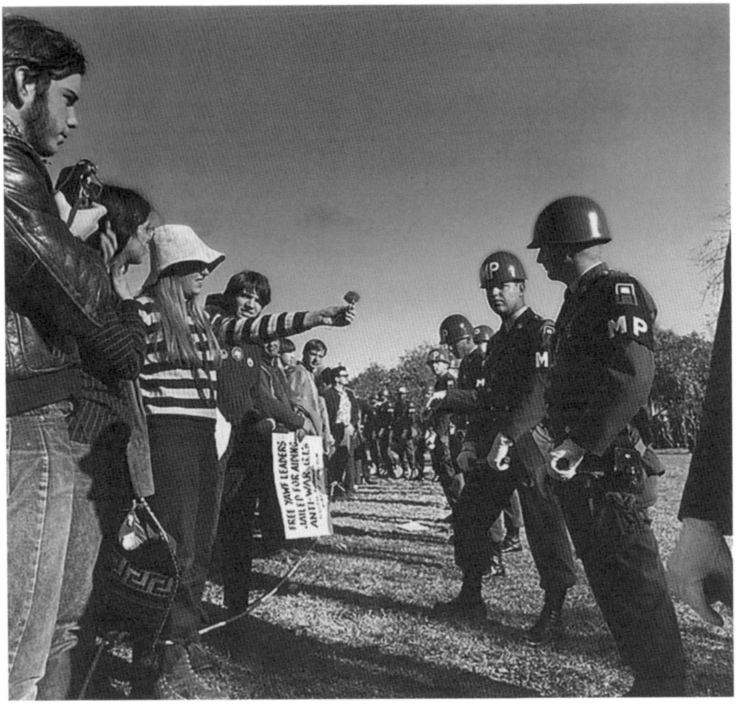

1967년 10월 21일 펜타곤 행진에서의 시위

계로 퍼져 나가며 큰 주목을 끌고, 이후 '전쟁 대신 사랑'을 상징하는 역사적인 시위 장면으로 각인되었다.

히피의 축제 시위도 신좌파의 직접행동처럼 도발과 축제의 방식으로 경찰폭력을 폭로하기도 했다. 1968년 3월 22일 자정 직전 히피 6000명이 봄의 시작을 축하하기 위해 뉴욕 그랜드 센트럴 터미널에 운집한다. 노래를 부르고 풍선을 날리는 한편 일부는 '롱 핫 써머long hot summer' 또는 '번, 베이비, 번burn, baby, burn'을 외쳐 대며 터미널

안내소 지붕 위로 올라간다. 시위용 물감 봉지 두 개가 던져졌다. 경찰이 게토에서 흑인을 제압할 때 쓰는 '꼼짝 마, 이 새끼야!'라는 글귀가 쓰인 깃발이 펼쳐지고, 누군가 터미널 홀의 시계바늘을 부러뜨린다. 히피들은 역사 속 파리코뮌의 노동자가 시계에 발포하는 모습을 비폭력적으로 재구성했지만, 경찰이 투입되었다. 뉴욕 경찰은 터미널 홀에서 벌어진 '봄의 축제'에 사전경고나 해산요구도 없이 손에 잡히는 족족 곤봉으로 두들겨 팬다. 히피들은 얻어맞으며 나치 경례 '지크 하일! 지크 하일!'을 외치며 맞선다. 유리창에 머리를 찍히거나 의식을 잃도록 얻어맞은 경우도 있었다. 뉴욕시민자유연합의 변호사는 뉴욕에서 이례적인 경찰의 야만성이 폭로되었다고 밝히고, 신문은 그 사건을 '경찰 폭동'으로 기록했다. 평화적 수단과 사물에 대한 장난스러운 폭력을 동원해 국가의 폭력기구를 폭로하는 데 성공한 것이다.[45]

축제적인 시위방식은 히피와 연결되는 '이피Yippie'의 활동에서도 잘 드러난다. 청년국제당Youth International Party, YIP의 활동가 이피는 폭력적인 것이 아닌 음악 공연과 거리연극이 뒤섞이는 '삶의 축제'를 위해 추종자와 히피를 1968년 8월 미국 민주당 전당대회가 열리는 시카고로 초대했다. 록 콘서트와 시 낭송회, 평화를 위한 나체주의자의 행진을 비롯해, 특히 돼지 한 마리를 대통령 후보로 뽑아 거리에서 몰고 다니는 행사를 계획한다. 그들은 50만 젊은이가 웃고 노래하고 춤추며 시카고 거리를 가로지르고 공원에서 사랑을 나누기를 원한다. 이피는 많은 연극집단과 음악그룹이 서명한 최초의 선언문에 이렇게 쓴다. "우리는 우리 자신의 현실을 창출할 것이다, 우리는 자유로운 미국이다. 시카고는 당신들의 것이다!"[46] 새로운 현실을 창출해 진정 자유로운 미국을 목표한 것이다.

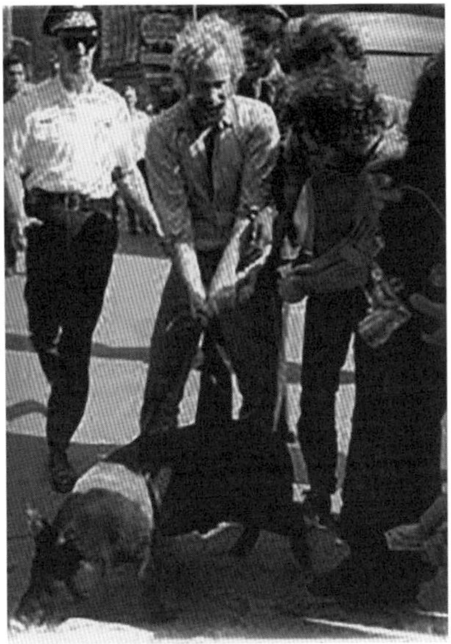

1968년 시카고 민주당 전당대회장 밖에서
대통령 후보로 선출된 피가수스

하지만 시카고 당국의 방해 속에 예정된 행사는 크게 위축되었다. 애초 '삶의 축제'에 참가하겠다고 밝힌 음악그룹과 연극집단이 공연허가를 받지 못했다는 이유로 거의 모두 시카고행을 취소하는 바람에 겨우 2000명만 삶의 축제 개막식에 온다. 비록 '축제'는 축소되었지만, 체제와 정치를 조롱하는 인상적인 장면은 큰 주목을 받았다. 민주당 전당대회가 시작되는 8월 25일 이피들은 돼지에 '불멸의 피가수스Pigasus'(그리스신화의 페가수스Pegasus와 Pig의 합성어)라는 이름을 붙여 시카고 거리로 몰고 나온다. 부패한 정치인이 연극에서 돼지로 그려지는 데 영감을 받아, 피가수스를 연극하듯 시카고 거리로 몰고 다니며 대통령으로 뽑으려 한다. 신문사 사진기자와 방송 촬영기사가 몰려들고, 돼지를 대통령으로 선출하려는 연설이 시작되자 경찰이 개입한다. 행사 관련자와 '불멸의 피가수스'도 체포된다. 이 일로 돼지는 언론에서 인기를 끌고, 시위대가 '피가수스를 석방하라'고 촉구하는 일이 벌어진다.[47] 이후 전당대회장 주변은 경찰의 폭력진압으로 아수라장이 되었지만, 피가수스를 통한 정치와 체제에 대한 조롱은 깊은 인상을 남겼다.

이렇게 68은 시위를 축제로 전환하고, 놀이와 축제를 뒤섞은 시위를 기획하고 실천했다. 그것은 혁명을 '삶의 축제'로 보는 정신과 결부된다. 시대의 불의 속에서 시위와 저항이 삶의 일부라면, 시위를 축제로 조직하고 축제를 시위로 만드는 삶과 저항의 축제야말로 '혁명의 축제'를 즐기는 당연한 길이었던 것이다.

저항으로서의 록

제리 루빈Jerry Rubin의 말처럼, "혁명은 록과 함께 시작되었다."[48] 68의 시대는 록과 페스티벌의 시대였다. 로큰롤에서 시작된 대중음악의 혁명은 록과 록 페스티벌에서 용암처럼 분출했다. 록은 시대정신을 따르고 또 창출했다. 저항으로서의 록과 페스티벌의 시대가 만개했고, 이후 록의 저항 정신을 언급하는 일은 그 시대와 시대정신으로 돌아가는 일이 되기도 했다. 수많은 아티스트와 밴드가 음악과 행동으로 저항의 물결에 함께 어깨를 걸었고, 이름만 들어도 아는 록 그룹과 연주자들이 그 물결의 선두에 서는 놀라운 광경이 펼쳐졌다. 대중음악계의 빛나는 별들이 반전을 외치고, 음악의 사회참여와 사회비판이 전범과 같은 시대에 록은 저항 음악의 선봉을 이루었다. 그것은 록의 열정과 저항, 춤과 반전의 외침이 페스티벌에서 하나로 모아진 용광로 같은 격정의 시대였다.

그 무대는 별들의 전쟁이었다. 1968년에 비틀스는 〈레볼루션〉에서 "우리는 모두 세상을 바꾸려고 한다"며 시대정신을 담아 노래했다. 이 노래는 정확히 말하면 비틀스 전체라기보다 시대와의 대화에 소홀치 않았던 비틀스의 왼쪽 날개 존 레넌John Lennon의 노래였다. 그는 그룹의 다른 멤버와 달리 사회비판 및 시대정신의 수용을 마다하지 않았고, 오노 요코Ono Yoko의 영향을 받으며 1960년대 말 이후 반전 문화운동의 주요 인물로 부상한다. 레넌은 비틀스 해산 후에 더 과격해진다. 〈워킹 클래스 히어로Working Class Hero〉(1970)와 〈파워 투더 피플Power to the People〉(1971) 같은 노래가 대표적인데, 특히 후자의 가사는 훨씬 더 단도직입적이었다. "당신은 혁명을 원한다고 말하지. 당장 시작하는 게 좋아." 영국 신좌파의 중심인물 타리크 알리Tariq Ali 및 로빈 블랙번Robin Blackburn과의 대화가 영향을 미친 노래였다.[49]

한편 비틀스와 경쟁한 롤링스톤스The Rolling Stones도 1968년을 비켜 가지 않았다. 그해 8월에 발표한 〈스트리트 파이팅 맨Street Fighting Man〉은 전투적 저항을 고무하는 정서를 잘 드러내는 곡으로, 오늘날까지 가장 유명한 저항 음악으로 남는다. 앞선 5월 런던 미국대사관 앞의 반전 시위에 참가한 보컬 믹 재거Mick Jagger가, 폭력 대결의 고조를 두려워한 지도부 측이 시위를 접자고 결정한 것에 불만을 품은 후에 가사를 쓴 곡으로, 당시 저항이 격화되는 분위기를 잘 잡아냈다. 이 노래는 시카고 민주당 전당대회 사태 이후 미국 라디오 방송에서 금지되었다. 노래가 폭력 행동을 부추긴다는 것이었다. 록이 저항운동에 미치는 영향력을 인정하는 것과 다름없었다. 여하튼 "도처에서 진군의 소리가 들린다"는 노랫말로 포문을 여는 이 노래는 68을 위한 '혁명적 찬가'로 이해되었다. 저항운동이 음악과 저항 사이에 다리를 놓은 셈이었다.

1960년대 청년 반란의 또 다른 상징인 록 그룹 도어즈의 노래는 저항의 한복판으로 뛰어들었다. 1968년 4월, 학생들이 점거한 컬럼비아대학 건물의 창문에 도어즈의 노래 〈웬 더 뮤직스 오버When the Music's Over〉에서 따온 구호 "우리는 세상을 원하고 바로 지금 원한다!WE WANT THE WORLD AND WE WANT IT NOW!"가 커다란 글자로 찬연히 빛난 것이다. 이들 노래처럼 68의 함성은 세상을 원했고 또 바꾸어 놓으려 했다. 또한 당대 수많은 시위 현장에서 시위대는 흑인민권운동의 대표곡인 〈위 섈 오버컴We Shall Overcome〉을 부르며 하나로 단결했는데, 1960년대 미국 저항운동의 음악적·문화적 총화와 같은 노래였다. 저항운동은 이렇게 음악과 저항을 하나로 묶어 세우고, 다시금 시위와 시위대를 고무하는 음악을 태동하게 했다.

나아가 전쟁 없는 세상을 부르짖는 시대에 록 음악도 베트남전과 미국 정부를 공격하며 저항의 깃발 아래 선다. 록 역사상 최고의 기타리스트로 꼽히는 지미 헨드릭스가 앞에서도 언급했듯, 우드스톡에서 미국 정부에 대한 분노와 비판을 담아 국가 〈성조기The Star Spangled Banner〉를 전장에서 기관총을 사격하고 폭탄을 퍼붓는 듯한 기타 소리로 난도질하며 연주했다. 우드스톡의 전설적 순간이자 베트남전에 반대하는 음악적 상징이었다. 이 노래는 '우드스톡 세대의 확실한 신분증' 같은 존재로 나중에 1960년대 록의 가장 중요한 발언이자 '음악적 등대'로 칭송되었다. 그 연주는 포탄의 폭발음과 사이렌 소리, 저공비행으로 공격하는 헬기 소리가 연상되는 사운드의 폭발을

1964년 버클리대학의 자유발언운동 시위에서
〈위 섈 오버컴〉을 부르고 있는 존 바에즈

통해 베트남전에 대한 분노와 실망을 고스란히 듣고 느끼게 했다. 우드스톡의 대항문화적인 맥락에서 이 노래는 베트남전과 화석화된 미국적 삶의 방식에 대한 '불 같은 고발장'이었다.

또한 헨드릭스는 1960년대 저항문화의 상징 인물로 베트남전뿐 아니라 폭력적 시위진압에 대한 저항의 목소리를 대변했다. 1970년 벽두 '필모어 이스트'에서 개최된 공연에서 〈머신 건Machine Gun〉이라는 신곡을 선보이며, 베트남과 시카고와 밀워키, 뉴욕에서 싸우고 있는 모든 병사에게 바친다고 역설적으로 표현했다. 즉 미국 도시들에서 벌어지고 있는 격렬한 시위를 암시하며, 기관총 사격에 쓰러질 수 있는 상시적인 위험에 노출된 모든 '거리의 투사'(스트리트 파이팅 맨)를 위해 쓴 것이었다. 따라서 단순히 베트남전에 대한 반대만이 아니라 미국 내의 전장에서 벌어진 시위대를 향한 총격을 신랄히 비판하는 것으로, 헨드릭스가 왜 우드스톡 세대와 '68 저항의 음악적 상징'으로 받아들여지는지 보여 주는 대목이다. 사실 헨드릭스가 인생에서 원하는 바는 사랑하고 멋진 블루스 고전을 연주하는 아주 평범한 일들인데 방해 세력이 문제였다. "돼지 같은 권력자들이 통치하는 한 그럴 수가 없기"[50] 때문이었다. 결국 그는 "평범한 것을 할 수 있기 위해서는 더 많은 투쟁이 필요하다"[51]고 외친다. 이렇게 당대의 목소리들은 시대를 외면하지 않았고 시대의 흐름과 함께했다.

또한 1960년대 후반은 무엇보다 거대한 록 페스티벌의 시대였다. 1967년 6월의 몬테레이 페스티벌을 기점으로, 그레이트풀 데드Grateful Dead와 제퍼슨 에어플레인Jefferson Airplane, 재니스 조플린Janis Joplin과 헨드릭스 같은 밴드와 아티스트가 나섰다. 대안적 생활방식과 사회비판이 록의 축제에서 하나로 모아지는 잠재력이 분출하기 시작하고, 1969년 8월의 우드스톡 페스티벌로 록과 정치적 저항의 결합은 정점을 찍었다. 50만 명 가까운 청년이 운집해 3일 밤낮으로 대항문화의 절정을 이룬 이 페스티벌은 록의 열정과 베트남전쟁 반대의 분노가 한 목소리로 녹아드는 장관을 연출하며 '사랑과 평화와 저항'을 상징하는 '우드스톡 국가'라는 전설을 낳았다.

'저항과 연대의 세계화'에 걸맞게 1967년에 폭발한 미국 록 페스티벌의 열기는 독일로 넘어와, 1968년 9월 25~29일까지 닷새간의 '국제 에센 송탁Die Internationalen Essener Songtage, IEST'으로 열매를

1969년 8월 15일 우드스톡 개막 장면

맺는다. 4만 명 이상 운집한 이 페스티벌은 몬테레이와 우드스톡 사이에 위치하는 유럽 최초이자 최대의 록 페스티벌로 1960년대 말의 중요한 대항문화 행사였다. 여기서 프랭크 자파Frank Zappa의 마더스 오브 인벤션Mothers of Invention과 팀 버클리Tim Buckley, 다겐하르트Franz Josef Degenhardt, 아몬 뒬Amon Düül, 탠저린 드림Tangerine Dream과 같은 영미 및 독일 밴드와 아티스트가 무대에 올라 대항문화 속에서 록과 정치가 어떻게 결합하는지 보여 주었다. 페스티벌 주최 측의 의도에 따라 정치적 음악, 특히 저항 음악에 대한 강의와 토론도 프

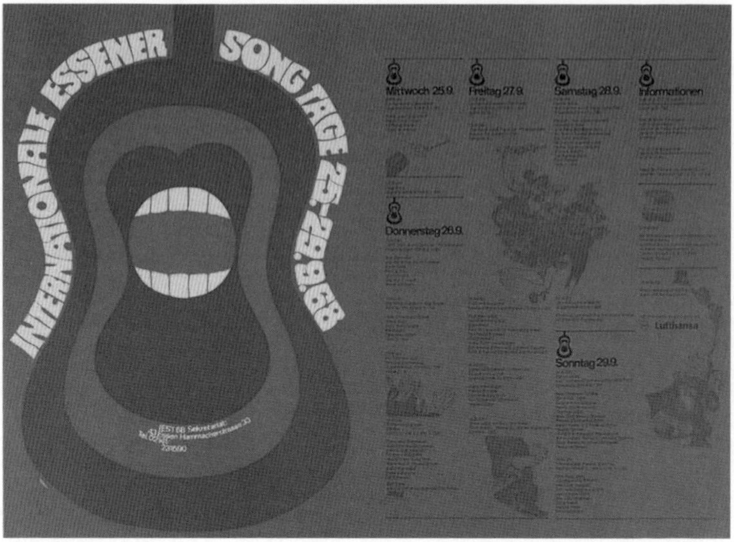

국제 에센 송탁 일정표

로그램의 중요한 일부로 자리 잡았다. 독일의 경우 록과 팝 같은 대중음악과 정치가 영국 같은 곳보다 더 강하게 결합되었다. 그래서 록이 대항문화의 주요한 자산으로 간주되었다.

록은 이렇게 음악 자체와 그 상징적 이미지로 68의 불길에 연료를 공급했다. 롤링스톤스나 도어즈 같은 그룹, 지미 헨드릭스 같은 아티스트는 실질적인 정치적 발언이나 활동과 상관없이 음악을 통해 저항의 상징체로 올라섰다. 물론 일부 록 음악가는 바리케이드나 점거에 직접 가담하거나 그런 정치적 행동주의를 적극 표방하고 지지했다. 슬라이 앤드 페밀리스톤Sly and the Family Stone 같은 그룹은 〈일어나!Stand!〉나 〈폭동은 계속된다There's a Riot Goin' On〉 같은 앨범을 발표해 저항과 반란을 공공연히 부추겼다. 밥 딜런과 존 바에즈Joan Baez의 저항 포크, 롤링스톤스나 지미 헨드릭스의 분노한 록은 단번에 지구 반대편의 젊은이들을 일깨워 어깨를 겯게 했으며, 프라하의 봄에서도 영미의 록이 울려 퍼졌다. 사회주의 진영에서도 록은 세계 공통의 언어였고 비틀스를 모르는 동유럽인은 없었다.

요컨대 저항 음악으로서의 록이 없는 68은 생각하기 어렵다. 정치적 저항운동과 대안 청년문화의 결합은 68의 도드라진 얼굴이었고, 록은 청년 대항문화의 중대한 영역이었다. 그렇게 록은 저항의 상징이 되며 68의 영토에 주요한 성채를 쌓아 올렸고, 68의 목소리를 대변하고 사회비판의 시대정신을 상징하며 삶의 축제와 일상의 혁명 속에서 정치적 저항을 추동하는 예술적 기관차로 우뚝 섰다.

68의 의미를 묻다: 21세기 시위와 68의 유산

프랑스 철학자 알랭 바디우Alain Badiou는 '68의 의미'를 묻는 일이 곧 우리 시대에 '해방의 강령'을 재구성하는 작업이라고 본다.[52] 물론 바디우가 지향하는 정치, 사상적 방향과 기획에 동조하거나 동참할 필요는 없다. 하지만 나날이 깊어 가는 억압과 차별과 무한 경쟁, 양극화와 이윤 및 자본 지상주의 흐름에 맞서는 '해방의 강령'은 결코 소멸하지 않을 것이고, 이는 실제로 68의 사상과 정신 속에서 피어난 '해방의 기획'이 꿈꾸며 그려 나간 투쟁의 궤적을 다시 이어 가는 일일 수 있다. 그래서인지 68은 박물관에서 쉬기에는 여전히 뜨거운 논쟁의 격전지이다. 당대 활동가와 정치 진영이 경험담과 후일담으로 쌓아 올리거나 허무는 바리케이드이자, 현실 정치와 기억을 둘러싼 전장의 진원지로 작동해 왔다. 논쟁은 식지 않고 현재진행형이지만, 68이 삶의 지평을 전 방위적으로 가로지르며 내뿜은 영향력은 다양한 방식으로 인정된다.

역사가 잉그리트 길혀홀타이Ingrid Gilcher-Holtey는 "기존 사회와 경제, 지배 질서에 맞서 대항 구상을 보유한 최후의 저항운동"[53]이라고 평가하고, 노르베르트 프라이Norbert Frei도 68의 파괴력과 여파가 너무 거대해 "그 무엇도 68을 비켜 가지 못하고 이후 모든 것이 변했다"[54]고 진단한다. 68의 아우라는 철학자에게도 예외가 아니었다. 세계적인 저항의 소용돌이에 깊은 인상을 받은 해나 아렌트Hannah Arendt는 자기 세대가 1848년 혁명에서 배웠듯, "다음 세기의 아이들은 1968년에서 배울 것으로 보인다"[55]고 갈파했다. 미셸 푸코Michel Foucault가 '미시 권력'을 통해 권력 개념을 재규정한 것도 68의 영향력 속에서 이루어진 작업임이 누차 공언되었다.

실제로 68은 일상의 억압과 세계의 불의에 대한 침묵보다 분노와 저항이, 변화 가능성에 대한 의심보다 기대와 희망이 앞서간 시대였다. 그것은 자본주의 모순과 제국주의 침략뿐 아니라 공산주의의 억압에도 맞섰다. 나아가 68은 정의와 평등, 자기결정과 공동결정의 이름으로 불의와 억압, 권위와 위계에 도전한 세계적 반란이었다. 이를 통해 68은 다른 삶, 더 나은 삶을 위한 새로운 지평을 열어젖혔다. 68은 더 나은 세상과 피억압자의 자유, 모든 이의 사회참여와 더 많은 민주주의, 반권위주의와 해방을 요구했다. 1960년대에 서구 사회가 더 유연하고 일상 문화가 더 개방적으로 바뀌었다면 이는 68의 궐기 덕분이다. 움베르토 에코Umberto Eco의 말을 빌리자면, "적어도 유럽에서는 우리가 서로 간에 행동하고 관계 맺는 모든 방식을 심대하게 바꿔놓았다."[56] 나아가 새로운 여성운동과 소수자운동, 생태운동, 평화운동 같은 신사회운동은 68이라는 아름드리 거목에서 뻗어 나온 가지로, 좋건 싫건 68의 거대한 폭발에서 자양분을 얻었다.

이런 점에서 68이 정치적·사회적·경제적으로 실패하고 문화적으로만 의미가 있는 '문화혁명'이라는 해석은 운동의 자장과 진폭, 의미와 성과를 과소평가한 것일 뿐이다. 68은 '정치'의 의미를 재규정하며 정치나 정치활동의 폭을 일상부터 각종 제도기관까지 포괄하고 자기 주도적인 참여에 방점을 찍는 혁신을 통해 특히 서구 사회에 근본적인 변화를 초래했다. 68의 문화혁명은 정권이나 국가의 전복 및 정치제도의 변화에 매몰되지 않고, 진정한 변혁의 토대는 삶을 둘러싼 다양한 공간에서 펼쳐지는 새로운 의미의 정치활동이라고 강조한 혁신적 기획이었다. 더불어, '일상과 정치의 문화혁명'이라는 68의 날개에는 베트남전 반대나 제3세계 해방운동의 대의를 통한 국제적 연대와 저항의 몸짓도 펼쳐져 있었다. 즉 68의 '새로운 혁명'은 그간 변혁운동이나 혁명에서 도외시된 개별 인간의 복구뿐 아니라 개인의 문제를 사회적·정치적 문제와 연결해 내는 전복적 사고가 결합한 '개인적 해방'과 '사회적 해방'의 쌍두마차를 통한 새로운 변혁의 바람이었던 것이다.

68은 상상력과 희망을 앞세운 역사적 낙관주의가 일구어 낸 놀라운 현상이었다. 68의 눈부시게 다면적인 얼굴에는 결국 미래에 대한 희망과 낙관, 더 나은 삶과 세상에 대한 열망이 공히 깃들어 있었다. 그 희망과 열망은 프랑스 68의 유명한 표어인 "보도블록 아래에는 해변이 있다"라는 말로 이어진다. 이는 '상상력에 권력을!'이라는 68의 가장 유명한 구호가 구체화되고 생동화한 설명으로도 볼 수 있다. 여기서 물론 보도블록이 이른바 해변이라는 자유를 짓누르는 돌덩이인 동시에 체제를 향해 던지는 '투석의 무기고'라는 이중적인 의미를 지닌다는 사실도 중요하다. 하지만 보도블록 아래의 모래를 푸른 자유와 생명의 상징인 해변으로 연결하는 발상은 바로 '상상력의 해방'에 걸맞은 일이다. 억압의 상징인 보도블록을 벗겨 내면 바로 거기 자유로 가는 입구인 해변이 있다고 생각하자는 외침이다. 즉 권위와 억압은 자유의 해변과 등을 맞대고 바로 그 너머에 있는 셈이므로 새로운 세상을 상상하는 일은 어렵지 않다는 말과도 상통한다.

우리는 '68의 상상력'이 2011년 월가 점령 시위 같은 다양한 운동에서 외치는 '다른 세상'과 '더 나은 세상'을 갈구하는 목소리로 맥을 이어가며, 여전히 영향력을 내뿜고 있음을 생생히 목도하고 있다. 그래서 68의 매력과 마력은 이른바 '삶과 문화, 정치와 사회 전역에서 작동한 숱한 상상력의 보고'로 읽힐 수 있고, 다시금 현실의 준거로 소환될 수도 있는 것이다. 이는 다른 세상으로의 가능성이 거리의 함성을 통해 솟아나는 빛나는 순간을 의미하는 것으로, 우리의 정치 상황에도 유비할 수 있는 지점이다. 주지하듯 '국정 농단'이라는 이름의 헌정사상 유례없는 독단과 독선을 아우른 '권력과 정치의 사유화'가 2016~2017년 결국 '평화 촛불혁명'이라는 광장과 거리의 목소리를 앞세운 '의회 외부적인 정치'를 통해 비판되고 심판받았다. 그 과정 자체가 바로 다른 세상을 상상하는 희망이 거리의 함성으로 피어나는 시간이었음이다. 한반도를 '촛불의 횃불'로 종횡무진 수놓은 '시민적 궐기'의 힘으로 탄핵의 깃발은 솟구쳤고, 우리는 시민의 저항과 연대로 민주주의를 수호한 결정적인 역사적 순간을 세계사에 올려놓았다.

실제로 촛불은 1968년 미국의 민권운동에서 처음 시위 수단으로 사용되었다. 어둠을 밝히는 수단인 촛불이 저항을 발하고 정의를 밝히는 상징으로 주먹과 나란히 떠오른 것이다. 68의 핵심이 지구촌 곳곳을 수놓은 '의회 외부'에서의 저항과 분노였고, 실제 독일 68의 핵심 조직은 스스로 '의회외부저항운동außerparlamentarische Opposition, APO'이라 지칭했다. 그러한 68의 궐기와 비판 정신은 오늘날의 우리에게도 이어지고 있다. 촛불혁명의 바람과 정신은 그래서 50여 년 전 68에서 불어온 것인지도 모른다. 68의 역사는 그렇게 어제와 오늘을 이어 주는 것인지도 모른다.

물론 촛불도 이제 '역사'가 되고, 그 공과는 68처럼 치열한 토론과 논쟁의 대상이 될 것이다. 촛불의 열망이 과연 현재의 희망으로 피어났는지 준엄히 묻고 따져야 할 일이다. 피에르 부르디외Pierre Bourdieu의 말처럼 "논쟁이 있어야 역사도, 현재를 둘러싼 희망도 있기 때문"[57]이다. 하지만 작금의 부당한 현실이 '역사적 촛불'의 무용함을 주장하는 논거가 된다면, 지금 세계의 부정한 실체는 '역사적 68' 자체의 무의미함을 증거하는 근거가 될 것이다. 역사 무용론을 주장하는 것도 역사의 신화화와 마찬가지로 현실의 참혹과 부정의를 당위나 필연으로 백안시하는 일이다. 그래서 환상과 체념은 동전의 양면이다. 우리가 역사를 들여다보는 이유다. 역사를 통한 배움과 성찰의 길은 신화를 경계하는 만큼이나 현실 체념을 멀리하는 일이다.

68은 '지나간 과거'가 아니다. 그것은 오히려 생생한 현재의 준거이다. 68은 빛나는 열정과 혁명적 상상력으로, 역사 속으로 들어가 오늘을 살아 움직이는 사람들을 위한 '현재진행형의 역사'다. 그래서 삶의 조건이 우리를 뒤흔들어 일으킬 때, 역사의 이름으로 다시금 외쳐질 것이다. 다른 세상은 가능하다, '상상력에 권력을!'

주

1862년 농민항쟁과 시위문화

1 망원한국사연구실, 《1862년 농민항쟁》, 동녘, 1988.

2 〈집회 및 시위에 관한 법률〉(법률 제17689호, 2020. 12. 22., 타법개정) 제2조 2항.

3 송찬섭, 〈1862년 농민항쟁과 소통의 정책〉, 《한국사연구》 161, 2013, 294~295쪽. 금구에서도 '12조건'(《용호한록》 권3, 〈경영기〉, 72쪽), 영광에서도 '본관구폐절목'(《용호한록》 권3, 〈경영기〉, 72쪽)이 있지만 내용은 알 수 없다.

4 조선시대에 병역을 면제해 주는 대신으로 받아들이던 베.

5 심지어 '개를 잡아 맹세를 할 테니 함께 입술에 피를 바르자'는 주장도 했다(《진주초군작변등록》 6호 문서). 그만큼 중대한 일이라는 의식이 있었기 때문일 것이다.

6 〈나동리 문서〉(국사편찬위원회 소장)에 실려 있는 것을 번역한 것임.

7 《임술록》 12월 28일 남해현령 첩정, 102쪽.

8 김인섭, 〈정김방백단자〉 1861년 2월 17일. '임난'은 현감 임기상 때문에 일어난 소란이라는 뜻을 나타내면서 한편으로는 '임진왜란'이라는 의미를 넣어서 뒤의 호란과 대칭을 이룬다.

9 심경호, 《참요, 시대의 징후를 노래하다》, 한얼미디어, 2012, 447쪽. 조심태는 화성 성역 감독관이다.

10 조규익, 《거창가》, 월인, 2000, 148쪽. 〈거창가〉는 1841년 정자육鄭子育이 지은 것으로 1837~1841년에 거창 부사로 재임한 이재가李在稼와 읍정의 폐단을 비판하고 풍자한 것이다.

11 《임술록》(남해) 기문, 102쪽.

12 배항섭, 〈19세기 후반 '변란'의 추이와 성격〉, 한국역사연구회, 《1894년 농민전쟁연구》 2, 역사비평사, 1992.

13 《경상감영계록》 1870년 6월 14일 유영렬 공초.

동학농민군의 저항문화

1 이 글은 〈동학농민군의 저항문화와 상징〉(《역사연구》 35, 2018)을 수정·보완한 것이다.

2 농민군들이 모이는 집합 장소.

3 박기현, 《일사》 갑오년 6월 22일조.

3·1운동, 들불처럼 번진 만세소리

1 윤치호 지음, 김상태 엮어옮김, 《윤치호 일기》, 역사비평사, 2001, 86쪽.

2 독립운동사 편찬위원회, 《독립운동사자료집》 5, 1971, 1344~1345쪽.

3 〈반도의 목탁〉 1호, 1919년 3월 7일.

4 독립운동사 편찬위원회, 《독립운동사자료집》 4, 1971, 217쪽.

5 천두슈, 〈조선독립운동의 감상〉, 《매주평론》 1919년 3월 23일.

6 천두슈, 〈조선독립운동의 감상〉, 《매주평론》 1919년 3월 23일.

7 푸쓰녠, 〈조선독립운동지신교훈〉, 《신조》 1919년 4월 1일.

8 마오쩌둥, 〈동방 대사건의 논평〉, 《상강평론》 1919년 7월호.

9 님 웨일즈·김산 지음, 송영인 옮김, 《아리랑》, 동녘, 2014, 190쪽.

4월혁명과 6·3항쟁의 학생 시위문화

1 이 글은 〈1970년대 대학문화의 형성과 학생운동〉(《역사문제연구》 29, 2012); 〈4월혁명의 기억에서 사라진 사람들〉(《역사비평》 106, 2014); 〈1960년대 한국 대학축제의 정치풍자와 학생운동〉(《사림》 55, 2016); 〈5·16쿠데타 이후 대학 학생운동과 정부의 대응〉(《역사교육》 148, 2018)을 수정·보완한 것이다.

2 허종, 〈대전 충남 지역 4월혁명의 발발〉, 한국민주주의연구소 지음, 이호룡·정근식 엮음, 《4월혁명과 한국 민주주의》, 선인, 2010, 105쪽.

3 오유석, 〈서울에서의 4월혁명〉, 한국민주주의연구소 지음, 이호룡·정근식 엮음, 《4월혁명과 한국 민주주의》, 선인, 2010, 191~192쪽.

4 〈밤중에 산발 데모〉, 《동아일보》 1960년 3월 15일(석간).

5 홍영유, 《4월혁명통사》 6, 천지창조, 2010, 320쪽.

6 홍영유, 《4월혁명통사》 6, 천지창조, 2010, 29~43쪽.

7 2·28 40주년기념사업회편찬분과위원회 엮음, 《2·28 민주운동사》 2, 2·28민주의거40주년특별기념사업회, 2000, 235쪽.

8 한태연, 〈전제군주의 몰락〉, 《세계》 18, 1960, 40쪽.

9 〈(좌담회) 외인 교수·신부가 본 사월혁명〉, 《세계》 18, 1960, 129쪽.

10 홍영유, 《4월혁명통사》 1, 천지창조, 2010, 72~77쪽.

11 김동춘, 〈1971년 8·10광주대단지 주민항거의 배경과 성격〉, 《공간과 사회》 38, 2011, 26쪽.

12 오제연, 《1960~1971년 대학 학생운동 연구》, 서울대학교 박사학위논문, 2014, 86쪽.

13 〈수원까지 데모 결행〉, 《동아일보》 1960년 4월 27일(석간).

14 〈줄기찻던 각지 데모〉, 《동아일보》 1960년 4월 27일(석간).

15 〈지서 총기를 강탈〉, 《조선일보》 1960년 4월 28일(조간).

16 허종, 〈대전 충남 지역 4월혁명의 발발〉, 《4월혁명과 한국 민주주의》, 선인, 2010, 110~111쪽.

17 김태일, 〈대구의 2·28과4·19혁명〉, 한국민주주의연구소 지음, 이호룡·정근식 엮음, 《4월혁명과 한국 민주주의》, 선인, 2010, 61쪽.

18 〈아이히만, 놀부, 몬로, 카셈의 재판〉, 《경향신문》 1963년 5월 7일.

19 〈역설과 풍자와 궤변 속에〉, 《경향신문》 1964년 5월 5일.

20 1960년대 전반기에 박정희 정권이 벌인 학원 사찰의 대명사로 알려진 YTP의 실상에 대해서는 김원기, 〈YTP(청사회)〉, 《신동아》 2, 1964; 송철원, 〈YTP(청사회)〉, 《기억과 전망》 26, 2012 참조.

21 〈역설과 풍자와 궤변 속에〉, 《경향신문》 1964년 5월 5일.

22 〈담뿍 담은 '아이러니'〉, 《경향신문》 1965년 5월 5일; 〈60주 기념 문화행사〉, 《고대신문》 1965년 5월 22일.

23 〈무악의 기슭에 베풀어진 5월의 향연〉, 《연세춘추》 1963년 5월 13일.

24 〈캠퍼스 누빈 5월의 열풍〉, 《연세춘추》 1964년 5월 11일.

25 조동일, 《세계·지방화시대의 한국학》 10, 계명대학교 출판부, 2009, 53쪽.

26 김재석, 〈'향토의식 초혼굿'의 공연 특질과 연극사적 의미〉, 《한국극예술연구》 18, 2003, 172~173쪽.

27 조동일 구술, 구술 일시: 2009년 12월 9일, 면담자: 오제연.

28 〈'민족적 민주주의 장례' 및 성토대회〉, 《경향신문》 1964년 5월 20일.

29 4·19혁명부상자회 광주·전라지부, 《호남4·19 삼십년사》, 4·19혁명부상자회 광주·전라, 1995, 150~153쪽.

30 〈반혁명세력을 경계, '젊은 사자'들 시위〉, 《동아일보》 1960년 7월 7일.

31 민주화운동기념사업회연구소 엮음, 《한국민주화운동사》 1, 돌베개, 2008, 424~425쪽.

32 민주화운동기념사업회연구소 엮음, 《한국민주화운동사》 1, 돌베개, 2008, 425쪽.

33 신동호, 《오늘의 한국정치와 6·3세대》, 예문, 1996, 67~70쪽.

34 〈서울상대도〉, 《경향신문》 1964년 6월 2일.

35 〈가랑비 속에 치솟는 대학가의 노도〉, 《경향신문》 1964년 6월 3일.

36 민주화운동기념사업회연구소 엮음, 《한국민주화운동사》 1, 돌베개, 2008, 426~429쪽.

37 〈한일회담 성토〉, 《동아일보》 1965년 5월 4일; 〈4일에도 성토〉, 《대학신문》 1965년 5월 10일.

38 〈한일회담 성토 벌여〉, 《대학신문》 1965년 5월 24일.

39 〈벼랑에 선 저지와 저지〉, 《동아일보》 1965년 6월 22일.
40 〈7일간 단식 26일 해체〉, 《연세춘추》 1965년 6월 28일.
41 〈갇힌 항의 … 도처서 단식〉, 《동아일보》 1965년 6월 24일.
42 〈일당 국회 화형식〉, 《고대신문》 1965년 9월 4일.
43 〈서울상대 동정맹휴〉, 《동아일보》 1965년 9월 6일.
44 〈이틀간 다시 가두데모〉, 《성대신문》 1971년 4월 24일.
45 〈소란 속의 초혼제〉, 《대학신문》 1969년 4월 21일.
46 〈시사풍자극 공연-횃불시위도 가져〉, 《대학신문》 1970년 4월 27일.
47 1970년대 각 대학별 탈반의 결성 시기와 공연 사례에 대해서는 채희완, 〈70년대의 문화 운동〉, 한국기독교사회문제연구원 엮음, 《문화와 통치》, 민중사, 1982, 206~209쪽 참조.
48 서중석 구술, 구술 일시: 2007년 8월, 면담자: 이기훈.
49 〈소란 속의 초혼제〉, 《대학신문》 1969년 4월 21일.
50 〈소란 속의 초혼제〉, 《대학신문》 1969년 4월 21일.
51 서중석 구술, 구술 일시: 2007년 8월, 면담자: 이기훈.

도시의 새로움, 정치의 새로움: 2008년 촛불집회

1 이 글은 〈도시의 새로움, 정치의 새로움: 인류학자가 본 2008년 촛불집회〉(《사회이론》 36, 2009)를 수정·보완한 것이다.
2 손호철, 〈법치파시즘? 사법파시즘?〉, 《프레시안》 2009년 3월 30일.
3 조정환, 《미네르바의 촛불》, 갈무리, 2009.
4 조정환, 《미네르바의 촛불》, 갈무리, 2009.
5 김광일, 《촛불항쟁과 저항의 미래》, 책갈피, 2009.
6 당대비평기획위원회 엮음, 《그대는 왜 촛불을 끄셨나요》, 산책자, 2009.
7 고종원·이한우·최규민, 《촛불에 길을 잃다》, 나남, 2009. 이들은 각각 촛불봉기, 촛불, 촛불항쟁(또는 저항), 촛불시위 등 다른 명칭으로 2008년 촛불집회를 부른다. 조정환은 다중의 자발성을 강조하는 자율주의적 관점에서 촛불봉기라는 명

칭을, 또 고종원·이한우·최규민은 아마도 촛불집회의 불법성과 폭력성을 강조하는 의미에서 집회라는 명칭을 사용한 것 같다. 김광일은 "봉기는 군사적 무장 행동 개념이고 혁명의 최고 순간에 조직되"기 때문에 2008년 촛불은 "봉기에는 한참 못 미"치는 것이라고 반박한다(김광일, 《촛불항쟁과 저항의 미래》, 책갈피, 2009, 55쪽). 이렇게 다양한 명칭이 사용되는 것 자체가 2008년 촛불집회의 다면적 성격을 드러내는 것임과 동시에 그 성격에 대한 합의가 이루어지지 않았음을 보여 준다. 촛불집회의 성격을 종합하는 것이 목적이 아닌 이 글에서는 '중립적' 의미에서 촛불집회라는 용어를 사용한다.

8 편의상 2008년 촛불집회로 명명하지만 2009년에도 촛불집회는 간헐적이며 소규모로 지속되었다.

9 당시 다음 아고라는 이명박 정권에 반대하는 입장이 대세를 이루던 온라인 토론 공간이었으나, 2018년 폐쇄되었다. 나는 이 누리꾼을 촛불집회 중 만나 면담하였다.

10 〈학부모 48.7% "자녀 해외 유학 보내고 싶다〉, 《노컷뉴스》 2008년 10월 17일.

11 울리히 벡 지음, 홍성태 옮김, 《위험사회》, 새물결, 1997.

12 이택광, 〈촛불의 매혹은 우리에게 무엇을 남겼나〉, 당대비평기획위원회 엮음, 《그대는 왜 촛불을 끄셨나요》, 산책자, 2009; 은수미, 〈촛불과 한국 사회 중산층의 자화상〉, 당대비평기획위원회 엮음, 《그대는 왜 촛불을 끄셨나요》, 산책자, 2009.

13 김철규·김선업·이철, 〈촛불집회와 10대 참여자들의 사회적 특성〉, 홍성태 엮음, 《촛불집회와 한국사회》, 문화과학사, 2009.

14 김철규·김선업·이철, 〈촛불집회와 10대 참여자들의 사회적 특성〉, 홍성태 엮음, 《촛불집회와 한국사회》, 문화과학사, 2009. 《그대는 왜 촛불을 끄셨나요》의 저자들은 대체로 촛불이 중간계급의 운동이라고 보는 듯하다. 이들은 촛불집회에서 수없이 외쳐진 국민이라는 단어가 국민 이외의 외국인 거주자뿐 아니라, 비정규직도 배제하는 용어라고 지적한다(이를테면 백승욱, 〈경계를 넘어선 연대로 나아가지 못하다〉, 당대비평기획위원회 엮음, 《그대는 왜 촛불을 끄셨나요》, 산책자, 2009). 그러나 광우병 위험이나, 대운하, 의료보험 민영화, 공영방송과 같은 '국민적' 문제에 대해 국민이라는 용어를 사용하는 것은 구성된 실체로서 '국민'을 인정하는 것이지, 반드시 이주노동자와 비정규직을 배제하는 용법은 아닐 것이다.

15 오철우, 〈대중적 과학주의의 그늘읽기〉, 당대비평기획위원회 엮음, 《그대는 왜 촛불을 끄셨나요》, 산책자, 2009.

16 내가 관찰하고 참가자들에게서 들은 바로는 촛불집회가 열린 광화문광장 맞은편인 동화면세점 앞에서 별도의 집회를 가지던 이들이 거리 행진을 최초로 시작했으나, 김광일은 광우병국민대책회의 몇몇 단체 책임자들도 거리 행진을 준비하고 있었다고 한다(김광일, 《촛불항쟁과 저항의 미래》, 책갈피, 2009, 93쪽). 하지만 광우병국민대책회의 대부분의 관계자는 거리 행진에 반대하는 입장이었기 때문에(김광일, 《촛불항쟁과 저항의 미래》, 책갈피, 2009, 95~96쪽), 거리시위는 주최 측과는 관계없이 참가자들이 자발적으로 시작하고 주도한 것으로 보아도 될 것이다.

17 〈김호기 교수 "촛불집회, 미시적 생활정치"〉, 《한겨레신문》 2008년 6월 6일.

18 김연수, 〈촛불집회토론회 자료집〉, 성공회대학교 민주주의와사회운동연구소, 2008.

19 홍성태, 〈미국 쇠고기의 전면수입과 생활정치의 본격적 전개〉, 《진보평론》 36, 2008.

20 양현아, '촛불집회, 차이와 공공성의 공간', 〈긴급 시국 대토론회 촛불집회와 한국 민주주의 자료집〉, 2008.

21 양현아, '촛불집회, 차이와 공공성의 공간', 〈긴급 시국 대토론회 촛불집회와 한국 민주주의 자료집〉, 2008.

22 이 구호는 주로 청소년들이 차도 위에 스프레이 페인트로 적었다. 이 구호와 함께, 나의 눈길을 끈 것은 "어른들이 무슨 죄냐 청소년이 지켜 주자"였다. 이 구호는 촛불집회에서 5월 중순 이후 등장한 "아이들이 무슨 죄냐, 어른들이 지켜 주자"라는 구호에 대한 청소년 측의 대응이었다.

23 박영균, 〈촛불의 정치경제학적 배경과 정치학적 미래〉, 《진보평론》 37, 2008.

24 물론 일부 참가자는 비정규직 문제의 중요성을 강조하며, 이미 장기간 농성 중이던 기륭전자 비정규직 여성노동자들의 싸움에 참가하기도 했다.

25 이들은 황우석 박사의 연구 재개를 막는 것은 미국과 일본의 압력에 굴복하는, 매국노 같은 행태라고 비판했다. 하지만 이러한 민족주의적인 일부 경향이 반미로 나아가지는 않았다. 2008년 8월 부시 대통령의 방한을 반대하는 집회에서 일각에서 반미 구호가 나오기는 했지만, 이는 대중의 호응을 얻지 못했다. 마찬가지로

5월 하순 이후 한미 FTA 반대 구호도 꾸준히 나왔지만, 이것이 반미로 연결되지는 않는 듯 보였다. 2008년 촛불집회의 모든 구호는 결국 정권 퇴진으로 수렴되는 경향이 있었다.

26 6월 10일 서울 집회 참가 인원을 70만 명이라고 주장하는 주최 측 주장은 선전에 가깝다는 비판이 있었다(고종원·이한우·최규민, 《촛불에 길을 잃다》, 나남, 2009). 반면 《한겨레신문》은 6월 12일 기사에서 참가 인원이 서울 40만 명, 경찰 추산 8만 명이라고 보도하였다.

27 〈87년 항쟁의 기록 21: 경찰 과잉진압이 고속도로 점거 불렀다〉, 《경남도민일보》 2007년 11월 14일; 〈87년 항쟁의 기록 22: 전국 놀라게 한 고속도 가스차 탈취 시위〉, 《경남도민일보》 2007년 11월 21일.

28 물론 '도시적 방식'의 관계 맺기는 그 이전부터 존재했다. 이를테면 인터넷으로 엮인 동호회 회원의 관계가 그러한데, 이들이 오프라인에서 활발한 활동을 벌이는 공간은 주로 인구가 밀집되어 있는 도시다.

29 이해진, 〈촛불집회와 10대 참여자들의 주체형성〉, 홍성태 엮음, 《촛불집회와 한국사회》, 문화과학사, 2009.

30 조정환, "현재 촛불봉기의 대응방식에 대한 성찰과 모색-하나의 단상"(2008), http://blog.daum.net/nalsee(검색일 2009년 9월 20일). 2022년 9월부터 다음 블로그는 서비스가 종료되었다.

31 De Certeau, Michel, *The Practice of Everyday Life*, Berkely: University of California Press, 1984.

32 De Certeau, Michel, *The Practice of Everyday Life*, Berkely: University of California Press, 1984, p.101.

33 Scott, James, "Cities, People, and Language", A. Sharma and A. Gupta eds., *The Anthropology of the State*, Oxford: Blackwell, 2006.

34 국보인 남대문은 2008년 2월 방화로 소실되었다. 이에 이명박 대통령이 서울시장으로 재직하던 시절 시민에게 남대문을 개방했지만 관리를 소홀히 했기 때문이라는 비난이 있었다.

35 '10대 연합'은 촛불집회의 전개 과정에서 생긴 여러 청소년 조직 가운데 하나다.

36 이동연, 〈촛불집회와 스타일의 정치〉, 《문화과학》 55, 2008, 158쪽.

37 Dc Certeau, Michel, *The Practice of Everyday Life*, Berkely: University of California Press, 1984, p.100.

38 이택광, 〈촛불의 매혹은 우리에게 무엇을 남겼나〉, 당대비평기획위원회 엮음, 《그대는 왜 촛불을 끄셨나요》, 산책자, 2009, 53~54쪽.

39 Marrifield, Andy, "Henri Lefebvre: A Socialist in Space", M. Crang ed. *Thinking Space*, London: Routlege, 2000, p.179.

40 Marrifield, Andy, "Henri Lefebvre: A Socialist in Space", M. Crang ed. *Thinking Space*, London: Routlege, 2000, p.179.

41 김광일, 《촛불항쟁과 저항의 미래》, 책갈피, 2009, 149~165쪽.

42 조정환, 《미네르바의 촛불》, 갈무리, 2009, 5쪽.

43 샹탈 무페 지음, 이보경 옮김, 《정치적인 것의 귀환》, 후마니타스, 2007, 187~188쪽.

44 샹탈 무페 지음, 이보경 옮김, 《정치적인 것의 귀환》, 후마니타스, 2007, 13쪽.

45 Agamben, Giogio, *Homo Sacer: Sovereign Power and Bare Life*, trans. by D. Heller-Roazen, Stanford: Stanford University Press, 1998.

46 최장집, '촛불집회가 제기하는 한국 민주주의의 과제', 〈긴급 시국 대토론회 촛불집회와 한국 민주주의 자료집〉, 2008.

47 최장집, '촛불집회가 제기하는 한국 민주주의의 과제', 〈긴급 시국 대토론회 촛불집회와 한국 민주주의 자료집〉, 2008.

48 최장집, '촛불집회가 제기하는 한국 민주주의의 과제', 〈긴급 시국 대토론회 촛불집회와 한국 민주주의 자료집〉, 2008.

49 Dumm, Thomas, *Michel Foucault and The Politics of Freedom*, London: Sage, 1996, p.2.

파리코뮌과 공동체적 인간의 자유

1 이 글은 〈자유의 공간, 일상의 변화, 새로운 정치: 1871년 파리〉(《역사연구》 35, 2018)를 수정·보완한 것이다.

2 두 나라는 1871년 5월 18일에 〈프랑크푸르트조약〉을 체결함으로써 전쟁을 매듭지었다. 이 조약에 따르면 프랑스는 50억 프랑의 전쟁 배상금과 알자스로렌 지역을 독일에 넘겨주어야 했다. 우리가 잘 아는 알퐁스 도데의《마지막 수업》은 이 사건을 배경으로 한 소설이다.

3 Pierre Vésinier, *History of the commune of Paris*, J. V. Weber, trans. London, Chapman and Hall, 1872, p.63에서 인용.

4 프랑스혁명 당시 만들어진 달력(혁명력)에 따른 날짜이다. 혁명력은 1792년을 공화국 원년으로 하고, 시기적 특성을 달의 명칭으로 삼았다. 이에 따라 계산하면 79년은 1871년이고, '플로레알'은 꽃의 달이란 뜻으로 4월 20일부터 시작되는 달이다. 따라서 혁명력 79년 8월 21일은 1871년 5월 11일이 된다.

5 *La Commune*, March 19, 1871, quoted in Donny Gluckstein, The Paris Commune: A Revolutionary Democracy, Bookmarks, 2006, p.14.

6 Federal Council of Parisian Sections of the International Association, March 23rd, 1871, https://www.marxists.org/history/france/paris-commune/documents/international.htm.

7 Federal Council of Parisian Sections of the International Association, March 23rd, 1871.

8 "la carte de civisme," *Le Prolétaire*, May 19, 1871.

9 "la carte de civisme," *Le Prolétaire*, May 19, 1871.

10 프리드리히 엥겔스, 〈프랑스 내전 서문〉, 카를 마르크스 지음, 임지현·이종훈 옮김,《프랑스 혁명사 3부작》, 소나무, 1991, 289쪽.

11 프리드리히 엥겔스, 〈프랑스 내전 서문〉, 카를 마르크스 지음, 임지현·이종훈 옮김,《프랑스 혁명사 3부작》, 소나무, 1991, 289쪽. 이 조치에 대해서, 코뮌이 각 직종의 전문가들도 노동자 봉급을 받고 일하게 했다는 견해가 널리 퍼져 있는 듯하다. 하지만 6000프랑은 노동자의 연봉에 해당하는 액수가 아니었다. 당시 노동자의 평균 일당이 5프랑이 되지 않았고, 따라서 하루도 쉬지 않고 일해야 연봉 1500프랑 정도에 이를 수 있었다. 그리고 포위 공격 당시 국민방위군 병사에게는 하루에 1.5프랑을 지급했고, 아내에게 75상팀, 아이 한 명당 25상팀을 추가로 지급했다. 이런 사정을 고려하면 코뮌의 이 조치는 정부의 비용을 줄이고 임금 격차-노

동자의 약 3~4배-를 확연히 줄이는 조치이긴 했지만, 아직 완전한 임금 균등화가 실현되었다고 보기는 어렵다. 임금 격차와 관련해서, 마르크스는 전문직 공무원의 봉급은 아무리 많아도 숙련노동자의 2배를 넘지 않아야 한다고 주장했다.

12 프리드리히 엥겔스, 〈프랑스 내전 서문〉, 카를 마르크스 지음, 임지현·이종훈 옮김, 《프랑스 혁명사 3부작》, 소나무, 1991, 297쪽.

13 카를 마르크스, 〈《프랑스에서의 내전》 첫 번째 초고〉, 카를 마르크스·프리드리히 엥겔스 지음, 최인호 외 옮김, 《칼맑스 프리드리히 엥겔스 저작선집》 4, 박종철출판사, 1995, 16~18쪽.

14 카를 마르크스, 〈《프랑스에서의 내전》 첫 번째 초고〉, 카를 마르크스·프리드리히 엥겔스 지음, 최인호 외 옮김, 《칼맑스 프리드리히 엥겔스 저작선집》 4, 박종철출판사, 1995, 19~20쪽.

15 카를 마르크스, 〈프랑스에서의 내전. 국제 노동자 협회 총평의회의 담화문〉, 카를 마르크스·프리드리히 엥겔스 지음, 최인호 외 옮김, 《칼맑스 프리드리히 엥겔스 저작선집》 4, 박종철출판사, 1995, 64~65쪽.

16 Jean-Jacques Rousseau, *The Social Contract, trans. Christopher Betts*, Oxford: Oxford University Press, 1999, p.127.

17 카를 마르크스, 〈프랑스에서의 내전. 국제 노동자 협회 총평의회의 담화문〉, 카를 마르크스·프리드리히 엥겔스 지음, 최인호 외 옮김, 《칼맑스 프리드리히 엥겔스 저작선집》 4, 박종철출판사, 1995, 67쪽.

18 굳이 경제적 이유를 강조한다면, 2제정 시기에 소규모 중간계급이 경제적으로 큰 피해를 본 것을 이유로 들 수 있다.

19 카를 마르크스, 〈프랑스에서의 내전. 국제 노동자 협회 총평의회의 담화문〉, 카를 마르크스·프리드리히 엥겔스 지음, 최인호 외 옮김, 《칼맑스 프리드리히 엥겔스 저작선집》 4, 박종철출판사, 1995, 64~67쪽.

20 카를 마르크스, 〈프랑스에서의 내전. 국제 노동자 협회 총평의회의 담화문〉, 카를 마르크스·프리드리히 엥겔스 지음, 최인호 외 옮김, 《칼맑스 프리드리히 엥겔스 저작선집》 4, 박종철출판사, 1995, 64~67쪽.

21 카를 마르크스, 〈프랑스에서의 내전. 국제 노동자 협회 총평의회의 담화문〉, 카를 마르크스·프리드리히 엥겔스 지음, 최인호 외 옮김, 《칼맑스 프리드리히 엥겔스

저작선집》4, 박종철출판사, 1995, 64~67쪽.

22 C. Douglas, "Barricades and boulevards: material transformations of Paris, 1795-1871", *Interstices: A Journal of Architecture and Related Arts*, Vol. 8, 2008, pp.31~42.

23 Carolyn J. Eichner, *Surmounting the Barricades: Women in the Paris Commune*, Indiana University Press, 2004, pp.22~23.

24 현재열, 〈혁명의 시대와 시민적 주체 형성의 공간: 파리코뮌 시기 민중클럽활동을 중심으로〉, 《시민과 세계》6, 2004, 125쪽.

25 Eichner, Surmounting the Barricades: Women in the Paris Commune, 108. 포스터는 "Manifeste de comité Central de l'Union des femmes pour la défense de Paris et les soins aux blessés."

26 "Déclaration au Peuple Français," 19 avril 1871, La Commune de Paris, quoted in Stewart Edwards, ed., *The Communards of Paris*, 1871, trans. Jean McNeil, London: Cornell University Press, 1973, pp.81~82.

27 나중에 이 시에 곡을 붙여 〈인터내셔널가〉가 되었다. 영화 〈박열〉에서 박열이 경찰서 유치장에서 형무소로 이송될 때 동료들이 부르던 "일어서라 굶주린 자여…" 하고 시작하는 노래가 〈인터내셔널가〉다.

'혁명의 거리, 광장의 정치': 시위문화로 보는 러시아혁명

1 이 글은 〈1905년과 1917년 페트로그라드〉(《역사연구》 35, 2018)를 수정·보완한 것이다.

2 존 M. 톰슨 지음, 김남섭 옮김, 《20세기 러시아 현대사》, 사회평론, 2004, 94쪽.

3 Orlando Figes, *A People's Tragedy : The Russian Revolution, 1891-1924*, London: PIMLICO, 1996, p.176.

4 존 리드 지음, 서찬석 옮김, 《세계를 뒤흔든 열흘》, 책갈피, 2014, 122쪽.

5 이-푸 투안 지음, 심승희·구동회 옮김, 《공간과 장소》, 대윤, 2007, 295쪽.

6 이-푸 투안 지음, 심승희·구동회 옮김, 《공간과 장소》, 대윤, 2007, 295쪽.

7 박승규, 〈광장, 카니발과 미학적 정치 공간〉, 《공간과사회》 34, 2010, 76쪽.

8 J. Neuberger, *Hooliganism: Crime, Culture, and Power in St Petersburg, 1900–1914*, Berkeley, 1993, pp.82, 84.

9 현실 공간에서 정치적 목적을 달성하기 위해 이루어지는 집회와 시위.

10 M. D. Steinberg, *The Russian Revolution 1905~1921*, Oxford: Oxford University Press, 2017, p.139.

11 N. N. Sukhanov, *The Russian Revolution: A Personal Record*, New Jersey: Princeton University Press, 1984, p.16.

12 *The Times*, 17 March 1917.

13 В. Н. Каиуров, "Дни февральской револючии", сост. Р. Ш. Ганелин, В. А. Уланов ; науч. ред. Л. М. Спирин, *Крушение Царисма Воспоминания участников револючионного движения в Петрограде(1907г.— февраль1917г.)*, Ленинград : Лениздат, 1986, p.240.

14 실제로 몇 년 뒤에 소비에트는 그 광장의 상징성 때문에 '봉기의 광장ploshchad vosstaniia'으로 이름을 바꾸었다.

15 Orlando Figes and Boris Kolonitskii, *Interpreting the Russian Revolution: The Language and Symbols of 1917*, New Haven: Yale University Press, 1999, p. 37.

16 *Правда*, №24, 5 апреля 1917 г.

17 Tsuyoshi Hasegawa, *The February Revolution of Petrograd, 1917*, U. Washington Press, 1981, pp.252~253.

18 И. Архипов, "Карнивал 'свободной России'(Заметки о 'блеске и нищете' российской политической культуры образца 1917 года)", *Звезда*, 1996, но. 1, pp.182~191.

19 Н. Н. Суханов, *Записки о революции*, Москва, 1991, т.1, кн.1, p.166.

20 https://www.marxists.org/archive/trotsky/1907/1905/ch08.htm.

21 И. Киблицкий, "Немного о цвете, о красном цвете", Е. Н. Петрова, И. Киблицкий, Т. Б. Вилинбахова, *Касный Цвет в русском Искусстве*, СПб: Palace Editions, 1997, pp.6~7.

이미지의 투쟁: 스페인내전기 공화진영의 '혁명'과 선전 포스터

1 이 글은 《선전 포스터에 나타난 에스파냐 내전의 이미지와 담론 분석》(한양대학교 석사학위논문, 2014)과 〈선전 포스터에 나타난 에스파냐 내전의 이미지와 담론 분석〉(《서양사론》 121, 2014)의 일부분을 수정·요약한 것이다. 위 두 논문에 사용된 이미지는 살라망카에 있는 스페인내전 일반 문서고Archivo General de la Guerra Civil Española에서 수집하고 스페인 문화체육부가 웹페이지 Los carteles de la guerra civil española(http://pares.mcu.es/cartelesGC)에 공개한 2280종의 포스터에서 선별한 것이다. 현재 해당 웹페이지에는 이제 포스터 자료가 공개되지 않는다. 대신 이 글에 사용된 이미지 대부분은 스페인 현대사가인 허버트 사우스워스Herbert Southworth의 스페인내전 사료 컬렉션 공개된 포스터 자료(The Visual Front: Posters of the Spanish Civil War from UCSD's Southworth Collection, https://libraries.ucsd.edu/speccoll/visfront/vizindex.html, 최종접속일: 2023년 5월 18일)를 활용한 것이며, 일부는 국제여단 참전 사실을 기념하는 링컨 여단 아카이브(The Abraham Lincoln Brigade Archives, https://alba-valb.org/resource/the-spanish-civil-war-poster/, 최종접속일: 2023년 5월 18일)의 자료를 활용했다.

2 조지 오웰 지음, 정영목 옮김, 《카탈로니아 찬가》, 민음사, 2001, 12쪽.

3 토비 클락 지음, 이순령 옮김, 《정치선전예술》, 예경, 2000; Aulich, James, *War Posters: Weapons of Mass Communication*, Thames&Hudson, 2001, pp.7~42 참조.

4 피터 버크 지음, 박광식 옮김, 《이미지의 문화사》, 심산, 2005, 242·303쪽.

5 이상 내전의 선전 포스터에 관한 개괄적 설명은 Novillo, Alvaro Martínez, "Las artes plásticas durante la guerra española", *Cuenta y Rázon*, no.21, 1985, pp.231~240; Labanyi, Jo, "Propaganda Art: Culture by the People or for the People?" in Labanyi, Jo, and Graham, Helen, eds, *The Spanish Cultural Studies: An Introduction*, Oxford University Press, 1995, pp.161~166; Jordi Carulla y Arnau Carulla eds., *La Guerra Civil en 2000 Carteles: República-Guerra Civil-Posguerra*, Postermil, 2007, pp.11~18, 37~82, 526~531.

6 G. 레스 에반스, 〈서문〉, 레온 트로츠키 지음, 정민규 옮김, 《레온 트로츠키의 스

페인혁명》, 풀무질, 2008, 17~18쪽; Monteath, Peter, *Writing the Good Fight*, Greenwood Press, 1994, pp.11~12; Preston, Paul, "Esperanzas e ilusiones en un nuevo régimen la república reformista", Viñas, Ángel ed., *En el combate por la historia: La República, la guerra civil, el franquismo*, Pasado y Presente, 2012, pp.52~71; Robledo, Ricardo, "Los males del latifundismo la hora de reforma agraria(Reforma ilustrada y reforma desde abajo)", Viñas, Ángel ed, *En el combate por la historia: La República, la guerra civil, el franquismo*, Pasado y Presente, 2012, pp.101~121; González Calleja, Eduardo, "Las derechas", Viñas, Ángel ed, *En el combate por la historia: La República, la guerra civil, el franquismo*, Pasado y Presente, 2012, pp.123~140; Holguín, Sandie, *Creating Spaniards: Culture and National Identity in Republican Spain*, University of Wisconsin Press, 2002, pp.3~15; 후카사와 야스히로, 〈스페인 제2공화정 농업개혁법의 성립에 관한 고찰〉, 사이토 다카시 지음, 이호웅·윤언균 옮김, 《스페인내전 연구》, 형성사, 1981, 83~151쪽; 황보영조, 〈스페인 제2공화국 인민전선기의 토지개혁〉, 《서양사론》 71, 2001, 115~139쪽 참조.

7 Diaz, José, "International Unity Call to Aid Spain", *Daily Worker*, 3 May 1937.

8 사실 스페인내전에서 일어난 폭격은 세계 최초가 아니었다. 서구 제국은 이미 식민지에서 기구 등을 이용한 폭격 전술을 했었다. 그럼에도 스페인에서 일어난 폭격이 충격을 준 것은, '서구인을 대상으로 한 최초의 폭격'이었기 때문이라고 볼 수 있다(수전 손택 지음, 이재원 옮김, 《타인의 고통》, 이후, 2004, 54쪽).

9 원본 사진은 나치를 피해 해외로 이주한 독일공산당의 잡지 *Volksillustrierte*의 표지에서 확인할 수 있다(Baumeister, "Spain's Multiple Wars: Mobilization, Violence and Experience of War, 1936~1939", Baumeister, Martin. and Schuler-Springorum, Stefanie. eds. "If you tolerate this…": *The Spanish Civil War in the Age of Total War*, Campus Verlag, 2009, p.11 참조).

10 Stradling, Robert, *Your Children Will be Next: Bombing and Propaganda in the Spanish Civil War, 1936~1939*, University of Wales Press, 2008, p.194.

11 Stradling, Robert, *Your Children Will be Next: Bombing and Propaganda in the Spanish Civil War, 1936~1939*, University of Wales Press, 2008, p.149.

12 Lee, Laurie, *A Moment of War: a memoir of the Spanish Civil War*, The New Press, 1991, pp.51~52. 괄호는 인용자 삽입.

13 Lee, Laurie, *A Moment of War: a memoir of the Spanish Civil War*, The New Press, 1991, p.46.

14 "Barbarism", *News Chronicle*, 1 January. 1938; "Song of Spain stirs 9000 to Fervour", *Daily Herald*, 20 December 1937.

15 "The Lessons of Almeria by Geroge Dimitrov", *Daily Worker*, 7 July 1937; "Toda la prensa de los EEUU comenta con indignación la ferocidad de los facciosos en la destrucción", Nota mecanografiada del Servicio de Información, 3 de mayo de 1937(AGGC Incorporados 1509.1.18.); "A Word to Germany", *Daily Herald*,2 June 1937.

16 Bramley, Ted, "Heroes of the Jarama Line", *Daily Worker,* 27 May 1937; "The Brigades speaks to you", *Daily Worker*, 9 June 1937; Ottaneli, Fraser, ""Today Our Homeland is Madrid": Antifascism, the Spanish Civil War and the Shaping of Ethnic Identity", Congreso la guerra civil española 1936~1939, 2006.

17 Uribe, Vicente, "Habla un ministro del pueblo", *Nueva Cultura Para el Campo* No.1, 1936, pp.2~3; "Defiende tu tierra, Campesino", "La colectivización de la tierra", Slater, Hugo, "Problemas de la política agraria del Gobiernos Republicano de España", *Nueva Cultura Para el Campo* No.2, 1936, pp.1, 3, 5~6도 집산화를 비판한다.

18 Herrero, Beatriz de la Herras. "Lo visual como fuente de la Historia de Nuestro Tiempo Carteles, fotografía y cine documental en el estudio de la Guerra Civil Española", Carlos Navajas Zubedía y Diego Iturriaga Barco eds, *Novísima. Actas del II Congreso Internacional de Historia de Nuestro Tiempo*, Unviersidad de La Rioja, 2010, pp.177~178, 184~186 참조.; 그럼에도 아나키스트가 진정 성적 평등을 이뤘는가 하는 부분에 대해선 회의적인 시각도 있다. 그 예로, 아나키스트 내부의 여성 단체인 자유여성Mujeres Libre은 여전히 여성을 보조적인 역할로 치부하는 남성중심적 문화에 반대하며, 진정한 혁명은 성적 평등과 함께 이뤄져야 한다고 주장했다. 이들의 존재는 아나키스트들도 가부장적 문화에서 탈피하

지 못했음을 보여 준다(황보영조, 〈'자유여성'의 설립과 성 문제〉, 《서양사론》 97, 2008, 29~55쪽; 황보영조, 〈두루티의 눈에 비친 1936년 아나키즘 실험〉, 《문화과학》 68, 2011, 119~121쪽 참조).

19 "Delmer picked up this picture on the battlefield", *Daily Express*, 4 May 1937.

20 이 과정은 지역의 독립을 주장하며 공화진영의 전쟁 담론에 균열을 일으키던 바스크와 카탈루냐의 지역민족주의자들의 주장도 제거하는 것이었다.

21 많은 포스터 작가가 망명을 떠나며 발전된 스페인의 포스터 예술 전통도 단절되었다고 평가된다.

22 해외의 간섭과 '불간섭', 지원된 전쟁 물자의 질적 차이뿐만 아니라 내부의 문제도 공화진영의 주된 패인이라는 견해는 Moradilleos, Enrique, "Ni gesta heroica, ni locura trágica: nuevas perspectivas históricas sobre la guerra civil sobre la guerra civil", *Ayer* No.50, 2003, pp.35~38; Seidman, Michael, *Republics of Egos: A Social History of the Spanish Civil War*, University of Wisconsin Press, 2002, p.11 참조.

23 Stradling, Robert, *History and Legend: Writing the International Brigades*, University of Wales Press, 2003; Glazer, Peter, *Radical Nostalgia: Spanish Civil War Commemoration in America*, University of Rochester Press, 2005; Krammer, Arnold. "The Cult of the Spanish Civil War in East Germany", *Journal of Contemporary History*, Vol.39 No.4, 2009, pp.531~560 참조.

24 멕시코 감독 기예르모 델 토로Guillermo del Toro의 〈악마의 등뼈El espinazo del diablo〉(2001)와 〈판의 미로El laberinto del Fauno〉(2006)는 그 대표적 예다.

25 Martín, Juan Antonio Gonzalez, "El Cartel Político en España", *Tiempo de historia*, Año 6, No.64, 1980, p.81.

26 니콜라스 잭슨 오쇼네시 지음, 박순석 옮김, 《정치와 프로파간다》, 한울, 2009, 19쪽.

68혁명과 시위문화: 저항으로서의 축제, 축제로서의 저항

1 정대성, 《68혁명 상상력이 빚은 저항의 역사》, 당대, 2019, 273~274쪽.
2 정대성, 《68혁명 상상력이 빚은 저항의 역사》, 당대, 2019, 274쪽.
3 이매뉴얼 월러스틴 외 지음, 송철순·천지현 옮김, 《반체제운동》, 창비, 1994, 116쪽.
4 이매뉴얼 월러스틴 외 지음, 송철순·천지현 옮김, 《반체제운동》, 창비, 1994, 116쪽.
5 정대성, 〈'68'-문화혁명-국가권력〉, 《역사와 문화》 29, 2015, 87쪽.
6 정대성, 〈'68'-문화혁명-국가권력〉, 《역사와 문화》 29, 2015, 92~93쪽.
7 조지 카치아피카스 지음, 이재원 옮김, 《신좌파의 상상력》, 난장, 2009, 108~109쪽.
8 정대성, 《68혁명 상상력이 빚은 저항의 역사》, 당대, 2019, 10~11쪽.
9 에릭 홉스봄 지음, 이희재 옮김, 《미완의 시대》, 민음사, 2007, 419쪽.
10 정대성, 〈'68'-문화혁명-국가권력〉, 《역사와 문화》 29, 2015, 93~94쪽.
11 정대성, 〈'68'-문화혁명-국가권력〉, 《역사와 문화》 29, 2015, 94쪽.
12 정대성, 《68혁명 상상력이 빚은 저항의 역사》, 당대, 2019, 55~56쪽.
13 정대성, 《68혁명 상상력이 빚은 저항의 역사》, 당대, 2019, 58~59쪽.
14 정대성, 《68혁명 상상력이 빚은 저항의 역사》, 당대, 2019, 8쪽.
15 정대성, 〈독일과 프랑스 68혁명의 결정적 사건과 5월의 폭발〉, 《역사학보》 238, 2018, 376쪽.
16 잉그리트 길혀-홀타이 지음, 정대성 옮김, 《68혁명, 세계를 뒤흔든 상상력》, 창비, 2009, 136쪽.
17 잉그리트 길혀-홀타이 지음, 정대성 옮김, 《68혁명, 세계를 뒤흔든 상상력》, 창비, 2009, 135~136쪽.
18 정대성, 《68혁명 상상력이 빚은 저항의 역사》, 당대, 2019, 60쪽.
19 이성재, 《68운동》, 책세상, 2009, 33쪽.
20 제임스 밀러 지음, 김만권 옮김, 《민주주의는 거리에 있다》, 개마고원, 2010.
21 제프 일리 지음, 유강은 옮김, 《The Left 1848~2000》, 뿌리와이파리, 2008, 638쪽.

22 제프 일리 지음, 유강은 옮김, 《The Left 1848~2000》, 뿌리와이파리, 2008, 638쪽.

23 제프 일리 지음, 유강은 옮김, 《The Left 1848~2000》, 뿌리와이파리, 2008, 639쪽.

24 이브 프레미옹 지음, 김종원·남기원 옮김, 《역사의 격정: 자율적 반란의 역사》, 미토, 2003, 403쪽.

25 정대성, 〈68운동의 남성성: 독일 반권위주의운동의 이면〉, 《코기토》 98, 2022, 57~58쪽.

26 정대성, 〈68운동의 남성성: 독일 반권위주의운동의 이면〉, 《코기토》 98, 2022, 62쪽.

27 정대성, 《68혁명 상상력이 빚은 저항의 역사》, 당대, 2019, 133쪽.

28 정대성, 〈독일 68운동의 아이콘, 루디 두치케의 이상과 현실〉, 《서양사론》 136, 2018, 68쪽.

29 Fahlenbrach, Kathrin, *Protest-Inszenierungen. Visuelle Kommunikation und kollektive Identitäten in Protestbewegungen*, Wiesbaden: Westdeutscher Verlag, 2002, p.191; Schmidtke, Michael, *Der Aufbruch der jungen Intelligenz: Die 68er Jahre in der Bundesrepublik und den USA*, Frankfurt a.M.: Campus Verlag, 2003, pp.277~278.

30 잉그리트 길혀-홀타이 지음, 정대성 옮김, 《68운동》, 들녘, 2006, 73쪽.

31 정대성, 〈독일과 프랑스 68혁명의 결정적 사건과 5월의 폭발〉, 《역사학보》 238, 2018, 385~387쪽.

32 Abidor, Mitchell, *May Made Me*, Edinburgh and Baltimore: AK Press, 2018, pp.5~6.

33 잉그리트 길혀-홀타이 지음, 정대성 옮김, 《68혁명, 세계를 뒤흔든 상상력》, 창비, 2009, 154쪽.

34 에릭 홉스봄 지음, 이희재 옮김, 《미완의 시대》, 민음사, 2007, 410쪽.

35 에릭 홉스봄 지음, 이용우 옮김, 《극단의 시대》 하, 까치, 1997, 461쪽.

36 정대성, 《68혁명 상상력이 빚은 저항의 역사》, 당대, 2019, 59쪽.

37 Mündemann, Tobias, *Die 68er … und was aus ihnen geworden ist*, München: Heyne, 1988, p.111.

38 Media '68 und il manifesto ed., '68 - Eine Weltrevolution, Berlin: Edition 8,

2001, p.34.

39 Habermas, Jürgen, *Die nachholende Revolution. Kleine politische Schriften VII*, Frankfurt a.M.: Suhrkamp Verlag, 1990, p.26.

40 Larsson, Bernard, *Demonstration. Ein Berliner Modell*, Berlin: Edition Voltaire, 1968, p.32.

41 Larsson, Bernard, *Demonstration. Ein Berliner Modell*, Berlin: Edition Voltaire, 1968, p.32.

42 Larsson, Bernard, *Demonstration. Ein Berliner Modell*, Berlin: Edition Voltaire, 1968, p.32.

43 잉그리트 길혀-홀타이 지음, 정대성 옮김, 《68운동》, 들녘, 2006, 80쪽.

44 Farber, David, *Chicago '68*, Chicago & London: University of Chicago Press, p.13; 잉그리트 길혀-홀타이 지음, 정대성 옮김, 《68혁명, 세계를 뒤흔든 상상력》, 창비, 2009, 163쪽.

45 잉그리트 길혀-홀타이 지음, 정대성 옮김, 《68혁명, 세계를 뒤흔든 상상력》, 창비, 2009, 162~163쪽; Gitlin, Todd, *Sixties: Years of Hope, Days of Rage*, New York: Bantam Books, 1987, p.238.

46 Farber, David, *Chicago '68*, Chicago & London: University of Chicago Press, p.17; 잉그리트 길혀-홀타이 지음, 정대성 옮김, 《68혁명, 세계를 뒤흔든 상상력》, 창비, 2009, 161쪽도 참고.

47 잉그리트 길혀-홀타이 지음, 정대성 옮김, 《68혁명, 세계를 뒤흔든 상상력》, 창비, 2009, 164~165쪽, 167~168쪽.

48 크리스티안 생-장-폴랭 지음, 성기완 옮김, 《히피와 반문화》, 문학과지성사, 2015, 18~19쪽.

49 정대성, 《68혁명 상상력이 빚은 저항의 역사》, 당대, 2019, 63~64쪽. 이하는 같은 책 64~70쪽을 참고.

50 Mosler, Peter, *Was wir wollten, was wir wurden. Studentenrevolte – zehn Jahre danach*, Hamburg: Rowohlt Taschenbuch, 1977, pp.24~25.

51 Mosler, Peter, *Was wir wollten, was wir wurden. Studentenrevolte – zehn Jahre danach*, Hamburg: Rowohlt Taschenbuch, 1977, p.25.

52 Badiou, Alain, *Die kommunistische Hypohteses*, Berlin: Merve, 2011, p.50.

53 잉그리트 길혀-홀타이 지음, 정대성 옮김, 《68혁명, 세계를 뒤흔든 상상력》, 창비, 2009, 7쪽.

54 Frei, Norbert, *1968: Jugendrevolte und globaler Protest*, München: Deutscher Taschenbuch Verlag, 2008, p.228.

55 Köhler, Lotte and Saner, Hans, eds., *Hannah Arendt and Karl Jaspers, Briefwechsel 1926-1969*, München: Piper, 1985, pp.715~716.

56 조지 카치아피카스, 윤수종 옮김, 《정치의 전복》, 이후, 2000, 48쪽.

57 Bourdieu, Pierre, *Soziologische Fragen*, Frankfurter a.M.: Suhrkamp Verlag, 1993, p.65.

참고문헌

1862년 농민항쟁과 시위문화

국사편찬위원회 편, 《용호한록》 권3, 시사문화사, 1979

______________, 《임술록》, 탐구당, 1971

김명호, 《환재 박규수 연구》, 창비, 2008

김준형, 《1862년 진주농민항쟁》, 지식산업사, 2001

망원한국사연구실, 《1862년 농민항쟁》, 동녘, 1988

박시형·홍희유·김석형, 《봉건지배계급을 반대한 농민들의 투쟁: 이조편》, 열사람, 1989

배항섭 외, 《임술민란과 19세기 동아시아 민중운동》, 성균관대학교 출판부, 2013

심경호, 《참요, 시대의 징후를 노래하다》, 한얼미디어, 2012

조규익, 《거창가》, 월인, 2000

한국역사연구회, 《1894년 농민전쟁연구》 2, 역사비평사, 1992

송찬섭, 〈1862년 진주농민항쟁의 조직과 활동〉, 《한국사론》 21, 1989

_____, 〈1862년 농민항쟁과 소통의 정책〉, 《한국사연구》 161, 2013

동학농민군의 저항문화

김양식, 《새야 새야 파랑새야》, 서해문집, 2005

김도형, 〈동학민요 파랑새노래 연구〉, 《한국언어문학》 67, 2008
노동은, 〈동학의 음악〉, 《역사연구》 28, 2015
윤석산, 〈동학 가사 〈검결〉 연구〉, 《한양어문연구》 13, 1995
이걸재, 〈농사의 신이 깃든 농기〉, 《열린충남》 56, 2011
이기훈, 〈집회와 깃발〉, 《학림》 39, 2017
이찬욱, 〈고전문학에 나타난 '파랑새(靑鳥)'의 문화원형 상징성 연구〉, 《우리문학연구》 25, 2008

3·1운동, 들불처럼 번진 만세소리

김육훈, 《민주공화국 대한민국의 탄생》, 휴머니스트, 2012
김정인, 《독립을 꿈꾸는 민주주의》, 책과함께, 2017
______, 《민주주의를 향한 역사》, 책과함께, 2015
______, 《오늘과 마주한 3·1운동》, 책과함께, 2019
님 웨일즈·김산 지음, 송영인 옮김, 《아리랑》, 동녘, 2014
독립운동사 편찬위원회, 《독립운동사자료집》 4, 1971
____________________, 《독립운동사자료집》 5, 1971
박찬승, 《1919: 대한민국의 첫 번째 봄》, 다산북스, 2019
윤치호 지음, 김상태 엮어옮김, 《윤치호 일기》, 역사비평사, 2001
이정은, 《3·1독립운동의 지방시위에 관한 연구》, 국학자료원, 2009

4월혁명과 6·3항쟁의 학생 시위문화

《경향신문》《고대신문》《대학신문》《동아일보》《성대신문》《연세춘추》《조선일보》

2·28 40주년기념사업회편찬분과위원회 엮음, 《2·28 민주운동사》 2, 2·28민주의거 40주년특별기념사업회, 2000
4·19혁명부상자회 광주·전라지부, 《호남4·19 삼십년사》, 4·19혁명부상자회 광주·전라, 1995
민주화운동기념사업회연구소 엮음, 《한국민주화운동사》 1, 돌베개, 2008
신동호, 《오늘의 한국정치와 6·3세대》, 예문, 1996
조동일, 《세계·지방화시대의 한국학》 10, 계명대학교 출판부, 2009
한국기독교사회문제연구원 엮음, 《문화와 통치》, 민중사, 1982
한국민주주의연구소 지음, 이호룡·정근식 엮음, 《4월혁명과 한국 민주주의》, 선인, 2010
홍영유, 《4월혁명통사》 1, 천지창조, 2010
______, 《4월혁명통사》 6, 천지창조, 2010

〈(좌담회) 외인 교수·신부가 본 사월혁명〉, 《세계》 18, 1960, 129쪽.
김동춘, 〈1971년 8·10광주대단지 주민항거의 배경과 성격〉, 《공간과 사회》 38, 2011
김원기, 〈YTP(청사회)〉, 《신동아》 2, 1964
김재석, 〈'향토의식 초혼굿'의 공연 특질과 연극사적 의미〉, 《한국극예술연구》 18, 2003
송철원, 〈YTP(청사회)〉, 《기억과 전망》 26, 2012
오제연, 《1960~1971년 대학 학생운동 연구》, 서울대학교 박사학위논문, 2014
한태연, 〈전제군주의 몰락〉, 《세계》 18, 1960

서중석 구술, 구술 일시: 2007년 8월, 면담자: 이기훈
조동일 구술, 구술 일시: 2009년 12월 9일, 면담자: 오제연

도시의 새로움, 정치의 새로움: 2008년 촛불집회

고종원·이한우·최규민, 《촛불에 길을 잃다》, 나남, 2009
김광일, 《촛불항쟁과 저항의 미래》, 책갈피, 2009

당대비평기획위원회 엮음, 《그대는 왜 촛불을 끄셨나요》, 산책자, 2009
발터 벤야민 지음, 반성완 엮어옮김, 《발터 벤야민의 문예이론》, 민음사, 1983
샹탈 무페 지음, 이보경 옮김, 《정치적인 것의 귀환》, 후마니타스, 2007
울리히 벡 지음, 홍성태 옮김, 《위험사회》, 새물결, 1997
조정환, 《미네르바의 촛불》, 갈무리, 2009
홍성태 엮음, 《촛불집회와 한국사회》, 문화과학사, 2009

박영균, 〈촛불의 정치경제학적 배경과 정치학적 미래〉, 《진보평론》 37, 2008
이동연, 〈촛불집회와 스타일의 정치〉, 《문화과학》 55, 2008
홍성태, 〈미국 쇠고기의 전면수입과 생활정치의 본격적 전개〉, 《진보평론》 36, 2008

'점령당한 밥상', 문화방송 〈뉴스후〉 2008년 11월 1일
〈87년 항쟁의 기록 21: 경찰 과잉진압이 고속도로 점거 불렀다〉, 《경남도민일보》 2007년 11월 14일
〈87년 항쟁의 기록 22: 전국 놀라게 한 고속도 가스차 탈취 시위〉, 《경남도민일보》 2007년 11월 21일
〈긴급 시국 대토론회 촛불집회와 한국 민주주의 자료집〉, 2008
〈김호기 교수 "촛불집회, 미시적 생활정치"〉, 《한겨레신문》 2008년 6월 6일
〈학부모 48.7% "자녀 해외 유학 보내고 싶다〉, 《노컷뉴스》 2008년 10월 17일
권미혁 외, 〈촛불집회토론회 자료집〉, 성공회대학교 민주주의와사회운동연구소, 2008
손호철, 〈법치파시즘? 사법파시즘?〉, 《프레시안》 2009년 3월 30일

Agamben, Giogio, *Homo Sacer: Sovereign Power and Bare Life*, trans. by D. Heller-Roazen, Stanford: Stanford University Press, 1998
De Certeau, Michel, *The Practice of Everyday Life*, Berkely: University of California Press, 1984
Dumm, Thomas, *Michel Foucault and The Politics of Freedom*, London: Sage, 1996
Marrifield, Andy, "Henri Lefebvre: A Socialist in Space", M. Crang ed. *Thinking Space*, London: Routledge, 2000
Riles, Annelise, "The Empty Place: Legal Formalities and the Cultural State", A.

Sarat, M. Merrill and L. Douglas eds. *The Place of Law*, Ann Arbor: Michigan Univesity Press, 2003

Scott, James, "Cities, People, and Language", A. Sharma and A. Gupta eds., *The Anthropology of the State*, Oxford: Blackwell, 2006

파리코뮌과 공동체적 인간의 자유

카를 마르크스 지음, 임지현·이종훈 옮김, 《프랑스 혁명사 3부작》, 소나무, 1991

카를 마르크스·프리드리히 엥겔스 지음, 최인호 외 옮김, 《칼맑스 프리드리히 엥겔스 저작선집》 4, 박종철출판사, 1995

페터 벤데 엮음, 권세훈 옮김, 《혁명의 역사》, 시아출판사, 2004

현재열, 〈정치적 결사와 시민권: 1871년 파리 코뮌의 클럽〉, 《역사와 경계》 59, 2006

_____, 〈혁명의 시대와 시민적 주체 형성의 공간: 파리코뮌 시기 민중클럽활동을 중심으로〉, 《시민과 세계》 6, 2004

Bax, Ernest Belfort, *A Short History of the Paris Commune*, London: The Twentieth century press, 1895.

Breaugh, Martin, *The Plebeian Experience: A Discontinuous History of Political Freedom*, Columbia University Press, 2013.

Carolyn J. Eichner, *Surmounting the Barricades: Women in the Paris Commune*, Indiana University Press, 2004

McCarthy, George E., *Marx and Social Justice: Ethics and Natural Law in the Critique of Political Economy*, Leiden ; Boston: Brill Academic Pub, 2017.

Ross, Kristin, *Communal Luxury: The Political Imaginary of the Paris Commune*, London: Verso, 2015

C. Douglas, "Barricades and boulevards: material transformations of Paris, 1795-1871", *Interstices: A Journal of Architecture and Related Arts*, Vol. 8, 2008

'혁명의 거리, 광장의 정치': 시위문화로 보는 러시아혁명

이-푸 투안 지음, 심승희·구동회 옮김, 《공간과 장소》, 대윤, 2007
존 M. 톰슨 지음, 김남섭 옮김, 《20세기 러시아 현대사》, 사회평론, 2004
존 리드 지음, 서찬석 옮김, 《세계를 뒤흔든 열흘》, 책갈피, 2005

박승규, 〈광장, 카니발과 미학적 정치 공간〉, 《공간과사회》 34, 2010

J. Neuberger, *Hooliganism: Crime, Culture, and Power in St Petersburg, 1900–1914*, Berkeley, 1993

M. D. Steinberg, *The Russian Revolution 1905~1921*, Oxford: Oxford University Press, 2017

N. N. Sukhanov, *The Russian Revolution: A Personal Record*, New Jersey: Princeton University Press, 1984

Orlando Figes, *A People's Tragedy : The Russian Revolution, 1891-1924*, London: PIMLICO, 1996

Orlando Figes and Boris Kolonitskii, *Interpreting the Russian Revolution: The Language and Symbols of 1917*, New Haven: Yale University Press, 1999

Tsuyoshi Hasegawa, *The February Revolution of Petrograd, 1917*, U. Washington Press, 1981

В. Н. Каиуров, "Дни февральской револючии", сост. Р. Ш. Ганелин, В. А. Уланов ; науч. ред. Л. М. Спирин, *Крушение Царисма Воспоминания участников револючионного движения в Петрограде* (1907 г.—*февраль* 1917 г.), Ленинград : Лениздат, 1986

Н. Н. Суханов, *Записки о революции*, Москва, 1991, т.1, кн.1

И. Архипов, "Карнивал 'свободной России'(Заметки о 'блеске и нищете' российской политической культуры образца 1917 года)", *Звезда*, 1996, но. 1

И. Киблицкий, "Немного о цвете, о красном цвете", Е. Н. Петрова,

И. Киблицкий, Т. Б. Вилинбахова, *Касный Цвет в русском Искусстве*, СПб: Palace Editions, 1997

Правда, № 24, 5 апреля 1917 г
The Times, 17 March 1917
https://www.marxists.org/archive/trotsky/1907/1905/ch08.htm.

이미지의 투쟁: 스페인내전기 공화진영의 '혁명'과 선전 포스터

니콜라스 잭슨 오쇼네시 지음, 박순석 옮김, 《정치와 프로파간다》, 한울, 2009
레온 트로츠키 지음, 정민규 옮김, 《레온 트로츠키의 스페인혁명》, 풀무질, 2008
사이토 다카시 지음, 이호웅·윤언균 옮김, 《스페인내전 연구》, 형성사, 1981
수전 손택 지음, 이재원 옮김, 《타인의 고통》, 이후, 2004
조지 오웰 지음, 정영목 옮김, 《카탈로니아 찬가》, 민음사, 2001
토비 클락 지음, 이순령 옮김, 《정치선전예술》, 예경, 2000
피터 버크 지음, 박광식 옮김, 《이미지의 문화사》, 심산, 2005

황보영조, 〈스페인 제2공화국 인민전선기의 토지개혁〉, 《서양사론》 71, 2001
_______, 〈'자유여성'의 설립과 성 문제〉, 《서양사론》 97, 2008
_______, 〈두루티의 눈에 비친 1936년 아나키즘 실험〉, 《문화과학》 68, 2011

Aulich, James, *War Posters: Weapons of Mass Communication*, Thames&Hudson, 2001
Glazer, Peter, *Radical Nostalgia: Spanish Civil War Commemoration in America*, University of Rochester Press, 2005
Holguín, Sandie, *Creating Spaniards: Culture and National Identity in Republican Spain*, University of Wisconsin Press, 2002
Labanyi, Jo, and Graham, Helen, eds, *The Spanish Cultural Studies: An Introduction*, Oxford University Press, 1995

Lee, Laurie, *A Moment of War: a memoir of the Spanish Civil War*, The New Press, 1991

Monteath, Peter, *Writing the Good Fight*, Greenwood Press, 1994

Seidman, Michael, *Republics of Egos: A Social History of the Spanish Civil War*, University of Wisconsin Press, 2002

Stradling, Robert, *History and Legend: Writing the International Brigades*, University of Wales Press, 2003

______________, *Your Children Will be Next: Bombing and Propaganda in the Spanish Civil War, 1936~1939*, University of Wales Press, 2008

Viñas, Ángel ed, *En el combate por la historia: La República, la guerra civil, el franquismo*, Pasado y Presente, 2012

Baumeister, Martin. and Schuler-Springorum, Stefanie. eds. "If you tolerate this…": *The Spanish Civil War in the Age of Total War*, Campus Verlag, 2009

Herrero, Beatriz de la Herras. "Lo visual como fuente de la Historia de Nuestro Tiempo Carteles, fotografía y cine documental en el estudio de la Guerra Civil Española", Carlos Navajas Zubedía y Diego Iturriaga Barco eds, *Novísima. Actas del II Congreso Internacional de Historia de Nuestro Tiempo*, Unviersidad de La Rioja, 2010

Krammer, Arnold. "The Cult of the Spanish Civil War in East Germany", *Journal of Contemporary History*, Vol.39 No.4, 2009

Martín, Juan Antonio Gonzalez, "El Cartel Político en España", *Tiempo de historia*, Año 6, No.64, 1980

Moradilleos, Enrique, "Ni gesta heroica, ni locura trágica: nuevas perspectivas histőricas sobre la guerra civil sobre la guerra civil", *Ayer* No.50, 2003

Novillo, Alvaro Martínez, "Las artes plásticas durante la guerra española", *Cuenta y Rázon*, no.21, 1985

Ottaneli, Fraser, ""Today Our Homeland is Madrid": Antifascism, the Spanish Civil War and the Shaping of Ethnic Identity", *Congreso la guerra civil española 1936~1939*, 2006

68혁명과 시위문화: 저항으로서의 축제, 축제로서의 저항

에릭 홉스봄 지음, 이용우 옮김, 《극단의 시대》 하, 까치, 1997

______________, 이희재 옮김, 《미완의 시대》, 민음사, 2007

이매뉴얼 월러스틴 외 지음, 송철순·천지현 옮김, 《반체제운동》, 창비, 1994

____________________, 김종원·남기원 옮김, 《역사의 격정: 자율적 반란의 역사》, 미토, 2003

이성재, 《68운동》, 책세상, 2009

잉그리트 길혀-홀타이 지음, 정대성 옮김, 《68운동》, 들녘, 2006

____________________, 정대성 옮김, 《68혁명, 세계를 뒤흔든 상상력》, 창비, 2009

정대성, 《68혁명 상상력이 빚은 저항의 역사》, 당대, 2019

제임스 밀러 지음, 김만권 옮김, 《민주주의는 거리에 있다》, 개마고원, 2010

제프 일리 지음, 유강은 옮김, 《The Left 1848~2000》, 뿌리와이파리, 2008

조지 카치아피카스 지음, 이재원 옮김, 《신좌파의 상상력》, 난장, 2009

__________________, 윤수종 옮김, 《정치의 전복》, 이후, 2000

크리스티안 생-장-폴랭 지음, 성기완 옮김, 《히피와 반문화》, 문학과지성사, 2015

정대성, 〈'68'-문화혁명-국가권력〉, 《역사와 문화》 29, 2015

_____, 〈68운동의 남성성: 독일 반권위주의운동의 이면〉, 《코기토》 98, 2022

_____, 〈독일 68운동의 아이콘, 루디 두치케의 이상과 현실〉, 《서양사론》 136, 2018

_____, 〈독일과 프랑스 68혁명의 결정적 사건과 5월의 폭발〉, 《역사학보》 238, 2018

Abidor, Mitchell, *May Made Me*, Edinburgh and Baltimore: AK Press, 2018

Arrighi, Giovanni, Hopkins, Terence K. and Wallerstein, *Immanuel, Anti-Systemic Movements*, London: Verso, 1989

Badiou, Alain, *Die kommunistische Hypohteses*, Berlin: Merve, 2011

Bieling, Rainer, *Die Tränen der Revolution. Die 68er zwanzig Jahre danach*, Berlin: Siedler, 1988

Bourdieu, Pierre, *Soziologische Fragen*, Frankfurter a.M.: Suhrkamp Verlag, 1993

Doggett, Peter, *There's a Riot Going On*, Edinburgh·New York·Melbourne: Canongate Books, 2007

Fahlenbrach, Kathrin, *Protest-Inszenierungen. Visuelle Kommunikation und kollektive Identitäten in Protestbewegungen*, Wiesbaden: Westdeutscher Verlag, 2002

Farber, David, *Chicago '68*, Chicago & London: University of Chicago Press, 1988

Frei, Norbert, *1968: Jugendrevolte und globaler Protest*, München: Deutscher Taschenbuch Verlag, 2008

Gitlin, Todd, *Sixties: Years of Hope, Days of Rage*, New York: Bantam Books, 1987

Habermas, Jürgen, *Die nachholende Revolution. Kleine politische Schriften VII*, Frankfurt a.M.: Suhrkamp Verlag, 1990

Horn, Gerd-Rainer, *The Spirit of '68*, Oxford: Oxford University Press, 2008

Jung, Dae Sung, *Der Kampf gegen das Presse-Imperium: Die Anti-Springer-Kampagne der 68er-Bewegung*, Bielefeld: Transcript Verlag, 2016

Köhler, Lotte and Saner, Hans, eds., *Hannah Arendt and Karl Jaspers, Briefwechsel 1926-1969*, München: Piper, 1985

Larsson, Bernard, *Demonstration. Ein Berliner Modell*, Berlin: Edition Voltaire, 1968

Mosler, Peter, *Was wir wollten, was wir wurden. Studentenrevolte–zehn Jahre danach*, Hamburg: Rowohlt Taschenbuch, 1977

Mündemann, Tobias, *Die 68er … und was aus ihnen geworden ist*, München: Heyne, 1988

Schmidtke, Michael, *Der Aufbruch der jungen Intelligenz: Die 68er Jahre in der Bundesrepublik und den USA*, Frankfurt a.M.: Campus Verlag, 2003

Wolff, Frank and Windhaus, Eberhard eds., *Studentenbewegung 1967-69*, Frankfurt a.M.: Verlag Roter Stern, 1977